CAPITAINE DE BOURQUENEY

HISTORIQUE
DU 25ᴱ DRAGONS

PARIS
LIBRAIRIE MILITAIRE E. DUBOIS

HISTORIQUE
DU
25ᴇ RÉGIMENT DE DRAGONS

1665-1890

Louis Duc de Bourgogne

Louis de France, duc de Bourgogne

1682-1712

HISTORIQUE

DU

25ᴱ RÉGIMENT DE DRAGONS

1665-1890

PAR

LE CAPITAINE DE BOURQUENEY

DU 25ᵉ DRAGONS

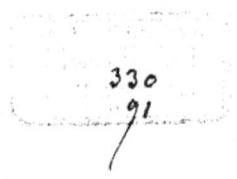

TOURS

IMPRIMERIE A. MAME ET FILS

1890

AVANT-PROPOS

Licencié en 1814, le 25ᵉ régiment de Dragons a été reconstitué par décret du 29 septembre 1873.

Son origine remonte à l'année 1665. Il porte au début le nom de ses mestres de camp : *Paulmy* (1665), *d'Auger* (1672), *la Roche-sur-Yon* (1684). Donné en 1685 au duc de Bourgogne, il prend une part glorieuse aux dernières guerres du règne de Louis XIV, sous le nom de *Bourgogne-Cavalerie*.

Il combat sous Louis XV, avec le titre de *Bretagne*; redevient *Bourgogne* en 1751, et fait les campagnes de la Révolution comme 16ᵉ *régiment de Cavalerie*.

En 1803, il passe dans l'arme des *dragons* avec le numéro 25. Après s'être couvert de gloire dans toutes les guerres de l'épopée impériale, il est licencié en 1814, au commencement de la première Restauration.

Tel est le vieux corps de cavalerie dont notre 25ᵉ Dragons a eu l'honneur de relever la bannière. Recueillant pieusement ses souvenirs régimentaires, il saura, au jour du danger, se montrer digne de son illustre ancêtre, et, avec l'aide de Dieu, ajouter des pages glorieuses à l'histoire écrite à la pointe du sabre par le vieux 25ᵉ Dragons !

CHRONOLOGIE

DE

L'HISTORIQUE DU 25ᵉ RÉGIMENT DE DRAGONS

1665. Créé sous le nom de Paulmy-Cavalerie.
1668. Le Régiment est réduit à la compagnie mestre de camp, qui devient la propriété de M. d'Auger, et forme le noyau du Régiment reconstitué sous le nom de :
1672. D'Auger-Cavalerie.
1684. La Roche-sur-Yon-Cavalerie.
1685. Bourgogne-Cavalerie.
1711. Bretagne-Cavalerie.
1714. Le Régiment reçoit par incorporation la compagnie mestre de camp du régiment de Bissy-Cavalerie réformé.
1751. Bourgogne-Cavalerie.
1761. Le Régiment reçoit par incorporation le régiment d'Espinchal-Cavalerie réformé.
1788. Royal-Bourgogne-Cavalerie.
1791. 17ᵉ régiment de Cavalerie.
1792. 16ᵉ régiment de Cavalerie. Le Régiment avance d'un rang par suite de l'émigration de Royal-Allemand.
1803. 25ᵉ régiment de Dragons. Le Régiment reçoit le 2ᵉ escadron du 21ᵉ de Cavalerie (ci-devant Royal-Navarre) licencié.

1814. Le 25ᵉ Dragons est licencié : ses 1ᵉʳ et 2ᵉ escadrons sont versés dans le 14ᵉ Dragons (ex-19ᵉ), et les 3ᵉ, 4ᵉ et 5ᵉ escadrons dans le 15ᵉ Dragons (ex-20ᵉ).

1873. 25ᵉ RÉGIMENT DE DRAGONS. Le Régiment est reconstitué au moyen de quatre escadrons provenant des 3ᵉ, 9ᵉ, 13ᵉ et 18ᵉ Dragons.

1887. Le Régiment fournit son 1ᵉʳ escadron au 27ᵉ Dragons reconstitué.

HISTORIQUE
DU
25ᴱ RÉGIMENT DE DRAGONS

CHAPITRE I

1665-1715

CRÉATION DU RÉGIMENT. — PAULMY-CAVALERIE. — D'AUGER-CAVALERIE. — LA ROCHE-SUR-YON-CAVALERIE. — BOURGOGNE-CAVALERIE. — BRETAGNE-CAVALERIE. — CAMPAGNES DU RÈGNE DE LOUIS XIV

Le 7 décembre 1665, le roi Louis XIV donna commission à Jean-Armand de Voyer, vicomte de Paulmy[1], pour lever un régiment de cavalerie de son nom. Ce régiment est l'un des trente-sept qui furent mis sur pied au moment où la mort du roi d'Espagne, Philippe IV, allait donner à Louis XIV l'occasion de faire valoir ses droits sur la Flandre, le Hainaut et l'Artois.

[1] Jean-Armand de Voyer, vicomte de Paulmy, baron de Boisé, gouverneur de Châtellerault, mestre de camp de cavalerie, brigadier des armées du roi, mourut à Charleville, en septembre 1674, des blessures qu'il avait reçues à la bataille de Senef (11 juin). En juillet 1660, il avait épousé Anne-Radegonde de Mauroy.

GUERRE DU DROIT DE DÉVOLUTION (1667-1668)

Fort de 4 compagnies, le régiment de Paulmy-Cavalerie fit la campagne de 1667 en Flandre. Le roi y commande l'armée en personne ; la campagne est signalée par les prises de Bergues, Furnes, Ath, Tournay, Douai, Courtray, Oudenarde, Alost et Lille.

En 1668, le Régiment passe en Franche-Comté et assiste aux prises de Besançon, de Salins et de Gray.

Après la signature de la paix d'Aix-la-Chapelle, Louis XIV, qui n'avait pas été complètement satisfait de ses régiments de cavalerie, formés à la vérité à la hâte au moment de la guerre, et qui avaient eu à peine quelques mois d'instruction au camp de Compiègne, les réduisit encore une fois tous en compagnies franches. Les compagnies de cavalerie conservées furent celles des mestres de camp. Ces compagnies furent toutes complétées à 100 maîtres, et le maréchal de Turenne, colonel général de la cavalerie, chargea le marquis de Fourilles de les organiser uniformément et de les instruire, l'intention du roi étant de les reconstituer en régiments aussitôt que cette éducation serait faite.

En conséquence, le régiment de Paulmy fut réduit à la compagnie mestre de camp, le 14 mai 1668. Cette compagnie, après avoir été réorganisée et instruite par le marquis de Fourilles, mestre de camp général de la cavalerie, devint, en 1671, la propriété de Guy-Aldonse d'Auger [1].

Par lettres patentes du 9 août 1671, M. d'Auger obtint un régiment de cavalerie, qui fut composé, par ordre du 1ᵉʳ mars 1672, de 6 compagnies de 50 maîtres chacune, dont la sienne (ci-devant Paulmy) fut la mestre de camp. Le Régiment était dès lors définitivement constitué sous le nom d'Auger-Cavalerie.

Les ouvrages anciens lui assignent généralement cette année 1672 comme date de création, mais il est juste de ne pas lui retrancher sept années de sa glorieuse existence; et c'est très légitimement à la création du régiment de Paulmy, en 1665, qu'il est en droit de faire remonter sa première origine [2].

---

[1] Guy-Aldonse d'Auger, cornette au régiment de Nettancourt-Infanterie (1643), obtint une compagnie au régiment de Turenne-Cavalerie (1651); major du régiment Colonel-Général-Cavalerie (13 août 1661); mestre de camp d'un régiment de cavalerie de son nom (1672); brigadier de cavalerie (12 mars 1675); maréchal de camp (29 juillet 1683); lieutenant-général (24 août 1691). Il prend part à toutes les campagnes du règne de Louis XIV; il est gravement blessé à l'affaire de Tuttlingen (1643), reçoit une nouvelle blessure au combat de Fribourg (1644), et est tué le 19 septembre 1691, à la bataille de Leuze.

[2] Une certaine obscurité plane sur les premières années de l'existence régimentaire du corps qui dans la suite deviendra le 25ᵉ régiment de Dragons. Pour établir sa filiation dans ces temps reculés, nous avons adopté les indications du savant ouvrage du général Susanne sur l'histoire de notre ancienne cavalerie. Toutefois nous ne pouvons passer sous silence l'opinion émise dans des notes manuscrites par M. Dolly, ancien archiviste du ministère de la guerre. D'après lui, Paulmy et d'Auger seraient deux régiments distincts : le premier créé en 1665, le second en 1672. Le lien qui les unirait serait le suivant : M. d'Houdetot, seigneur de Grosmenil, aurait acheté la compagnie de Paulmy, et, arrivant au régiment d'Auger, en 1678, comme mestre de camp lieutenant, il y aurait amené sa compagnie, ci-devant Paulmy, qui avait rang de 1665. De là, la prétention du corps à faire remonter son origine jusqu'à cette année 1665.

GUERRE DE HOLLANDE (1672-1679)

1672. — Sous les ordres de son mestre de camp, le régiment d'Auger fit à l'armée du roi la campagne de 1672 en Hollande. Il assiste à la prise d'Orsoy (2 juin), à celle de Rimberg, au célèbre passage du Rhin, à Tollhuys; au siège et à la prise de Doesbourg (21 juin). Il entre avec le roi dans Utrecht, et passe l'hiver dans cette province; compris dans le corps du maréchal de Luxembourg, il se distingue aux prises de Bodegrave, Nienbrück et Swammerdam.

1673. — On le retrouve pendant cette campagne à Maëstricht, après la prise de la place.

1674. — Sous les ordres du prince de Condé, il assiste à la bataille de Senef (11 juin), où son ancien chef, M. de Paulmy, brigadier de cavalerie, est mortellement blessé.

1675. — Le Régiment sert d'abord en Champagne. M. d'Auger, son mestre de camp, promu brigadier par brevet du 12 mars, y commande la cavalerie réunie sur cette frontière. Sous les ordres du maréchal de Créqui, d'Auger-Cavalerie contribue cette même année à la prise de Dinant (29 mai), à celle de Huy (5 juin), avec le marquis de Rochefort; au siège de Limbourg (20 juin), au corps du prince de Condé.

1676. — Après avoir passé l'automne et l'hiver en Hainaut (il y arrive le 15 octobre 1675), le régiment d'Auger rejoint l'armée de Flandre et assiste, en 1676, sous les ordres du roi en personne, aux sièges et prises de Condé et de Bouchain. L'année suivante, on le retrouve aux prises de Valenciennes, de Cambrai et de sa citadelle (1677), à celles de Gand et d'Ypres (1678).

Peu après la signature du traité de Nimègue, une ordonnance du 30 juin 1678 réduisait les compagnies du Régiment à 40 maîtres, officiers compris; d'Auger subit la réforme; mais, dès le 28 février 1679, les compagnies triplées étaient portées à 104 maîtres. Cette réduction des effectifs avait, en effet, été prématurée. Les hostilités duraient encore avec les troupes de l'électeur de Brandebourg, et le maréchal de Créqui, envoyé contre elles en 1679, comptait dans son armée le régiment d'Auger. Sous les ordres de ce général, il prit part à la victoire de Minden, sur le Weser, qui marqua la fin de cette longue guerre dite de Hollande, si glorieuse pour la renommée des armes françaises.

M. d'Auger fut nommé maréchal de camp, par brevet du 29 juillet 1683. Peu après il vendit son régiment, qui venait de faire partie, cette même année, du camp de la Sarre, à Louis-François de Bourbon, prince de la Roche-sur-Yon[1], connu depuis dans l'histoire sous le nom de prince de Conti. La date de l'agrément du roi est du 19 février 1684. C'est sous ce nom de la Roche-sur-Yon-Cavalerie et sous la con-

[1] Louis-François de Bourbon, prince de la Roche-sur-Yon, né le 30 avril 1664, connu d'abord sous le nom de comte de la Marche, puis sous celui de prince de la Roche-sur-Yon. Il prit le titre de prince de Conti à la mort de son frère aîné, en 1685. Lieutenant général et chevalier des Ordres, il est mort en 1709.

duite de Charles d'Houdetot, seigneur de Grosmenil, mestre de camp lieutenant, que le régiment prit part au siège de Luxembourg, dont le maréchal de Créqui s'empara après vingt-sept jours de tranchée ouverte, le 7 juin 1684. Le prince de la Roche-sur-Yon, qui servait à ce siège comme volontaire auprès de son frère, le prince de Conti, y reçut une blessure.

Dès le 24 février 1683, les compagnies du Régiment avaient été réduites par ordonnance royale à 30 maîtres, officiers non compris. Le 30 septembre 1683, elles étaient reportées à 40 maîtres.

Le prince de la Roche-sur-Yon, étant sorti de France sans autorisation, encourut la disgrâce de Louis XIV. Le roi cassa son régiment le 5 juin 1685, et le rétablit le même jour, en faveur de son propre petit-fils, Louis de France, duc de Bourgogne[1], dont il prit le nom ; le commandement effectif du régiment de Bourgogne continua à être exercé par M. de Grosmenil[2].

GUERRE DE LA LIGUE D'AUGSBOURG (1689-1698)

1689. — En 1689, le régiment de Bourgogne, fort de trois escadrons, est aux ordres du maréchal d'Humières, opposé à l'armée ennemie du prince de Waldeck.

---

[1] Louis de France, duc de Bourgogne, petit-fils de France, dauphin en 1711; né à Versailles le 6 août 1682, mort à Marly le 18 février 1712.
[2] Charles d'Houdetot, chevalier, seigneur de Grosmenil et de Montfermeil, né le 10 juin 1651, mestre de camp lieutenant du régiment de Bourgogne-Cavalerie, brigadier de cavalerie en 1690, inspecteur général de la cavalerie. Mort en février 1692.

1690. — L'année suivante, il prend part à la campagne de l'armée de Flandre, commandée par le maréchal de Luxembourg.

1691. — En 1691, nous le retrouvons à l'investissement de Mons, qui tombe en notre pouvoir le 3 avril. Il est compris dans les 31 bataillons et 21 escadrons, qui forment la circonvallation depuis la Belle-Maison-Saint-Antoine jusqu'au Pont-sur-Haisnes, près Jemmapes. La composition de cette fraction de la cavalerie de l'armée est la suivante :

Le prince de Soubise, lieutenant-général.
M. le Duc, maréchal de camp.
{ Carabiniers, 3 escadrons.
Bourgogne, 3 escadrons.
Du Maine et Rassan, 5 escadrons.
Royal et Courtebonne, 4 escadrons.
Du Roi et Gévaudan-Dragons, 6 escadrons.

Le roi commandait en personne les troupes de siège et avait auprès de lui les maréchaux de Duras et de la Feuillade ; M. de Vauban était chargé de la direction des attaques.

Après la reddition de la place, Bourgogne est compris dans l'ordre de bataille de l'armée de Flandre, aux ordres du maréchal de Luxembourg : aile droite de la deuxième ligne, le duc de Vendôme lieutenant général, et M. de Roquelaure maréchal de camp. Cette cavalerie se compose des trois brigades d'Houdetot, de Courtebonne et de Magnac ; la brigade d'Houdetot comprend les régiments de Bourgogne, de Condé et de Rassan. Tous les régiments sont à 3 escadrons.

Le 5 juin 1691, tandis que le maréchal de Luxembourg décampait de Halle pour marcher sur Braine-le-Comte, il donna à M. Janet, capitaine dans Bourgogne, une mission de confiance, dont celui-ci s'acquitta avec distinction.

« Le maréchal, dit Quincy[1], détacha M. Janet, capitaine dans Bourgogne-Cavalerie, pour aller apprendre des nouvelles du mouvement des ennemis. Il sçut, en marchant, qu'ils étoient au fourrage; ce qui lui fit former le dessein d'aller s'embusquer à portée de l'endroit où ils alloient fourrager. Sur les cinq heures du matin, les ennemis paraissant, il donna sur les fourrageurs à la vüe de leur escorte, leur prit trente chevaux et fit quinze prisonniers. »

Bourgogne-Cavalerie ne combat pas à Leuze. Il fait partie des 70 escadrons qui n'entrent en ligne qu'à la fin de l'action. Le lieutenant général d'Auger, ancien mestre de camp du Régiment, est tué dans cette sanglante journée (19 septembre).

Le 21 octobre 1691, les compagnies du Régiment furent portées de 40 à 50 maitres.

Nous avons retrouvé dans les archives du ministère de la guerre une pièce d'un grand intérêt pour le Régiment : l'état du corps d'officiers de Bourgogne-Cavalerie, à la date du 1er octobre 1691. C'est le plus ancien des documents de ce genre, que nous trouverons nombreux dans la suite de cet historique. Nous le donnons intégralement :

---

[1] *Histoire militaire du règne de Louis le Grand*, par le marquis de Quincy, tom. II, p. 378.

BOURGOGNE-CAVALERIE (1691)

Mestre de camp : le duc de Bourgogne.
Mestre de camp lieutenant : d'Houdetot, seigneur de Grosmenil.

Capitaines.	Lieutenants.	Cornettes.
Martimont (carabiniers).	Bezaune.	Lafère.
Saint-Lieu.	Stomont.	D'Houdetot.
Saint-Loup (lieutenant-colonel).	Sainte-Colombe.	Corneille.
	Colville.	Hoquelière.
D'Angeville.	Bernières.	Lostange.
Copertrix.	Truchet.	Lamotte-Ségry.
Dulys.	Lauret, major.	Mailly.
Ruvère.	Lapierre, ayde-major.	Bérard.
Prouville.	Huart.	Sortet.
Landreville.	Saroux.	Croisset.
Janet.	Lababoille.	Pugnet.
Saint-Lary.	Saint-André.	Loret.
Bragerac.	Mocomble.	Sabille.
	Deris Blondel.	
	Violennes.	

Nommé inspecteur de cavalerie en 1692, M. de Grosmenil fut remplacé dans le commandement de Bourgogne par Antoine-Joseph Arnauld, chevalier de Pomponne[1], qui venait de se couvrir de gloire à la tête d'un régiment de dragons de son nom, à la bataille de Fleurus.

---

[1] Antoine-Joseph Arnauld, chevalier de Pomponne, fils du célèbre ministre, secrétaire d'État aux affaires étrangères, fut nommé, en 1689, colonel d'un régiment de dragons de son nom. Il eut une part décisive dans le gain de la bataille de Fleurus, en enlevant avec son régiment deux redoutes à l'ennemi. Il est loué dans une lettre de Mme de Sévigné. Il était chevalier de Malte. Mestre de camp lieutenant du régiment de Bourgogne-Cavalerie, de 1692 à 1693, il mourut à Mons en 1693.

1692. — Le régiment de Bourgogne fait la campagne de 1692 à l'armée du maréchal de Luxembourg, aile gauche de la première ligne, brigade Phelippeaux (du Roi, 4 escadrons; Dauphin-Étranger, 4 escadrons; Bourgogne, 4 escadrons). Après la prise de Namur, l'armée de M. de Luxembourg, réunie à celle du roi, fut passée en revue par Louis XIV en personne. C'était une réunion de 120 000 hommes, qui formait, dit Racine, le plus grand spectacle qu'on ait vu depuis plusieurs siècles. Le régiment de Bourgogne prit part à cette revue.

1693. — Pour cette campagne, Bourgogne est encore à l'armée du maréchal de Luxembourg, forte de 78 bataillons et de 152 escadrons. Il est compris dans la première ligne, aile droite, brigade du comte de Roussy, ainsi composée : Gendarmerie, 8 escadrons; le Roi, 4; Bourgogne, 4; Bourbon, 2; Villeroy, 2; Châlons, 2; au total : 22 escadrons.

Le 3 juin, l'armée marche de Givry sur Nivelle. Commandé avec beaucoup de distinction par son mestre de camp, M. le chevalier de Pomponne, le Régiment se distingue le 29 juillet à la bataille de Nerwinden, et peu de temps après au siège et à la prise de Charleroy. A la fin de la campagne, les compagnies sont réduites à 40 maîtres. Le 15 novembre 1693, le commandement du Régiment passe au marquis de Puiguyon[1], qui se

---

[1] François de Granges de Surgères, marquis de Puiguyon, cornette au régiment de Gassion-Cavalerie (1672), capitaine dans Saint-Ruth-Cavalerie (1673), passe au régiment de Mesnil-Montaubin (1674); lieutenant-colonel du régiment de Vaillac (1689), mestre de camp d'un régiment de cavalerie de son nom (1691), passe au commandement de Bourgogne le

démit du régiment de son nom, qu'il commandait, pour être placé à la tête de Bourgogne.

1694. — Sous les ordres de son nouveau chef, Bourgogne continua à servir en Flandre et assista à la prise de Huy (armée de Flandre; M. le Dauphin, généralissime, et le maréchal de Luxembourg, commandant).

1695. — Les compagnies avaient été réduites de 40 à 35 maîtres, le 5 janvier. Bourgogne fait la campagne de cette année 1695 à l'armée de Flandre, commandée par le maréchal de Villeroy, aile droite de la première ligne, brigade de Montgon (Cuirassiers, 3 escadrons; Bourgogne, 3 escadrons; Fimarcon, 3 escadrons).

1696. — Bourgogne-Cavalerie fait partie de l'armée de la Meuse, sous les ordres du maréchal de Boufflers, aile droite, deuxième ligne, brigade de Puiguyon (Bourgogne, 3 escadrons; Imécourt, 3; et Bissy, 3; total : 9 escadrons). Le marquis de Puiguyon, mestre de camp lieutenant du Régiment, venait d'être promu brigadier de cavalerie par brevet du 3 janvier 1696. Suivant l'usage du temps, il continuait à exercer le commandement de son régiment. Cette campagne n'est signalée par aucun fait d'armes important.

1697. — Le Régiment est compris dans le corps de la Moselle, commandé par le marquis d'Harcourt.

1698. — On trouve, cette année, le régiment de

---

15 novembre 1693, brigadier en 1696, maréchal de camp en 1704, lieutenant général en 1708, commandeur de Saint-Louis en 1720. Il mourut en 1723.

Bourgogne au camp de Compiègne, où le roi rassemble un corps de 33 bataillons et 132 escadrons. La cour entière se rend à Compiègne au mois de septembre, et le jeune duc de Bourgogne, alors âgé de seize ans, nommé généralissime des troupes réunies au camp, avec le marquis de Boufflers pour lieutenant, y complète son éducation militaire. Son régiment s'y fait remarquer par son bel aspect.

Le traité de Ryswick vient enfin mettre un terme aux hostilités. La paix entraîne de nombreuses réformes dans la constitution des troupes de toutes armes. Bourgogne-Cavalerie est réduit de 16 compagnies à 12, chacune de 30 maîtres (8 décembre 1698).

Le 15 décembre 1699, les compagnies sont encore réduites à 20 maîtres.

GUERRE DE LA SUCCESSION D'ESPAGNE (1701-1714)

1701. — Dès l'année 1701, les hostilités recommencent; Bourgogne, dont les compagnies, à l'approche de l'ouverture de la campagne, avaient été remises sur le pied de 30 maîtres, reçoit ordre, le 21 juin, de rallier l'armée d'Allemagne, qui s'assemblait sous les ordres du duc de Bourgogne. Le 8 novembre, les compagnies sont encore augmentées et portées à 35 maîtres.

1702. — A l'armée de Flandre en 1702 (le duc de Bourgogne, généralissime; le maréchal de Boufflers, général), le Régiment assiste, le 5 mai, à un fourrage auquel le prince se trouve en personne, et se distingue le 10 juin au combat de Nimègue. Le 28 juin, le duc de Bourgogne passe la revue de son régiment, qui lui est présenté par le marquis de Puiguyon.

1703. — Au commencement de juin, le duc de Bourgogne vient prendre, en Alsace, le commandement supérieur de l'armée du maréchal de Tallard, gardant auprès de lui, comme lieutenant, cet officier général. Son quartier général était placé près de Wissembourg ; le 27 juin, il passa la revue des Gendarmes et Chevau-légers de Bourgogne, ainsi que celle de son régiment de cavalerie, qui, dans l'ordre de bataille de l'armée, figure à la première ligne, aile gauche, brigade de Puiguyon (Bourgogne, 2 escadrons ; La Baume, 2 ; Mestre de camp général, 3 ; total : 7 escadrons). Après avoir reçu quelques renforts, l'armée fut portée à 59 bataillons et 60 escadrons. Le régiment de Bourgogne prit une part honorable à la prise de Brisach, qui capitula le 6 septembre. Le duc de Bourgogne, suivi de son régiment, fit son entrée dans la place le 11 septembre.

Le Régiment assista ensuite au siège de Landau (octobre), dirigé par le maréchal de Tallard. Le 18, Bourgogne, de service à la tranchée, subit quelques pertes : un capitaine du Régiment eut la jambe emportée par un boulet. Les travaux du siège étaient poussés activement, et la chute de la place semblait imminente, quand le maréchal de Tallard apprit qu'une armée ennemie de secours, commandée par le prince de Hesse, débouchait à Spire. Il prit aussitôt ses dispositions pour prévenir son attaque : laissant quelques troupes aux tranchées devant Landau, il marcha à l'ennemi avec le gros de ses forces, l'atteignit le 15 novembre sous les murs de Spire, au ruisseau de la Speyerbach, et lui infligea une sanglante défaite. Le régiment de Bourgogne, dans cette journée, chargea valeureusement et à plusieurs reprises au début de l'action. Son chef, le marquis de Puiguyon, fut grièvement blessé et eut la douleur de voir tomber à ses côtés, mortellement frappés, son fils et son neveu, MM. de Granges de Surgères, qui tous deux servaient au régiment de Bourgogne. Les ennemis eurent 3800 hommes hors de combat et laissèrent entre nos mains 3500 prisonniers, 28 drapeaux et 33 étendards. Ce beau succès marqua la fin de la campagne de 1703.

1704. — Le 10 février 1704, le marquis de Puiguyon était promu maréchal de camp et se démettait aussitôt du régiment de Bourgogne, qui fut donné au marquis d'Ancenis[1]. La commission de ce dernier porte la date du 27 février. Le marquis d'Ancenis commanda cette même année le Régiment à l'armée d'Allemagne (maréchaux de Tallard et de Marsin). Bourgogne assista, le 13 août, au désastre d'Hochstedt et y éprouva des pertes considérables.

1705. — Le régiment de Bourgogne fait la cam-

[1] Paul-François de Béthune, duc de Béthune-Charost, connu d'abord sous le nom de marquis d'Ancenis, entra aux mousquetaires en 1689; capitaine dans Bourgogne-Cavalerie par commission du 18 décembre 1701, il devint en 1704 mestre de camp lieutenant de ce régiment, depuis Bretagne; brigadier en 1710, il prit le commandement en 1715 d'une des compagnies des gardes du corps du roi; maréchal de camp en 172., lieutenant général en 1734. Il mourut en 1759. Il avait été fait chevalier des Ordres du roi le 2 février 1728.

pagne de 1705 à l'armée de la Moselle, commandée par le maréchal de Villars.

1706. — Il est à l'armée du Rhin (maréchal de Villars).

1707. — On le retrouve encore à l'armée du Rhin (maréchal de Villars). Il prend part à l'occupation des lignes de Stolhofen, brillamment enlevées par nos troupes, et à la conquête des duchés de Bade, de Wurtemberg et de la Franconie. Il repasse le Rhin à la fin de l'année.

1708. — Pour cette campagne, le Régiment passe à l'armée de Flandre, commandée par le duc de Bourgogne généralissime, les maréchaux de Matignon et de Vendosme. Il est compris dans la cavalerie de l'aile droite, première ligne, brigade de M. le Vidame (7 escadrons, savoir : Bourgogne, 3; Saint-Aignan, 2; Soucarrière, 2). Le 11 juillet, le Régiment assista à la bataille d'Oudenarde et y fut fort maltraité ; son mestre de camp, le marquis d'Ancenis, tomba au pouvoir de l'ennemi. M. Janet, capitaine dans Bourgogne, qui servait comme aide de camp auprès du duc de Vendosme, fut tué en allant porter un ordre. La cavalerie perdit à elle seule, dans cette malheureuse affaire, 4 majors, 18 capitaines, 26 lieutenants, 18 cornettes et 13 maréchaux de logis, tués ou prisonniers. Les conséquences de la bataille d'Oudenarde furent désastreuses pour nos armes : l'ennemi, maître de la situation par notre retraite, vint le 13 août assiéger Lille, que le maréchal de Boufflers défendit avec le plus grand héroïsme.

L'armée du duc de Bourgogne, qui venait de recevoir de nouveaux renforts, manœuvra vainement autour de la place pour lui porter secours.

Le 28 septembre, un petit corps aux ordres du chevalier de Luxembourg parvint cependant à pénétrer dans Lille par un coup de hardiesse, qui mérite d'être raconté avec détail.

« Le 28 septembre, écrit Quincy[1], le chevalier de Luxembourg se mit en marche avec un détachement de 2500 chevaux[2], parmi lesquels le régiment de Bourgogne-Cavalerie[3]. On avoit donné à chaque cavalier un sac de soixante livres de poudre, et à chaque dragon et carabinier trois fusils avec quantité de pierres à fusil. Ce corps, marchant à petits pas, arriva à une barrière des lignes de circonvallation. Environ sur les neuf à dix heures du soir du 28 au 29, la sentinelle demanda : « Qui vive ? » on répondit : « Hollande ! de « l'armée de Marlborough ! » Et comme l'officier qui étoit à la tête étoit informé du nom des régiments qui étoient hors du camp pour battre l'estrade, et qu'il parloit parfaitement bien la langue, il n'eut pas de peine à persuader à l'officier de garde de lui faire promptement ouvrir la barrière, principalement quand il lui

---

[1] Quincy, t. V, p. 551.
[2] La composition détaillée de la colonne était la suivante : détachements des régiments la Reine-Dragons, Bourgogne, Royal, Saint-Aignan, La Bretèche, Martinville, Tourot, Ternan, Forsat et Fontaine-Cavalerie, 100 carabiniers, la compagnie franche des sauve-gardes du roi et une compagnie franche de 100 hommes.
[3] Le régiment de Bourgogne-Cavalerie, très éprouvé à la bataille d'Oudenarde, ne comprenait plus qu'un escadron.

dit qu'il apportoit de la poudre pour les assiégeants, et qu'il étoit poursuivi par un détachement de l'armée de France. Il y avoit environ 18 ou 1900 hommes qui avoient passé la barrière, lorsqu'un officier de Tourot ayant crié imprudemment : « Serre, serre ! » cela fit apercevoir à la garde de la barrière de la méprise où elle étoit. L'officier dit à ceux qui suivoient de s'arrêter, et, sur leur refus, il fit tirer sur ceux qui passoient ; cela mit le feu à trois sacs de poudre, arrêta ceux qui n'étoient pas entrés et donna le temps de fermer la barrière. Il y eut soixante cavaliers et quelques chevaux brûlés. Le reste des troupes, qui n'étoient pas passées, se voyant découvertes, tournèrent bride du côté de Douay.

« Au bruit du feu que fit la garde, les dragons de Witgenstein, qui étoient campés auprès, sortirent tous en chemise avec leurs armes. Le prince héréditaire de Hesse s'y rendit aussitôt et donna ordre à toute la cavalerie qui étoit sous ses ordres, de seller et de brider leurs chevaux. Il fit poursuivre les François, qui étoient retirez du côté de la ville et ceux qui avoient marché du côté de Douay, mais inutilement. Le chevalier de Luxembourg, qui étoit à la tête, entra dans la ville par la porte de Notre-Dame. L'arrivée de ce secours ranima le courage de la garnison et redoubla l'espérance des bourgeois, qui offrirent au maréchal de Boufflers tout ce dont il avoit besoin. Il y entra 1 800 hommes effectifs, 80 milliers de poudre et 1 200 fusils. Les troupes qui entrèrent étoient : la compagnie franche de Parpaille, celle des sauve-gardes du roi, le régiment de dragons de la reine, ceux de cavalerie de Bourgogne, Saint-Aignan, Martinville, La Bretêche, Fontaine et Forsat, un détachement de 100 chevaux, de 40 dragons de Bélabre, et deux compagnies de grenadiers. » A la nouvelle de ce succès, le roi promut le chevalier de Luxembourg lieutenant-général pour le récompenser de sa brillante conduite.

Malgré ce renfort, Lille succomba le 23 octobre. Après la prise de la ville, le régiment de Bourgogne se retira à Douai.

1709. — Le marquis d'Ancenis, rentré de captivité, commande le Régiment pour la campagne sur le Rhin, qu'il fit à l'armée du maréchal d'Harcourt.

1710. — L'année suivante (1710), Bourgogne sert encore sur la même frontière à l'armée du maréchal de Besons. Le marquis d'Ancenis avait été promu brigadier de cavalerie par brevet du 29 mars. Il continua à exercer le commandement du Régiment.

1711. — Bourgogne passe en Flandre, en 1711, à la grande armée du maréchal de Villars ; dans l'ordre de bataille, il compte à la réserve détachée du corps de bataille, brigade d'Ancenis, (Bourgogne, 3 escadrons ; Gesvres, 2 escadrons ; Villequier, 2 escadrons).

Le grand Dauphin, fils de Louis XIV, étant mort le 14 avril 1711, son fils le duc de Bourgogne lui succéda dans ses titres et dignités ; il céda son régiment de cavalerie à son fils le duc de Bretagne[1], alors âgé de

---

[1] Louis de France, duc de Bretagne, puis dauphin, né à Versailles le 8 janvier 1707, mourut le 10 mars 1712.

quatre ans. Par décision du 8 juin 1711, le régiment de Bourgogne prit en conséquence le nom de Bretagne-Cavalerie. Le jeune duc de Bretagne mourut peu après en 1712, mais le Régiment continua à en porter le titre jusqu'en 1751.

1712. — Bretagne-Cavalerie fit toute la campagne de 1712 à l'armée de Flandre, commandée par le maréchal de Villars. Il est cité dans la cavalerie de la première ligne, aile gauche, brigade d'Ancenis (Bourgogne, 3 escadrons ; Gesvres, 2 escadrons ; Villequier, 2 escadrons). Il assista à la glorieuse bataille de Denain (24 juillet), aux prises de Douai, du Quesnoy et de Bouchain. A la suite de ces brillantes victoires, la paix fut signée à Utrecht, en 1713, entre la France et toutes les puissances coalisées, sauf l'empereur.

1713. — Les hostilités continuèrent donc avec les troupes autrichiennes. Villars passa le Rhin en 1713 avec une armée, dont le régiment de Bretagne faisait partie, et défit à Landau le général Vaubonne. Cette même année, le Régiment assista encore à la prise de Fribourg et fut employé, par lettres du 2 mars 1714, au camp de la Haute-Meuse.

L'Autriche signa la paix à Rastadt en 1714.

Un an après, le 1er septembre 1715, le roi Louis XIV mourait à Versailles après le règne le plus long et le plus glorieux de la monarchie française.

Depuis sa création, on a pu le voir, le régiment de Bourgogne n'avait, pour ainsi dire, jamais cessé de faire campagne. Pendant cette grande époque de Louis XIV, il s'est toujours montré digne de sa réputation. Après l'avoir suivi pas à pas dans ses glorieuses étapes, et pour achever de donner la physionomie à peu près exacte d'un corps de cavalerie à la fin du xviie siècle, il nous semble indispensable de jeter un coup d'œil sur son organisation intérieure. L'étude de ces détails complétera l'esquisse que nous tenons à tracer de la vie régimentaire de notre illustre ancêtre.

Comme nous l'avons déjà dit, organisé sous le nom de Paulmy en 1665, le Régiment compta à sa création 4 compagnies formant 2 escadrons. Cette organisation ne fut pas définitive : à la paix d'Aix-la-Chapelle (1668), les régiments dissous furent réduits à leur seule compagnie mestre de camp. Ce sont elles qui, dédoublées, servirent de noyau, en 1670, à la formation d'escadrons forts de 2 compagnies. Ces escadrons, augmentés eux-mêmes d'une nouvelle compagnie, devinrent régiments en 1672. L'organisation régimentaire était enfin complétée ; elle devait résister depuis à toutes les réformes.

Le Régiment, pendant l'époque de Louis XIV, eut un nombre variable d'escadrons. A la fin de la guerre de Hollande, il en comptait 3 ; en 1689, il en a 4 ; il est ramené à 3 escadrons en 1697. Cette organisation ne subit plus de changements jusqu'à la fin du règne. Le nombre des compagnies par escadron changea lui aussi plusieurs fois : on trouve 3 compagnies par escadron pendant les premières campagnes, 4 ensuite. Elles sont ramenées à 3 en 1694. Pendant le règne de Louis XIV, l'effectif des compagnies varia de 20 à 100 maîtres[1].

Chaque compagnie était commandée par un capitaine, véritable propriétaire de la compagnie, qu'il achetait, et dont il assurait le recrutement, la remonte et l'entretien. Le roi ne fournissait aux cavaliers que l'armement et le drap pour l'habit. Malgré les indemnités que percevait le capitaine par têtes d'hommes et de chevaux, l'entretien d'une compagnie était pour lui une charge telle, que le plus souvent sa fortune personnelle y sombrait. La compagnie comptait, outre le capitaine : un lieutenant, un cornette portant l'étendard de la compagnie, un maréchal des logis, deux brigadiers, un trompette, et environ 50 cavaliers appelés maîtres. De 1679 à 1690, les compagnies de cavalerie comptaient deux cavaliers d'élite, tireurs choisis, qui portaient le nom de carabiniers. Réunis en compagnies, ils furent distraits de leurs régiments et formèrent, en 1691, le noyau du corps royal des Carabiniers.

Dans l'escadron, les compagnies se rangeaient de la droite à la gauche dans l'ordre d'ancienneté des capitaines, et marchaient sous le commandement supérieur du capitaine le plus ancien, dont la compagnie person-

---

[1] Tableau des variations d'effectif des compagnies du Régiment pendant le règne de Louis XIV :

1672 : 50 maîtres.	1691 : 50 maîtres.	1699 : 20 maîtres.
1678 : 40 »	1693 : 40 »	1701 : 30 »
1679 : 104 »	1695 : 35 »	1701 : 35 »
1683 : 40 »	1697 : 30 »	

nelle, dirigée par le lieutenant, prenait le nom de compagnie chef d'escadron.

Le régiment n'avait qu'un officier supérieur : le mestre de camp, et ce mestre de camp était lui-même capitaine titulaire d'une compagnie, qu'il faisait commander par un officier qui portait le titre de lieutenant de la mestre de camp.

Le major (1685) et le lieutenant-colonel (1686), ou premier capitaine du régiment, n'avaient point de compagnies. Ce dernier suppléait le mestre de camp et, lui présent, commandait le 2e escadron. Quant au major, il avait au corps des attributions d'ordre et de police qui font écrire à un auteur contemporain : « C'est l'emploi du plus grand détail d'un régiment. »

Les hommes étaient tous recrutés par voie d'engagement volontaire. Ils servaient au moins six ans. Presque tous contractaient des rengagements cette période expirée, et vieillissaient au régiment. Le troupier français de cette époque avait toutes les qualités de bravoure, de résistance, d'esprit de corps et d'amour du métier, qui caractérisent le soldat de profession. Sa réputation à l'étranger était proverbiale, les cadres étaient excellents. Les chefs de corps appartenaient exclusivement à la noblesse de cour, une grande fortune permettant seule d'acheter et d'entretenir un régiment. Quant aux grades d'officiers subalternes, ils étaient généralement occupés par des gentilshommes de province, dont l'ambition ne dépassait pas le grade de capitaine et la croix de Saint-Louis, obtenus après de longs et loyaux services. Quelques-uns cependant devenaient officiers généraux, la promotion au grade de brigadier n'entraînant pas l'obligation d'avoir commandé un régiment.

L'usage des armures défensives avait complètement disparu à l'époque de la création du Régiment. Cependant des ordonnances rigoureuses obligeaient, mais toujours sans succès, les officiers à se servir de cuirasses. « Les officiers, dit Lacombe, portent encore des cuirasses quand ils vont se faire peindre, mais en campagne ils s'en abstiennent. »

Les cavaliers étaient armés de l'épée (du sabre à partir de 1679), du mousqueton et des pistolets. La coiffure consistait en un chapeau de feutre gris, à larges bords. Le fond du chapeau était garni d'une calotte en métal, ou simplement de deux bandes de fer placées en croix, destinées à garantir la tête des coups de sabre. L'uniforme n'est vraiment généralisé qu'en 1690. La première pièce qui en fasse mention officiellement, et donne pour chaque régiment les couleurs distinctives, date de cette année 1690, et a été trouvée dans les tiroirs du roi Louis XIV. Bourgogne y est cité comme portant l'habit bleu à revers rouges.

La cavalerie faisait des feux en marchant, ou chargeait l'épée à la main au trot ou au galop. Ces dernières charges étaient en général fort confuses, la cavalerie n'étant pas exercée à des manœuvres précises. En bataille, les escadrons laissaient entre eux des intervalles égaux au quart de l'étendue de leur front; ils étaient à rangs ouverts, séparés par une profondeur de douze pieds. Ils se formaient sur trois rangs; mais à la fin d'une campagne, par suite de la diminution des effectifs, ils n'étaient plus généralement que sur deux rangs.

Telle fut, dans ses grandes lignes, l'organisation du régiment de Bourgogne-Cavalerie pendant cette première et très honorable période de sa longue existence.

CHAPITRE II

1715-1751

Bretagne-Cavalerie (1715-1751). — Guerre d'Espagne (1719). — Guerre de la succession de Pologne (1733-1735). — Guerre de la succession d'Autriche (1741-1748)

A l'avènement du roi Louis XV, le marquis d'Ancenis, mestre de camp lieutenant, était toujours à la tête du régiment de Bretagne-Cavalerie.

La conclusion de la paix d'Utrecht avait permis de réformer plusieurs régiments de gentilshommes; de ce nombre Bissy-Cavalerie fut licencié le 15 août 1714, et sa compagnie mestre de camp incorporée dans Bretagne.

Le régiment de Bissy datait de 1667. Il avait été créé sous le nom de Lambert; entré en 1677 dans la maison de Bissy, il prit une part honorable à toutes les guerres du précédent règne.

Le marquis d'Ancenis fut nommé, par provisions du 3 décembre 1715, au commandement d'une des quatre compagnies des gardes du corps du roi, qui prit alors le nom de compagnie de Charost. Il se démit aussitôt de son régiment de Bretagne, et eut pour successeur le comte de Brassac[1].

Une ordonnance royale du 28 avril 1717 réformait quatre compagnies dans les régiments de cavalerie. Bretagne fut donc ramené de 12 compagnies à 8. Les compagnies portaient le nom de leurs capitaines, voici quelle en était la liste en 1717 :

Compagnie mestre de camp.
    » de Tocqueville (compagnie lieutenant-colonelle).
    » d'Espilly.
    » de Mater.
    » de Villard.
    » de Vandre.
    » de Saint-Laurent.
    » de Pontchatryer.

La même ordonnance supprimait en temps de paix les majors des régiments. Ces officiers prirent le commandement de la dernière compagnie, ou furent placés à la suite, s'il ne se trouvait pas de capitaines moins anciens qu'eux dans leur régiment.

[1] Guillaume-Alexandre de Galard de Béarn, comte de Brassac, baron de la Roche-Beaucourt, né le 20 novembre 1693. Il devint mestre de camp du régiment de Bretagne en 1715 et quitta ce commandement en 1717. Il exerça dans la suite les fonctions de gentilhomme de la chambre et premier chambellan auprès de Stanislas, roi de Pologne, ainsi que la charge de grand bailli de Lorraine. Il mourut en 1768. Marié à Luce-Françoise de Contentin de Tourville, il est cité dans les mémoires de Dangeau et de Saint-Simon. Il fut fort lié avec le duc d'Ostrogothie, père du roi de Suède, et entretint avec lui une correspondance suivie. En 1747, le roi Stanislas chargea le comte de Brassac de porter à la cour de France la nouvelle de la mort de la reine de Pologne, mère de la reine de France Marie Leczinska.

Bretagne-Cavalerie

1724

Le 12 août 1717, le marquis de Janson[1] remplaça M. de Brassac à la tête du régiment de Bretagne. C'est sous les ordres de ce nouveau chef que le Régiment se rendit à la fontière des Pyrénées et prit part à la campagne d'Espagne de 1719.

GUERRE D'ESPAGNE (1719)

L'armée du roi est commandée par le maréchal duc de Berwick. Bretagne-Cavalerie, fort de 6 compagnies, formant 2 escadrons, pénètre en Guipuzcoa à la fin de mai avec la colonne du prince de Conti. Il assiste, le 18 juin, à la prise de Fontarabie.

Le 24 juin, il est à Saint-Jean-de-Luz sous les ordres de M. de Coigny, lieutenant général, brigade de Curton (10 escadrons, savoir : Cravates, Conti, Latour, Bretagne, Goësbriand). Le 29, il forme avec le régiment Royal-Cravates la brigade de Cadrien (4 escadrons).

Le 15 juillet, on le trouve sous les ordres de M. de Damas, à Ustaritz. Le corps détaché commandé par cet officier général se composait de 3 bataillons de Navarre-Infanterie, 1 bataillon de fusiliers de montagne et une brigade de cavalerie (Bretagne et Latour).

A la fin de juillet, Bretagne assiste au siège de

---

[1] Michel de Forbin, marquis de Janson, commença à servir dans les mousquetaires. Nommé mestre de camp du régiment de Bretagne par lettres du 12 avril 1717, il devint brigadier de cavalerie en 1734, et maréchal de camp le 1ᵉʳ mars 1738. Il se démit à cette date du régiment de Bretagne.

Saint-Sébastien. La tranchée est ouverte le 19 juillet, et la place capitule le 4 août. De là, il se rend à Saint-Jean-Pied-de-Port. Le 1er septembre, les compagnies sont portées à 35 maîtres.

Dans l'ordre de bataille de l'armée des Pyrénées, qui porte la date du 17 octobre, Bretagne est cité à la cavalerie de la 2e ligne, aile gauche (M. de Pezeux, lieutenant général ; M. de Belle-Isle, maréchal de camp), brigade de Vaudrey (Bretagne et Vaudrey).

Aussitôt la campagne terminée, le Régiment rentra en France.

Portées à 41 maîtres le 2 janvier 1720, les compagnies sont réduites à 25 en 1721, et ramenées à 35 le 25 septembre 1725.

L'ordonnance du 1er février 1727 donna une nouvelle organisation au Régiment : Bretagne compta désormais 3 escadrons de 3 compagnies, de 45 maîtres chacune. En voici l'état :

1727. — Compagnie mestre de camp.
        »   de Tocqueville (lieutenant-colonelle).
        »   d'Espilly.
        »   de Mater.
        »   de Vandre.
        »   de Pontchatryer.
        »   des Vastines.
        »   de Margeret.
        »   de Lusse.

En 1728, du 25 avril au 4 octobre, Bretagne séjourna au camp d'instruction d'Aymeries-sur-Sambre.

Le commandement des troupes et la direction des manœuvres étaient confiés au prince de Montmorency-Tingry, lieutenant général. Les troupes étaient sous la tente, et les chevaux au piquet. 15 bataillons et 34 escadrons furent réunis pour ce camp, où on exerça les troupes à toutes les opérations de la guerre.

En 1729, le cadre du Régiment est augmenté de deux cornettes, et de deux lieutenants en second en 1732.

En 1730, Bretagne se rend au camp de la Haute-Meuse.

En 1733, paraît une ordonnance sur l'habillement des troupes, qui règle l'uniforme de chaque régiment de la façon la plus complète. Bretagne porte toujours l'habit bleu à parements rouges. L'organisation des escadrons est encore modifiée par l'ordonnance de 1733. Le Régiment comprend 3 escadrons, composés chacun de 4 compagnies fortes de 40 maîtres, soit 160 maîtres par escadron. Les compagnies sont les suivantes en 1733 :

Compagnie mestre de camp.
» de Tocqueville (lieutenant-colonelle).
» d'Espilly.
» de Mater.
» de Courson.
» de Rousse.
» de Vandre.
» de Pontchatryer.
» des Vastines.
» de Plouy.
» de Margeret.
» de Lusse.

C'est avec cette organisation, et sous la conduite du marquis de Janson, que le régiment de Bretagne prit part à la première des trois grandes guerres du règne de Louis XV, celle de la succession de Pologne.

GUERRE DE LA SUCCESSION DE POLOGNE (1733-1735)

1733. — Bretagne-Cavalerie (3 escadrons), commandé par son mestre de camp, le marquis de Janson (M. de Tocqueville, lieutenant-colonel, et le chevalier de Loret, major), prend part, en 1733, à la conquête de la Lorraine et à l'occupation de Nancy. Au mois d'octobre, un escadron du Régiment cantonne à Sarrelouis; un autre à Bouzonville, et le troisième à Thionville.

1734. — Après avoir figuré au camp de Stenay, le Régiment, qui avait pris ses quartiers à Toul et Vic, se met en marche le 4 mai pour rejoindre l'armée d'Alsace, commandée par le maréchal de Berwick. Il resta pendant toute cette campagne cantonné en Alsace, et fit partie du camp d'Haguenau.

1735. — Il passe le Rhin en 1735 (brigade de Janson : Bretagne, 3 escadrons, et Lévis, 2 escadrons). — Placé à la gauche de la 2ᵉ ligne (M. le prince de Carignan, lieutenant général; MM. du Cayla et de Putanges, maréchaux de camp), brigade de Royal (Royal, Bretagne et Condé), le Régiment compte, le 31 août, à la 1ʳᵉ ligne de l'armée du roi en Allemagne. Il est cité en septembre dans un état des troupes, à portée de la place de Spire, assiste au combat de Klausen (20 octobre), et à la paix rentre en France pour venir tenir garnison à Langres.

La « carte générale du militaire de France, par Lemau de la Jaisse », parue en 1735, donne sur le régiment de Bretagne la notice suivante, que nous reproduisons intégralement :

« *Bretagne-Cavalerie*.

« Habit et manteau de drap bleu. Doublure rouge, parements de drap rouge. Boutons d'étain plat, façonnés au tour. Buffle à boutons de cuivre, bandoulière blanche. Culotte de peau de chèvre et chapeau bordé d'argent fin de trois doigts.

« Ce régiment, 20e par ordre de création, fut levé au nom de Paulmy, en 1666.

« Le marquis de Janson, mestre de camp.

« De Tocqueville, lieutenant-colonel.

« De Rousse, major.

« Composé de 10 capitaines, 12 lieutenants, 1 ayde major, 2 lieutenants en second, 2 cornettes et 12 maréchaux des logis. 3 escadrons de 12 compagnies à 40 maîtres chacune, et à 160 maîtres par escadron, formant 480 maîtres, compris 24 brigadiers, 12 trompettes et 1 timbalier.

« Avec six étendarts de soye bleue et un phénix sur un bûcher, semés de fleurs de lys, brodéz en or, et ces mots : *In regnum et pugnas;* trophées aux coins et frangés d'or. »

Nous compléterons ces détails en donnant le tableau complet du cadre du régiment de Bretagne, à la fin de la guerre de succession de Pologne.

État-major :	Mestre de camp.		4	
	Lieutenant-colonel.			
	Major.			28
	Ayde-major.			
Officiers d'escadron :	Capitaines... 10		24	
	Lieutenants... 12			
	Cornettes... 2			

		Escadrons de 4 compagnies.	Régiment de 3 escadrons.
Compagnies :			
Maréchal des logis.	1		
Brigadiers.....	2	160	480
Maîtres......	36		
Trompette.....	1		
	40		

plus un timbalier pour le Régiment.

Le Régiment compte en outre un aumônier et un chirurgien.

Le 1er mars 1738, le marquis de Janson, qui avait déjà été promu brigadier le 20 février 1734, fut nommé maréchal de camp, et se démit du régiment de Bretagne. Son successeur fut Pierre-Armand comte de Gassion[1], qui prit le commandement du Régiment, le 16 avril 1738.

En 1738, Bretagne tient garnison à Langres; l'année

---

[1] Pierre-Armand comte de Gassion, né le 26 septembre 1715, capitaine de cavalerie dans le régiment du comte de Peyre, son beau-frère. Nommé en avril 1738 mestre de camp du régiment de Bretagne, il mourut sans alliance le 26 août 1741.

suivante, 1739, à Guise. M. de Gassion mourut de la petite vérole le 26 août 1741. Il fut remplacé par le marquis de Poyanne[1].

GUERRE DE LA SUCCESSION D'AUTRICHE
OU DE LA PRAGMATIQUE SANCTION (1741-1748)

1741. — Le régiment de Bretagne-Cavalerie est compris dans l'ordre de bataille de l'armée de Westphalie, commandée par le maréchal de Maillebois, et fait partie de la colonne de gauche (1re division) qui, de Givet, doit se rendre sur le Bas-Rhin, sous les ordres du lieutenant général de Balincourt.

Le Régiment compte 3 escadrons, et il est commandé par son nouveau mestre de camp, le marquis de Poyanne.

Parti de Givet le 31 août, il marche, le 1er septembre, par Pont-Saint-Jean, Dinant et Selles; le 2, il couche à Hubinel; le 3, à Petit-Modave, où il fait séjour. De là il va s'établir en quartiers à Hilden, et, le 2 novembre, se rend au camp de Neuss, commandé par MM. de Pontchartrain, de Croissy et de Randan, et composé de 19 escadrons, des régiments Royal-Pié-

---

[1] Charles-Léonard de Baylens, marquis de Poyanne, mousquetaire (1733), capitaine dans Royal-Étranger-Cavalerie (1734), guidon aux gendarmes de la garde (1735), mestre de camp de Bretagne-Cavalerie (1741), brigadier en 1744, maréchal de camp en 1748, et lieutenant général en 1758. La même année il fut promu mestre de camp lieutenant et inspecteur du régiment Royal-Carabiniers. M. de Poyanne se distingua dans toutes les guerres du règne de Louis XV; il passait pour un des meilleurs et des plus brillants officiers de cavalerie de l'époque.

mont, Conti, Bretagne, Barbançon, et de la gendarmerie.

1742. — L'armée de Maillebois reçoit l'ordre de marcher au secours de notre armée de Bohême. Formée en 4 divisions, elle s'assemble sous Düsseldorf (12 août), et de là se porte sur Francfort, puis sur Amberg (18 septembre). Bretagne marche à la 3e division, aux ordres de MM. de Louvigny et de Clermont-Gallerande, lieutenants généraux (Limousin et La Couronne-Infanterie ; Bretagne et Berry-Cavalerie). Les troupes marchèrent pendant six semaines consécutives, ne s'étant reposées que pendant un séjour de quatre jours à Fürth. Continuant son mouvement en avant, pour tendre la main à l'armée du maréchal de Belle-Isle, le Régiment reprend sa marche le 20 septembre ; il forme avec les brigades de Berry, Royal-Étranger et Royal-Piémont-Cavalerie et 20 bataillons d'infanterie, une colonne conduite par M. de Montal, lieutenant général. Il est, le 20 septembre, à Hirschau ; le 21, à Vernberg ; le 22, à Fohenstrauss ; le 23, à Vaidhausen ; le 24, à Rosshaupt ; et le 25, à Hayd. Dans un détachement à Plasse (fin septembre), M. de Ponson, aide-major du Régiment, fut blessé d'un coup de feu à la cuisse et eut son cheval tué sous lui.

Après un temps d'arrêt, Bretagne marcha le 6 octobre dans la direction d'Egra, l'atteignit le 8, et campa le 15 octobre à Sachsenwerth. Les mouvements des Autrichiens obligèrent nos troupes à exécuter, le 18 octobre, une marche rétrograde. Le maréchal de Maillebois campa le 19 à Ellenbogen ; le 22, il revint sur

Egra, campa le 25 à Fallemberg, et arriva le 4 novembre à Bürgenfeld, où il établit un nouveau camp. Le 9, il évacue Deckendorf devant l'ennemi et atteint Straubing le 13 novembre. Le 21 du même mois, le maréchal de Broglie remplaça le maréchal de Maillebois à la tête de l'armée.

Nos troupes prennent leurs quartiers d'hiver en décembre, la droite appuyée à l'Inn, la gauche au Danube, derrière l'Iser.

Dans cette campagne, Bretagne-Cavalerie s'est signalé aux prises d'Ellenbogen et de Caden, et a contribué à la levée du siège de Braunau par les Autrichiens. Le Régiment, à la fin de la campagne, est cantonné sur le Haut-Danube.

1743. — L'armée du maréchal de Broglie a pris le nom d'armée de Bavière; Bretagne-Cavalerie fait partie de la réserve du comte de Saxe.

Au début de la campagne, le Régiment se distingue à la prise de Schmidtmühlen. M. de Balincourt dirige la colonne chargée de cette expédition, composée d'une brigade d'infanterie et de 12 escadrons, dont les 3 escadrons de Bretagne. Le mestre de camp du Régiment, M. de Poyanne, et M. de Plouy[1], capitaine dans Bretagne, se distinguent tout particulièrement à cette affaire (24 février). Aussitôt le poste enlevé, le Régiment est cantonné à Egelsée, pour couvrir les approches du point de Schmidtmühlen.

[1] M. de Plouy, capitaine dans Chépy-Cavalerie, passa dans Bretagne avec sa compagnie en 1730. Il devint lieutenant-colonel du même Régiment en 1744, brigadier par brevet du 1ᵉʳ janvier 1748; il fut promu maréchal de camp en 1761.

Le 13 avril, Bretagne est encore cité au ravitaillement d'Egra, où son mestre de camp, M. de Poyanne, trouve une nouvelle occasion de se distinguer.

Le Régiment, comme tous les corps de cavalerie en campagne, avait reçu, le 6 mars, l'ordre de former un 4e escadron d'augmentation. Le 4e escadron, organisé seulement en août, à Besançon, rejoignit le Régiment à la fin de l'année.

Le 20 mai, toujours aux ordres du comte de Saxe, le Régiment est cantonné devant Ratisbonne. Le 23, il atteint Donauwerth, d'où l'armée de Bavière se porte à la rencontre de la grande armée du maréchal de Noailles, qui s'est rassemblée sur le Rhin.

Pendant cette longue marche du Régiment, de la frontière de Bohème sur les bords du Rhin, un officier de Bretagne, M. de Ponson, aide-major, donnait des preuves d'une intelligence et d'une énergie absolument hors de pair. Grâce à ses soins, le Régiment fut toujours pourvu de tout ce qui lui était nécessaire : la remonte, le recrutement, l'entretien des compagnies, ne souffrirent en rien des difficultés de la campagne. Au mois de mai 1743, conduisant un convoi de Nüremberg au camp de Ratisbonne, M. de Ponson fut attaqué par un parti de hussards autrichiens. Montrant autant de bravoure que de présence d'esprit, il s'échappa de leurs mains et parvint à sauver les équipages, chevaux de remonte, plus de 40 000 livres et un grand approvisionnement d'effets.

Le 6 juillet, le Régiment arrive sur le Necker. Il repasse le Rhin à Spire, le 13. A la fin du mois, le

BRETAGNE-CAVALERIE

1745

comte de Saxe, commandant en chef l'armée qui revient de Bavière, établit ses troupes sur le Haut-Rhin, de Schelestadt à Neufbrisach. A cette date, Bretagne compte à la première ligne (lieutenants généraux de Louvigny et du Cayla). Il a dans le rang 399 hommes prêts à combattre. Le maréchal de Coigny prend le commandement supérieur de cette armée, dite d'Alsace, au camp de Bentzenheim, et défait les ennemis, le 4 septembre, à Rheinveiller. Le régiment de Bretagne est cité dans cette affaire. Le 4 octobre, il est au camp de Hayteren et prend ses quartiers d'hiver en Alsace à la fin de la campagne.

1744. — Les 4 escadrons de Bretagne font la campagne de 1744 à l'armée du Rhin, commandée par le maréchal de Coigny. Les troupes s'assemblent dès le mois de mai. Bretagne, qui forme avec Heudicourt-Cavalerie une brigade aux ordres de M. de Poyanne, promu brigadier au commencement de 1744, se rend au camp de Landau, fort de 15 bataillons et de 43 escadrons.

Le 6 juin, on le trouve au camp de cavalerie de Ruchum (23 escadrons), commandé par M. d'Espinay, lieutenant général.

Le 5 juillet, le maréchal de Coigny, qui a rallié le corps bavarois du maréchal de Seckendorf, se porte avec toutes ses troupes à l'attaque des lignes de Wissembourg et s'en empare. Bretagne assiste à ce grand succès; M. de Poyanne, son mestre de camp, ainsi que M. de Plouy, lieutenant-colonel, s'y font remarquer par leur valeur.

Le Régiment est campé, le 13 juillet, sur la Mauter, entre Drüsenheim et Haguenau. A la fin du mois, il bat en retraite derrière la Zorn; puis, en août, il manœuvre entre la Brüsch et le canal de Mutzig.

Le 23 août, Bretagne entre avec le maréchal de Coigny dans Bischwiller et combat à Augenheim, où les redoutes autrichiennes sont enlevées d'assaut après un combat des plus brillants. M. de Poyanne donne, dans cette journée, les preuves de la plus grande intrépidité. Le Régiment passa la nuit du 23 au 24 août au bivouac, et le lendemain vint camper dans la plaine de Port-Louis. Il franchit le Rhin à Rastadt le 28 août, et du camp de Mühlberg partit le 18 septembre pour arriver devant Fribourg. Il compte à la division du duc de Gramont, chargé de compléter de ce côté l'investissement de la place.

Siège de Fribourg. — Le siège commence le 22 septembre. Le régiment de Bretagne est compris dans la section de MM. de Louvigny, lieutenant général; prince de Tingry, maréchal de camp (quartier général à Betzenhausen). Le roi Louis XV, les maréchaux de Noailles, de Coigny et de Belle-Isle, arrivèrent sous les murs de la place assiégée, et la tranchée fut ouverte dans la nuit du 30 septembre au 1er octobre. Le chemin couvert fut pris le 19.

Le 14 novembre, le régiment de Bretagne reçoit l'ordre de se rendre sur le Bas-Rhin, à l'armée dont le maréchal de Maillebois venait de recevoir le commandement; 20 bataillons et 38 escadrons sont ainsi distraits du siège de Fribourg, dont nos troupes s'emparent le 25 novembre.

Bretagne marche sans arrêt, du 14 novembre au 3 décembre, ne faisant séjour que les 17 et 18 à Offembourg; les 21 et 22, à Rastadt; les 26 et 27, à Heydelberg. Le 3 décembre, le Régiment arrive enfin à Seligenstadt, où il s'établit en quartier d'hiver.

1745. — 1° *Campagne sur le Bas-Rhin.* Le 1er mars, Bretagne occupait sur le Bas-Rhin les cantonnements suivants : un escadron à Seligenstadt, deux à Crotzenberg, Ober et Nider-Hahinstadt, un escadron à Niedersteinsheim. Au moment où les troupes se mirent en mouvement, Bretagne fut compris dans un corps d'avant-garde, aux ordres de M. de Bercheny, lieutenant général, avec M. de Lussan comme maréchal de camp, et ainsi composé : Montmarin et Bourbonnais-Infanterie; Bretagne et Orléans-Cavalerie; ainsi que quelques troupes légères, dont les chasseurs de Fischer, soit 3 bataillons et 9 escadrons. Le 13 mars, cette avant-garde a franchi le Mein. Le 22 mars, le Régiment se porte sur Anspach, et de là sur Büsnach. Le 4 avril, il est à Wilfersheim et, le 19, à Rüchelsheim.

Le maréchal de Maillebois ayant été pourvu d'un commandement en Italie, le marquis de la Fare le remplaça à la tête des troupes et concentra son armée sur la Lahn.

2° *Campagne d'Allemagne, sous le prince de Conti.* Le prince de Conti vint prendre le commandement de l'armée entre Mein, Lahn et Rhin, le 6 mai. A cette date, le régiment de Bretagne est au camp de

Hausen, sous M. de la Mothe. Il compte à la première ligne, aile gauche, du corps de bataille (M. de Ségur, lieutenant général). Le 12 juin, on le trouve au camp de Bübenhausen, et successivement à ceux de Steinheim, aile droite, deuxième ligne (6 juillet), et de Northeim (18 juillet). Après avoir tenu en échec les troupes ennemies par ses manœuvres sur le Necker, le prince de Conti fait repasser le Rhin à son armée.

L'armée se met en mouvement, le 19 juillet au matin, pour passer le fleuve sur les deux ponts de Rheindürckheim, et va s'établir à Leisetheim. Les troupes légères ennemies, commandées par M. Trips et soutenues par un corps de 25 000 hommes campé à Biblis, se précipitent sur notre arrière-garde : Bretagne leur fait tête et repousse valeureusement toutes leurs attaques. M. de Poyanne, tombé dans un poste ennemi, est fait prisonnier; M. Aubert, capitaine au Régiment, est grièvement blessé d'un coup de feu à l'épaule ; M. de Borre, capitaine, reçoit trois coups de sabre ; M. de Lacombe, lieutenant, en reçoit deux ; plusieurs cavaliers du Régiment sont tués ou blessés.

En août, l'armée du prince de Conti est rassemblée entre Mütterstadt et Rhebach ; elle franchit le Speyerbach au mois d'octobre et s'établit, le 10 novembre, dans les lignes de la Queich. A la fin de la campagne (décembre), Bretagne va prendre ses quartiers d'hiver en Alsace. M. de Bussy, capitaine du Régiment, reçoit la croix de Saint-Louis en récompense de sa belle conduite pendant toute la campagne.

1746. — Le 9 juin 1746, le prince de Conti amène de Sedan devant Mons son corps d'armée, dont Bretagne n'a pas cessé de faire partie. Ses opérations sont combinées avec celles du maréchal de Saxe. Mons capitule le 10 juillet, et le Régiment se porte avec tout le corps de Conti à l'investissement de Charleroi. Nos troupes campent sous les murs de la place le 15 juillet. Bretagne s'établit, avec les régiments de cavalerie Commissaire-Général, Conti et Barbançon, ainsi que la Gendarmerie, au petit camp d'Épigny dans la plaine de la Meuse, sous les ordres du comte de Lautrec. La tranchée est ouverte dans la nuit du 27 au 28. Charleroi capitule le 1er août, et, dès le 13, les armées du maréchal de Saxe et du prince de Conti ont opéré leur jonction.

Dans un ordre de bataille de l'armée de Flandre, qui porte la date du 16 août, la brigade de Bretagne, aux ordres de M. de Poyanne et composée des régiments de Bretagne et de Chabot (8 escadrons), figure à la première ligne, aile gauche. Les autres brigades qui complètent ce corps de cavalerie sont celles de Colonel-Général, Clermont-Prince et des Cuirassiers du roi.

Le quartier-général de l'armée est à Tongres, le 15 août. Le 21, nos troupes se portent sur le Demer et manœuvrent de façon à seconder le siège de Namur, dirigé par le comte de Clermont. L'armée, ayant franchi le Yaar le 9 décembre, se trouva concentrée à Houtey, le 10. Bretagne est à la première ligne (M. de Maubourg, lieutenant général). Le 11 octobre, le maréchal de Saxe remporta la grande victoire de Raucoux. Le régiment de Bretagne eut la gloire de s'y trouver ; 20 drapeaux, 11 étendards et 71 pièces de canon sont les trophées de cette journée. Notre armée coucha sur ses positions, et le lendemain s'établit au camp de Tongres. L'ennemi, battu, se retira derrière la Meuse.

Après cette victoire, qui marqua la fin de la campagne, Bretagne-Cavalerie se rendit dans les Évêchés avec la 2e division, pour y prendre ses quartiers d'hiver. Pendant la campagne, M. Aubert, capitaine au Régiment, avait reçu la croix de Saint-Louis.

1747. — Bretagne est compris dans le corps du comte de Clermont (16 bataillons, 21 escadrons), cantonné, à la fin d'avril 1747, sous le canon de la place de Namur. Le 1er juin, il se porte sur Orbais, couche le 2 à Wawre, passe la Dyle le 12, et campe à Meldert. Continuant son mouvement pour rallier l'armée du maréchal de Saxe, le comte de Clermont s'établit le 16 juin sur la Gèthe, au camp de Linter, et passant au-dessous de Tirlemont, arrive le 17 à Weser, près de Leaw. Après avoir franchi la Grande-Gèthe, Bretagne se porte le 20 à Saint-Trond ; le 22, à Tongres ; le 24, à Mopertingen ; marche toute la nuit du 25 au 26, et arrive le matin à Bethon. Cette marche sur Maëstricht contraignit les alliés à lever leur camp sur la Nèthe. Le 1er juillet, le maréchal de Saxe, qui a concentré toute son armée et rallié le corps du comte de Clermont, prend ses dispositions pour une action décisive. Bretagne est porté le matin à Hederen, près du village de Riemst.

Le 2 juillet, jour de la bataille de Lawfeld, le

maréchal de Saxe prend, à quatre heures du matin, ses dernières dispositions de combat. La cavalerie de l'armée, formée en bataille sur deux lignes, s'étend dans la plaine au-dessous du village d'Hederen, la gauche appuyée à ce point et la droite à Montenaken. Le comte de Clermont reçut comme objectif l'attaque du village de Lawfeld, en avant du centre de la ligne de bataille ennemie. Vers neuf heures, il fit avancer sa cavalerie, dont Bretagne faisait partie et que commandait M. de Ségur, entre son infanterie et le corps de M. d'Estrées, placé à la droite de notre ligne. A dix heures du matin, l'action s'engage : Lawfeld, perdu et réoccupé plusieurs fois par les alliés, est le théâtre d'un combat furieux. Le village, après de grands sacrifices, reste enfin au pouvoir de notre infanterie, qui s'y retranche. Voyant Lawfeld occupé par les Français, les alliés tentent une diversion en attaquant la cavalerie de M. de Ségur et celle de M. d'Estrées. Aussitôt Bretagne se forme en bataille et charge avec vigueur les escadrons ennemis. Nos cavaliers ont le dessus, et, grâce aux renforts que leur apportent les Carabiniers amenés en toute hâte sur le terrain de la charge par le maréchal de Saxe en personne, la déroute de l'ennemi est complète. M. d'Assargues, lieutenant au Régiment, est grièvement blessé dans cette charge et s'y fait remarquer entre tous par sa grande bravoure. Cette belle victoire de nos armes nous coûta 8 700 hommes hors de combat. Nous y fîmes 2 000 prisonniers ; de nombreux canons, étendards, drapeaux et paires de timbales restèrent entre nos mains.

On retrouve, le 15 juillet, le régiment de Bretagne au camp de Reckeim. Au milieu d'août, les troupes se portent sur le Demer, de Hasselt à Halen, et s'établissent, le 9 octobre, autour de Malines. Les régiments de cavalerie sont cantonnés dans les plaines fertiles qui s'étendent entre la Dyle et la Senne. Le 23 octobre, l'ordre est donné aux troupes de regagner leurs quartiers d'hiver. Bretagne-Cavalerie va occuper Menin et Warwick-Nord. MM. de Ponson, aide-major; de Courson et Pepin, capitaines, reçurent la croix de Saint-Louis pour leur belle conduite pendant cette campagne.

1748. — Le 1er janvier 1748, le marquis de Poyanne est nommé maréchal de camp et se démet du régiment de Bretagne. Il est remplacé par le comte d'Helmstadt[1]. A la même date, M. de Plouy, lieutenant-colonel du Régiment, est nommé brigadier de cavalerie.

Dès le 3 mars, l'armée du roi se porte aux sièges de Berg-op-Zoom et de Maëstricht; elle est formée en divisions. Bretagne-Cavalerie fait partie de la 4e division, commandée par M. de Graville, lieutenant général (12 bataillons et 24 escadrons). Cette division campe à Louvain le 5 avril, et marche par Tirlemont le 6 avril, Saint-Trond le 7, Tongres le 8; campe à Hæcht le 9, et arrive devant Maëstricht, dont l'investissement est complété le 11, et que le maréchal de Lowendal a mis-

---

[1] Maximilien-Auguste Bleikard, comte d'Helmstadt, né le 28 août 1728 en Souabe (Allemagne), cornette dans Rosen-Cavalerie, 1er mars 1740; capitaine dans Barbançon-Cavalerie, le 4 mai 1744; mestre de camp du régiment de Bretagne, le 1er janvier 1748.

sion d'assiéger. La tranchée est ouverte le 15 avril ; le 3 mai les hostilités cessent, et la place capitule le 7 mai.

Après la prise de Maëstricht, Bretagne, qui compte au corps séparé du comte de Clermont, se rend sur la rive gauche de l'Escaut, entre Dendermonde et l'embouchure du canal de Wilword. Les quatre escadrons du Régiment sont établis le 20 mai à Ruysbrouck, Calfort et Ekerwlier.

Le 1er septembre 1748, le Régiment est cantonné à Harlebeck, sous les ordres directs du maréchal de Saxe. Le 16 septembre, il arrive à Gand, où il reste jusqu'à sa rentrée en France, après la signature de la paix. Le 18 octobre, le traité d'Aix-la-Chapelle mit fin à cette longue guerre de la Pragmatique Sanction ou de la Succession d'Autriche, pendant laquelle Bretagne-Cavalerie a su se maintenir à la hauteur de sa vieille réputation.

La conclusion de la paix donna le signal de nombreuses réformes dans la constitution des régiments. Dès le 30 octobre 1748, le 4e escadron fut supprimé, ainsi que les cornettes, l'aumônier et le chirurgien. Les compagnies furent réduites à 30 maîtres. Bretagne ne compta plus que 12 compagnies, dont voici la liste :

Mestre de camp.
de Petiteville.
d'Espilly.
de Courson.
de Vandre.
de Pontchatryer.

des Wastines.
de Plouy (lieutenant-colonelle).
de Margeret.
Aubert.
Lagrandville.
Mortemer.

Nouvelle réduction en 1749 : le 3e escadron est supprimé par ordonnance du 15 septembre. Les mestres de camp et lieutenants-colonels n'ont plus de compagnie.

Les compagnies conservées sont les suivantes :

Aubert.   d'Escourre.
de Bussy.   Pepin.
de Courcy.   de Luppé.
du Cau.   de Borre.

A la suite de la dernière campagne, la croix de Saint-Louis fut donnée à MM. d'Escourre, capitaine ; de Saint-Ruhe, de la Combe et d'Assargues, lieutenants. Ce dernier avait été blessé à Lawfeld.

Le Régiment quitta Gand au commencement de 1749. Après un court séjour à Saint-Quentin, il vint tenir garnison au Quesnoy. En 1750, il est à Pont-Audemer ; en 1751, il occupe Douai.

CHAPITRE III

1751-1791

BOURGOGNE-CAVALERIE. — GUERRE DE SEPT ANS. — ROYAL-BOURGOGNE-CAVALERIE

Le 15 septembre 1751, le Régiment reprit son vieux nom de Bourgogne-Cavalerie, en l'honneur de Louis-Joseph-Xavier de France, duc de Bourgogne[1], né le 13 septembre 1751. Ce jeune prince mourut en 1761, mais le Régiment continua néanmoins après sa mort à porter le titre de Bourgogne.

Le régiment de Bourgogne tient successivement garnison à Ploërmel (1751-1752-1753), à Charleville (1754); du 1er au 30 septembre de cette année, il fait partie du camp de Sarrelouis, commandé par le maréchal de Belle-Isle et M. de Chevert, lieutenant général; il reste à Saint-Avold en 1755 et 1756, et se rend à Nancy le 21 septembre 1756.

[1] Louis-Joseph-Xavier de France, duc de Bourgogne, né à Versailles le 13 septembre 1751, fils de Louis, dauphin, et de Marie-Josèphe de Saxe, mort à Versailles en 1761 à l'âge de dix ans.

Nous avons à citer ici plusieurs ordonnances intéressant l'organisation du Régiment, qui furent rendues pendant la période de paix qui s'étend du traité d'Aix-la-Chapelle au commencement de la guerre de Sept ans.

Une ordonnance du 1er juin 1750 sur l'habillement et l'équipement des troupes vient compléter celle de 1733. D'après ses dispositions, l'habit ou justaucorps est garni de trente-huit gros boutons et quatre petits, avec deux épaulettes de laine pour contenir la bandoulière et la cartouche, au lieu de l'aiguillette, qui demeure supprimée. Les housses et chaperons sont en drap bleu, garni d'un galon de laine de couleurs variées. Le buffle porté sous l'habit est plus court que lui de neuf pouces. Les cavaliers ont le ceinturon de buffle blanc avec bandoulière blanche et une cartouche à douze coups portée en bandoulière de gauche à droite. Le chapeau est bordé d'un galon d'argent de seize lignes; le manteau est en drap gris piqué. Les habits uniformes des officiers sont semblables à ceux des cavaliers, excepté qu'ils sont en drap plus fin et qu'ils n'ont pas d'épaulettes. La casaque et les gages du timbalier sont aux frais du mestre de camp. Les couleurs distinctives de Bourgogne sont ainsi données :

« Habit et doublure bleus, revers et parements rouges, boutons blancs unis à trois filets, galon moucheté de blanc, fond aurore en laine veloutée. »

Le 29 juin, parut une instruction sur le service de la cavalerie dans les camps, qui donne des détails très circonstanciés sur le campement, la garde de l'étendard, le piquet, les vedettes, les détachements, marches, port des cuirasses ou plastrons, fourrages, discipline et police.

Une ordonnance de la même année, complétée en 1754, vint régler d'une manière uniforme les exercices et évolutions de la cavalerie.

Le règlement traitait du maniement des armes tant à pied qu'à cheval, de l'instruction du cavalier, des manœuvres de compagnie et de régiment. Le mousqueton se portait à pied la crosse dans la main gauche, l'arme verticale au défaut de l'épaule; la charge se faisait en vingt temps. A cheval, le mousqueton était suspendu à la bandoulière par un porte-mousqueton.

Les principes généraux, la marche, la conversion, ont une grande analogie avec nos derniers règlements. Les mouvements se font d'abord au pas, puis au trot; il n'est fait mention du galop que pour la charge.

Les compagnies (fortes pour la manœuvre de 24 cavaliers) se forment sur trois rangs et le plus souvent sur deux rangs.

Les demi-tours par compagnie, par demi-compagnie et par cavalier, la rupture par quatre et la formation en bataille, constituent les principales évolutions de la compagnie.

Les manœuvres du régiment comprennent vingt-quatre mouvements. Pour exercer les escadrons à la charge, on en faisait charger deux l'un sur l'autre, « s'approchant jusqu'à ce que les têtes de chevaux fussent prêtes à se toucher. »

On sonnait la charge à vingt pas de l'ennemi.

Le principe de l'alignement sur le centre, abandonné depuis par la cavalerie française, commençait à être mis en pratique en 1754.

Le 1er août 1755, les escadrons du Régiment sont remis à 160 maîtres en 4 compagnies. Chaque compagnie compte 2 brigadiers, 4 carabiniers (tireurs d'élite), 33 cavaliers et 1 trompette.

Le 5 juin 1757, le régiment de Bourgogne reçut un cornette d'augmentation par compagnie, et peu après un fourrier, destiné à seconder le maréchal des logis dans les détails du service.

Au moment où le régiment de Bourgogne allait prendre part à la guerre de Sept ans, la composition du corps d'officiers était la suivante (nous la prenons dans un état fourni à la cour vers 1756) :

BOURGOGNE-CAVALERIE, ci-devant BRETAGNE

Mestre de camp lieutenant : M. le comte d'Helmstadt.
Lieutenant-colonel : M. de Plouy.
Major : M. le comte de Courson.
Aide-major : M. de Ponson.

Capitaines :

MM. Aubert.
de Bussy.
le chevalier de Courcy.
de la Rüe du Can.

MM. d'Escourre.
Pepin de la Montagne.
de Luppé.
de Borre.

Capitaines réformés :

MM. le chevalier de Bouran.
de Budet.

MM. de Lancosme.
le chevalier de Courson.

Lieutenants en pied :

MM. de la Combe.　　　MM. Fournel.
d'Assargues.　　　　　　　Vincent.
chevalier de Sainte-Rhüe.　Demonthaniac.
de Verduron.　　　　　　　Descottes.

Lieutenants réformés :

MM. Demarsollet.　　　MM. le chevalier de Coquerel.
Balande.　　　　　　　　　Fontaine de Mervé.

Lieutenants en 2ⁿ :

M. de Rambures.　　　M. de Saint-Vincent.

Maréchaux des logis :

MM. Vignerat.　　　　MM. Savonet.
Lestapis.　　　　　　　　Duval.
Dumoncet.　　　　　　　de Saint-Jory.
Langlois.　　　　　　　　Chevalier.

Chirurgien-major : le sieur Gaud.

GUERRE DE SEPT ANS

1757. — C'est au printemps de l'année 1757 que le régiment de Bourgogne-Cavalerie, fort de 2 escadrons et commandé par le comte d'Helmstadt, mestre de camp lieutenant (M. de Plouy, lieutenant-colonel, et M. de Ponson, major), quitta sa garnison de Nancy, pour rallier le 20 avril, à Metz, la grande armée qui s'y assemblait sous les ordres du maréchal d'Estrées.

Le Régiment arrive à Longwy le 3 mai, et de là se porte au camp de Düsseldorf, où sont réunis 27 escadrons.

Dans l'ordre de bataille de l'armée du maréchal d'Estrées, Bourgogne figure à la première ligne, aile droite (19 escadrons, M. de Bercheny, lieutenant général), brigade de Vienne : Colonel-Général, 3 escadrons ; Clermont-Prince, 2 escadrons, et Bourgogne, 2 escadrons.

Retardé par des difficultés de subsistances dans le pays de Westphalie, le maréchal d'Estrées ne commence réellement ses grandes opérations de guerre que dans les premiers jours de juin. Son armée se rassemble à Munster, franchit l'Ems le 12 juin, s'établit à Warendorf, et arrive le 20 juin à Bielfeld, où elle campe. Une situation datée du 1er juillet au camp de Bielfeld donne pour le régiment de Bourgogne un effectif de 278 cavaliers prêts à combattre.

Le Régiment quitte le 8 le camp de Bielfeld, et arrive sur les bords du Weser avec le maréchal d'Estrées, qui établit son quartier général à l'abbaye de Corvey. Le 16 juillet, il franchit le Weser et prend immédiatement le contact de l'ennemi. Campé à Halle le 22, il n'est séparé que de cinq lieues de la position d'Hastembeck, où l'armée ennemie du duc de Cumberland s'est retranchée et attend la bataille. Les jours suivants les deux avant-gardes escarmouchent entre elles ; enfin, le 26 juillet, le maréchal d'Estrées livre la bataille d'Hastembeck et remporte une victoire complète, qui nous assure l'occupation de tout l'électorat de Hanovre.

Le régiment de Bourgogne, comme le reste de la cavalerie française, eut dans cette journée son action

BOURGOGNE-CAVALERIE

1770

paralysée par la nature du terrain et resta massé en arrière et à gauche de notre ligne d'infanterie. Lancé à la poursuite de l'ennemi, il s'arrête à la rivière d'Hammeln. L'extrême fatigue des troupes, sous les armes depuis trois jours et trois nuits, obligea le maréchal à arrêter les mouvements de sa cavalerie.

Malgré cette belle victoire, le maréchal d'Estrées fut sacrifié à des intrigues de cour, et remplacé à la tête de l'armée par le maréchal duc de Richelieu.

Sous les ordres de ce nouveau général, Bourgogne-Cavalerie se porte à Werden, le 8 août; le 11, il campe sous Linden; le 23, à Mariensée; le 24, à Rodewald. On le trouve, le 27, au camp de Rethen. Un orage terrible avait mis le camp français dans le plus grand désordre. Le maréchal de Richelieu donna l'ordre de le lever, et, le 28, il marcha avec toutes ses troupes à l'ennemi, établi derrière le Wurme, et le força à se replier devant cette démonstration. Le 31 août, l'armée française part de Werden pour Walle, où elle campe sur deux lignes.

Le régiment de Bourgogne fit partie du camp de Werden (13 bataillons, 16 escadrons, aux ordres de M. de Brissac), pendant que le maréchal de Richelieu se portait à Closter-Severn et y contraignait l'armée hanovrienne à signer une capitulation.

Les opérations du roi de Prusse contre l'armée du prince de Soubise et des Cercles obligèrent le maréchal de Richelieu à modifier ses dispositions. Il mit ses troupes en marche, et les ramena dans les pays de Brunswick et d'Halberstadt. L'armée marcha par divisions : celle de M. de Brissac (8 bataillons et 16 escadrons), dans laquelle comptait Bourgogne-Cavalerie, arriva à Brunswick le 22 septembre, après avoir marché par Rethem et Zell. A l'approche d'un corps ennemi aux ordres du prince Ferdinand, le maréchal prescrivit à M. de Brissac de partir à minuit, le 26 septembre, de Hachum, avec 30 escadrons, dont Bourgogne, et 6 bataillons, et de rallier à la pointe du jour M. de Voyer, en marche sur Osterwick. Ce mouvement intimida les Prussiens, qui se retirèrent derrière Halberstadt. Le 1er octobre, le gros de l'armée est à Oscherleben. A la nouvelle de la perte de la bataille de Rosbach par le prince de Soubise, le maréchal de Richelieu cherche à se rapprocher du théâtre d'opérations de ce général. Malheureusement le manque de subsistances ne lui permet pas d'opérer ce mouvement avant le 12 novembre. Le 7 novembre, il établit son quartier général à Brunswick.

La violation de la capitulation de Closter-Severn par les troupes hanovriennes paralyse les opérations du maréchal, qui cependant se porte le 20 novembre à Gifhorn et le 22 à Uestzen, où il établit son quartier général. Il marche ensuite sur Lünebourg, et arrive le 3 décembre à Zell. Après une alerte très vive sous cette place, il parvient à réunir ses troupes, affaiblies par ces longues et pénibles marches. La saison devint subitement très rigoureuse; les tentes manquaient, les magasins étaient dépourvus de fourrages. Hâtant sa marche, le maréchal de Richelieu tenta de franchir l'Aller avec toutes ses troupes dans la nuit du 23 au 24 novembre;

mais la poursuite de l'ennemi, harcelant notre arrière-garde et lui livrant des combats incessants, retarda le mouvement. Le 24, des ponts furent jetés sur l'Aller, sous la protection de nos troupes en bataille, dont l'attitude contraignit l'ennemi à se retirer. Le maréchal s'établit à Hanovre, et toutes les troupes s'installèrent entre l'Aller, l'Ocker et la Leine. Bourgogne-Cavalerie, qui avait vaillamment supporté les fatigues de cette pénible campagne d'hiver, prit le 29 décembre ses quartiers à Blumenau.

1758. — Au moment du rappel du maréchal de Richelieu et de son remplacement à la tête de l'armée par le comte de Clermont, nos troupes, formées sur quatre lignes, sont établies dans leurs quartiers d'hiver. Le régiment de Bourgogne fait partie de la quatrième ligne, commandée par M. de Goyon; il est cantonné à Tecklembourg, et compte dans le rang 272 combattants.

Le 1er mars, l'armée prononce un mouvement général de retraite sur le Weser et la Hesse. Serrée de près par l'ennemi, elle vient camper à Hammeln et arrive sous Wesel. Bourgogne, qui était cantonné le 20 mars à Wolbeck, sous M. de Villemeur, atteint le camp de Wesel le 31 mars.

Dans les premiers jours d'avril, toutes nos troupes repassent le Rhin à Wesel et s'établissent entre Cologne et Clèves. Dans cette nouvelle position, les régiments se refont et se complètent. La discipline, très relâchée dans la dernière campagne, est un peu rétablie.

Le 30 mai, les têtes de colonnes de l'armée ennemie, commandée par le prince Ferdinand, se présentent devant Emmerick, Wesel et Düsseldorf. Dans la nuit du 1er au 2 juin, elles franchissent le Rhin à Bienen, au-dessous d'Emmerick, poursuivant devant elles les détachements de nos troupes, qui se replient sur leur corps d'armée. Le comte de Clermont prit aussitôt position à Rheinberg, où Bourgogne, détaché à Xanthen avec M. de Villemeur, vient rallier le gros de nos forces. Refusant le combat, le comte de Clermont perd un temps précieux à des manœuvres inutiles : le 10 et le 12, les deux armées en présence se canonnent sans qu'on en vienne aux mains.

Le 15 au matin, nos troupes se portent sur Neuss et y campent ; M. de Saint-Germain, établi à Créfeld, est chargé de masquer ce mouvement.

Le 18, le comte de Clermont se décide à marcher à l'ennemi et fait construire des ouvrages de campagne le 19 ; malheureusement un ruisseau, le Landwehr, paralyse les mouvements de notre armée et oblige M. de Clermont à arrêter son offensive, quand, le 23 juin, l'ennemi attaque nos troupes dans le défilé de Créfeld. Prise en tête et en flanc, privée de ses réserves, l'armée du comte de Clermont essuya un échec complet. Réunissant toute la cavalerie, le comte de Mortagne chargea plusieurs fois à fond pour dégager notre infanterie. Bourgogne se distingua dans ces charges héroïques, qui coûtèrent à notre cavalerie 26 officiers tués et 156 blessés, 657 hommes tués et 458 blessés, 1 294 chevaux tués et 385 blessés.

L'armée entière pleura la mort du jeune comte de

Gisors, fils du maréchal de Belle-Isle, tué en chargeant à la tête des Carabiniers. Parmi les militaires du régiment de Bourgogne qui se sont le plus vaillamment comportés dans cette journée, il faut citer le cornette Feygnet, devenu plus tard capitaine, qui reçut plusieurs coups de sabre ; le cornette de Caen ; le fourrier Rolland, blessé d'un coup de feu et d'un coup de sabre, devenu lieutenant au Régiment. Le cavalier Bernard, depuis chef d'escadron au Régiment en 1794, se fit remarquer par son intrépidité.

A la suite de cette malheureuse journée, l'armée battit en retraite sur Cologne et vint se refaire au camp de Mungersdorf. Le comte de Clermont demanda son rappel et fut remplacé par le marquis de Contades. Bourgogne-Cavalerie est campé à Mungersdorf à la deuxième ligne (aile droite), avec les régiments de cavalerie du Roi, Moustiers, Noé, Montcalm, Condé, Fumel, Harcourt et Royal-Roussillon.

M. de Contades, en prenant son commandement, avait reçu de Versailles l'ordre de marcher à l'ennemi et de réoccuper la rive gauche de l'Erft, en tenant Cologne. En conséquence, il lève le camp de Mungersdorf le 14 juillet, prononce son mouvement sur l'Erft, rejette l'ennemi sur la rive gauche, et après le combat d'avant-garde de Gravenroich l'oblige à se replier sur Neuss ; il fait passer l'Erft à ses troupes le 25, campe le 28 à Holtzweiller, le 30 à Erkelenz, le 31 à Dahlen. Pendant cette marche, le régiment de Bourgogne fait brigade avec les régiments Montcalm et Royal-Roussillon, sous les ordres de M. de Plouy, brigadier et en même temps lieutenant-colonel au Régiment (deuxième ligne, aile droite).

En août, l'ennemi continue sa retraite sur le Rhin; M. de Contades veut lui en disputer le passage, mais des inondations considérables paralysent ses mouvements et l'empêchent de le joindre. L'armée française quitte le camp de Dahlen (2 août), passe le Niers le 6, et après avoir campé à Crefeld, à Haldenkirchen et à Issum, franchit le Rhin sous Wesel, du 12 au 19 août, sur des ponts de chevalets et de bateaux. De là, nos troupes se portent sur la Lippe et campent, le 25 août, à Recklinghausen. Le 27, un détachement de 10 bataillons et de 12 escadrons, dont fait partie le régiment de Bourgogne, cantonne à Hampke, vis-à-vis Halteren, aux ordres de M. de Nicolay. Pendant le mois de septembre, l'armée manœuvre sur les deux rives de la Lippe et oblige à la fin du mois les troupes ennemies à repasser cette rivière.

Le régiment de Bourgogne se rend à Ham le 7 octobre, garde cette position avec un petit corps de six bataillons sous les ordres de M. de Maupeou, pendant que l'armée continue son mouvement en avant.

Dans les derniers jours d'octobre, l'armée entière se replie sur Ham et Lünen. Jugeant que la saison avancée ne lui permettait pas de pénétrer cette année dans le duché de Paderborn, M. de Contades replie ses troupes sur le Rhin. En conséquence, Bourgogne, qui occupe Lünen, va, le 12 novembre, cantonner à Recklinghausen, puis à Borkum. L'armée entière a repassé le Rhin à Wesel, Düsseldorf et Cologne.

L'ordre est donné aux troupes de se séparer pour prendre leurs quartiers d'hiver.

Le régiment de Bourgogne va s'installer à Entzkirchen, dans le département de Cologne, entre Worungen et l'embouchure de la Sieg.

1759. — Pendant les premiers mois de 1759 (janvier à mai), le régiment de Bourgogne reste dans ses quartiers d'hiver à l'armée du Bas-Rhin, commandée provisoirement par M. d'Armentières, pendant une absence de M. de Contades à la cour.

Le duc de Cossé-Brissac[1] prit le commandement du Régiment, le 10 février, en remplacement du comte d'Helmstadt.

Les succès du maréchal de Broglie, successeur du maréchal de Soubise en Westphalie, notamment la victoire de Bergen, déterminent le maréchal de Contades à faire passer le Rhin à ses troupes. Bourgogne, qui forme la brigade de Plouy avec les régiments Colonel-Général, Condé et Vogué, quitte le camp d'Aersen le 10 mai, marche par Marbourg, Siegberg, Neukirchen, et arrive, le 2 juin, au camp de Giessen, sur la rive droite du Rhin. La brigade de Plouy

---

[1] Louis-Hercule-Timoléon, duc de Cossé et de Brissac, pair de France, né le 15 février 1734 à Paris; mousquetaire, 2ᵉ compagnie, le 1ᵉʳ mars 1748; capitaine de dragons dans Caraman (10 septembre 1751); guidon des gendarmes d'Aquitaine (15 janvier 1754); premier cornette des chevau-légers d'Aquitaine (10 avril 1758); mestre de camp du régiment de Bourgogne-Cavalerie (10 février 1759). Chevalier de Saint-Louis en 1760, brigadier le 20 avril 1768; maréchal de camp (26 octobre 1771); gouverneur de Paris (1775), capitaine-colonel des Cent-Suisses (1776), chevalier des Ordres du roi (1776), commandant de la maison militaire du roi et lieutenant général (1791), mort en septembre 1792.

compte à la cavalerie de l'aile droite, première ligne. Le manque de subsistances détermine le maréchal de Contades à lever son camp et à prononcer un mouvement offensif sur Minden. Bourgogne marche pendant tout le mois de juin. Il est le 4 au camp de Walgern, le 6 à Wetter, le 7 à Frankenberg, le 10 à Korbach, et atteint le 14 le camp de Meerhof. Le 23, l'armée française est massée en avant de Schlangen et de Lippspring; elle campe le 24 à Paderborn, et le 29 à Schlangen.

Du camp de Bielfeld, qu'elle occupait le 4 juillet, l'armée entière se porte sur Minden et y prend position. Les mouvements du prince de Brunswick rendent la bataille inévitable; elle est donnée le 1er août, dans les plaines de Minden. Grâce à la mésintelligence des maréchaux de Broglie et de Contades, nous subissons un échec complet. Cette journée coûta des pertes sensibles au régiment de Bourgogne, qui fournit plusieurs belles charges. Le capitaine Le Roy de Pruneveau eut son cheval tué sous lui; le lieutenant Coquerel et le cavalier Bernard se couvrirent de gloire. La cavalerie perdit à elle seule, à la bataille de Minden, 128 officiers et 2011 hommes tués ou blessés.

Tandis que l'armée affaiblie battait en retraite sur Cassel et la Lahn, un petit corps de 12 bataillons et 16 escadrons, commandé par le comte de Saint-Germain, était chargé de faire l'arrière-garde et de masquer Hammeln. Le régiment de Bourgogne est compris dans ce détachement, qui soutint, le 11 août, une fausse attaque de l'ennemi, repoussée après une action des plus chaudes. Le 13, le corps de Saint-Germain était campé à Lütternberg ; de là il rallia le gros de l'armée au camp de Gross-Selheim, où nos troupes venaient de s'établir après avoir franchi l'Edder. Toute la cavalerie fut placée en deuxième ligne.

Au mois de septembre, le camp de Gross-Selheim est levé, et l'armée entière se rend au camp d'Amarodt. La brigade de M. de Plouy (Bourgogne, Noailles, Balincourt : 6 escadrons) est à la première ligne, aile gauche. Pendant le mois d'octobre, on reste sur la défensive; M. de Contades rentre à Versailles, et le maréchal de Broglie garde seul le commandement supérieur de l'armée.

Le 15 novembre, le régiment de Bourgogne rallie le corps de M. d'Armentières sur le Bas-Rhin; passé au commencement de décembre sur la rive gauche du fleuve, il va prendre ses quartiers d'hiver à Sussbeck.

1760. — Jusqu'au 21 mai, le Régiment reste dans ses quartiers d'hiver. A cette date, il se rend à Herd et Bruil, et va rallier le gros de l'armée, commandée par le maréchal de Broglie; il est à la première ligne, centre, brigade de Plouy (Bourgogne, Fumel et Charost : 6 escadrons). En juin, le maréchal prend ses dispositions pour envahir la Hesse.

Pendant la campagne d'été, Bourgogne assiste le 10 juillet à la victoire de Corbach, où le prince Ferdinand et le prince héréditaire sont battus et forcés de se retirer à Sachsenhausen. Le 24, il est à la prise de Wetterbourg, qui oblige le prince Ferdinand à opérer sa retraite sur Nauembourg, et le 26, au combat d'Iringhausen, près de Cassel, nouvelle victoire remportée sur le prince Ferdinand.

Pendant que le maréchal de Broglie s'empare de Cassel, Bourgogne-Cavalerie combat à Warbourg avec le chevalier de Muy (31 juillet). En août, le Régiment est engagé dans des fourrages et des escarmouches. Il se porte avec toute l'armée, le 22 août, à Immenhausen, prend part, le 9 septembre, à un fourrage général et va camper à la droite de Cassel. De là, le maréchal de Broglie replie ses troupes sur Warbourg. A la fin de septembre, Bourgogne va terminer la campagne sur le Bas-Rhin, dans l'arrondissement de M. de Muy, autour de Cologne; il prend ses quartiers d'hiver à Munster-Eyfeld et Unskircheym, ayant Zulpich comme centre d'approvisionnement de vivres. Les fourrages étaient réquisitionnés sur place.

1761. — Au début de la campagne, le régiment de Bourgogne fait partie de l'armée du Bas-Rhin, commandée par le maréchal prince de Soubise; il compte à la deuxième ligne et fait brigade avec les régiments de Moustiers et de Talleyrand. Le 10 juin, on le trouve à Wesel; il assiste au combat heureux de Siddinghausen et fait partie du corps de 32 000 hommes que le maréchal de Soubise détache, le 25 juillet, pour renforcer l'armée du Haut-Rhin, commandée par le maréchal de Broglie, qui vient de livrer la bataille de Villingshausen. Le Régiment finit à l'armée du Haut-Rhin la campagne de 1761; le

19 novembre, on le trouve à Mülhausen. Il arrive, le 9 décembre, à Mengeskirchen, département de Limbourg, où il est arrêté pour prendre ses quartiers d'hiver.

1762. — Bourgogne-Cavalerie ne fait pas la campagne de 1762 en Allemagne; il rentre en France en janvier et vient se refaire à Rethel-Mazarin.

De la fin de la guerre de Sept ans au commencement de la révolution française, le régiment de Bourgogne n'a fait aucune campagne. Nous nous bornerons donc pour cette période à enregistrer les modifications nombreuses apportées à sa constitution, son effectif, son uniforme, ainsi que les changements de garnison, très fréquents à cette époque.

L'ordonnance du 1er décembre 1761 avait réduit le nombre des régiments de cavalerie proprement dite de 62 à 31, au moyen de l'incorporation des corps moins anciens dans les premiers régiments de l'arme, qui, de ce fait, furent tous portés à 4 escadrons de 4 compagnies chacun, l'escadron comptant 160 maîtres.

Bourgogne reçut ainsi dans ses rangs le régiment d'Espinchal-Cavalerie[1], réformé, qui remontait

---

[1] Levé, le 10 décembre 1673, par Jean de Pouilly de Lançon, ce régiment devient Saint-Simon en 1676, et se distingue entre tous en 1693 à la bataille de Nerwinden, où son chef, le marquis de Saint-Simon, est tué. Il porte successivement le nom de ses mestres de camp : du Bordage (1693), Bouzols (1702), Brissac (1719), Fiennes (1735), Dampierre (1747), et enfin d'Espinchal (1759). Il fut incorporé dans Bourgogne à la réforme de 1761.

à l'année 1673, où il avait été créé sous le nom de Lançon.

Reconstitué sur ces nouvelles bases, le régiment de Bourgogne comptait 16 compagnies, dont voici la liste :

Compagnie d'Escourre.	Compagnie de Pruneveaux.
» de Bourran.	» de Montélégier.
» de Montgon.	» de Sade.
» de Saint-Gilles.	» Maréchal.
» de Rochegude.	» Méry.
» Phelyppeaux.	» Noinville.
» Bizot.	» Vousièrres.
» d'Havrincourt.	» Bonneguise.

Comme tous les régiments conservés à la paix, Bourgogne fut formé, le 21 décembre 1762, à 4 escadrons, chacun de 2 compagnies. Les compagnies furent doublées comme effectif. La composition détaillée du Régiment, conformément à l'ordonnance de 1762, est donnée par le tableau qui suit :

ORDONNANCE DU 21 DÉCEMBRE 1762

État-major : 1 mestre de camp.
1 lieutenant-colonel.
1 major.
2 aydes-majors.
2 sous-aydes-majors.
1 trésorier.
1 quartier-maître.
─────────
9 officiers.

Plus un aumônier et un chirurgien, en campagne seulement.

Compagnies :   1 capitaine.
　　　　　　　　1 lieutenant.
　　　　　　　　1 sous-lieutenant.
　　　　　　　　─────────
　　　　　　　　3 officiers.

Troupe :   4 maréchaux des logis.
　　　　　　1 fourrier.
　　　　　　8 brigadiers.
　　　　　　8 carabiniers (tireurs d'élite).
　　　　　　31 cavaliers.
　　　　　　1 trompette.
　　　　　　─────────
　　　　　　53 hommes de troupe.

La compagnie est distribuée en 2 divisions, 4 subdivisions, 8 escouades.

L'escadron de 2 compagnies compte 6 officiers et 106 hommes.

Le régiment de 4 escadrons compte 424 hommes, plus 32 officiers, au total 456 hommes.

Les compagnies conservées à cette réorganisation sont les suivantes :

1re compagnie :	mestre de camp.	5^e	compagnie :	de Montgon.
2e »	lieut.-colonelle.	6^e	»	de Saint-Gilles.
3e »	d'Escourre.	7^e	»	de Rochegude.
4e »	de Bourran.	8^e	»	Phelyppeaux.

Cette ordonnance de 1762 apportait des modifications profondes dans la constitution intérieure des corps de cavalerie. L'ancien maréchal des logis, véritable officier, et le cornette disparurent; on ne conserva qu'un porte-étendard par escadron. Enfin les capitaines n'eurent plus la charge de la remonte, des recrues, de l'habillement et de l'armement de leur compagnie. La création des trésoriers, des différentes masses, de la caisse du corps, vint compléter ces réformes, dont le mérite revient à l'administration du duc de Choiseul. Les inspections générales, passées régulièrement deux fois par an, au mois de mai et au mois de septembre, garantirent désormais l'instruction et la bonne administration des corps de troupes.

En 1763, l'uniforme du régiment de Bourgogne était le suivant :

« Habit bleu, parements revers et collet rouges, poches en long, garnies de neuf boutons en patte d'oie : trois aux parements, six au revers et trois au-dessous. Buffle et culotte chamois, boutons blancs n° 20. Chapeau bordé d'un galon de laine de fil blanc. L'équipage du cheval en drap bleu, bordé d'un galon liseré de rouge, à mosaïque bleue, renfermant des grains d'orge rouges sur un fond de laine blanche. »

La tenue du Régiment fut encore modifiée par l'ordonnance du 25 septembre 1767. L'état militaire de 1768 décrit ainsi qu'il suit le nouvel uniforme de Bourgogne :

« Habit à la polonaise bleu, doublures, revers et collet cramoisis, bordé d'un petit galon de fil blanc. Sept boutons au revers, trois au-dessous, avec agréments et houppes de fil blanc. Veste et culotte chamois ; boutons blancs n° 20 ; chapeau bordé d'un galon blanc. L'équipage du cheval en drap bleu, bordé d'un galon liseré de cramoisi, à mosaïque bleue, renfermant des grains d'orge cramoisis sur un fond de laine blanche velouté. »

Le Régiment, qui tenait garnison à Hesdin en 1762, vint à Provins en mars 1763, puis à Douai en mai 1763. Il se rend au camp de Compiègne le 10 juillet 1765, et y arrive le 13, en même temps que les régiments de cavalerie Royal et Royal-Étranger. Il exécuta devant le roi les manœuvres de la nouvelle ordonnance, sous le commandement de M. de Beuvron, maréchal de camp. Le 25 juillet, Bourgogne quitte le camp de Compiègne pour aller à Ancenis, où il arrive au mois d'août. Cette nouvelle ordonnance de 1765, complétée l'année suivante, prescrivait la formation sur deux rangs, tout en conservant la possibilité de se former sur trois; elle maintenait les feux à cheval précédant la charge, qui se faisait à pleine allure, l'épée à la main; elle réglementait, en outre, l'instruction individuelle des recrues et comprenait un traité d'équitation. En 1766, paraît un règlement sur le service de la cavalerie dans les places, qui resta longtemps en vigueur.

Bourgogne tient garnison à Redon, puis à Ancenis, pendant l'année 1766. Il vint à Sedan (novembre 1767), à Fontenay-le-Comte (13 novembre 1769), à Niort (15 octobre 1771).

L'ordonnance du 16 avril 1771 augmente la prime des cavaliers rengagés après huit ans de service, et leur accorde le chevron sur le bras gauche comme marque distinctive; après seize ans de service, les cavaliers portaient deux chevrons.

Le duc de Cossé-Brissac, nommé maréchal de camp

le 26 octobre 1771, est remplacé à la tête du régiment de Bourgogne par le marquis de Maupeou[1].

Bourgogne arrive à Rethel-Mazarin le 26 mars 1772. Sa composition est encore une fois modifiée. Le Régiment, d'après les dispositions de l'ordonnance de 1772, est formé à 3 escadrons de 4 compagnies. La compagnie compte 36 maîtres. A cette date, le marquis de Maupeou, mestre de camp, a pour lieutenant-colonel le comte de Saigues, et pour major le chevalier de Malherbe.

Les douze compagnies du Régiment sont commandées par MM. :

1re compagnie :		comte de Rochegude.
2e	»	de Pruneveaux.
3e	»	de Montélégier.
4e	»	de Noinville.
5e	»	de Vousièrres.
6e	»	comte de Causans.
7e	»	Lafond des Essarts.
8e	»	chevalier de Souffraies.
9e	»	comte d'Osmond.
10e	»	vicomte de Chazeron.
11e	»	chevalier de Prisye.
12e	»	chevalier d'Escourre.

Le 22 mai 1773, Bourgogne se rend à Sedan. Il y est employé, au printemps de cette année, contre l'épizootie qui ravage la contrée.

---

[1] René-Ange-Augustin, marquis de Maupeou, né à Paris le 7 septembre 1746, nommé mestre de camp lieutenant du régiment de Bourgogne, le 26 octobre 1771 ; il est promu maréchal de camp, le 9 mars 1788, et ne sert plus depuis cette époque.

Régiment de Bourgogne-Cavalerie

1773

Congé militaire

CAVALERIE.

CONGÉ MILITAIRE.

Nous soussignés, certifions à tous ceux qu'il appartiendra, avoir donné Congé absolu au nommé Jean Baptiste Lefèvre pour le surnom _____ dit _____ Cavalier _____ de la Compagnie d'Lafouri _____ au Régiment de _____ en la Province d'Isle de France _____ juridiction dudit lieu âgé de vingt cinq ___ ans, de la taille de cinq pieds sept pouces _____ _____ cheveux _____ sourcils châtains clairs les yeux gris visage long le nez Bienfait, ayant servi honnêtement dans le _____ vingt depuis le dix sept avril mil sept cent soixante auge jusqu'à ce jour, & se trouvant aucun marchant pour le suppr_____

FAIT à Sedan le vingt _____ jour du mois de Juillet mil sept cent soixante-treize.

Approuvé par nous LIEUTENANT-GÉNÉRAL des armées du Roy & Inspecteur général des _____

Vu par nous COMMISSAIRE de _____

Vu par nous COMMANDANT

Le Régiment était en garnison à Sedan au moment de l'avènement au trône du roi Louis XVI (mai 1774). Il se rend à Saintes à la fin de l'année, puis à Auch (23 mars 1775). C'est là que le Régiment est reconstitué sur les bases de l'ordonnance du 25 mars 1776.

Bourgogne est formé à 6 escadrons de 2 compagnies chacune, savoir :

Quatre escadrons de guerre ;

Un escadron de chevau-légers (le 5e) ;

Un escadron auxiliaire ou de dépôt.

L'escadron compte 6 officiers et 168 hommes de troupe.

L'état-major du Régiment est de 9 officiers et 4 hommes.

La force totale du Régiment est donc de 39 officiers et 844 hommes.

Il est intéressant de constater ici la grande analogie qui existe entre les effectifs d'un corps de cavalerie à la fin du xviiie siècle, et ceux d'un de nos régiments contemporains.

L'ordonnance de 1776 faisait disparaître les timbaliers et les carabiniers des compagnies. Elle consacre un immense progrès en supprimant tout achat de grades dans les régiments.

En même temps que cette ordonnance constitutive, paraissait un règlement qui correspond à notre service intérieur. Ce règlement établissait les conseils d'administration des corps de troupes.

Signalons encore, pour cette année 1776, une ordonnance sur les fourrages. La ration d'un cheval de troupe est fixée à dix livres de paille, dix livres de foin, un demi-boisseau d'avoine par jour.

L'uniforme du Régiment, encore modifié, est ainsi décrit :

« Habit bleu de roi, avec revers agrafés et parements cramoisi. Collet de drap blanc droit. Gilet et culotte blancs, boutons blancs. Manteau gris-blanc, chapeau noir à quatre cornes, bordé de noir, avec cocarde blanche et panache. Équipage du cheval bleu. »

Le régiment de Bourgogne est à Gray (1776), Jussey, puis Maubeuge (1777). A cette époque, Augereau, le futur maréchal de France, duc de Castiglione, servit pendant quelque temps comme volontaire dans Bourgogne.

Le 1er mai 1777, paraît une nouvelle ordonnance sur l'exercice des troupes à cheval, inspirée par le comte de Melfort. Elle marque un tel progrès dans l'instruction de la cavalerie, qu'elle mérite que nous nous y arrêtions un instant.

D'après l'ordonnance de 1777, « les capitaines commandants sont rendus responsables de l'instruction des recrues, dont le plus grand nombre doit, en quatre mois, être en état d'entrer à l'escadron.

« Chaque régiment, pour la manœuvre, forme cinq compagnies ou escadrons.

« Les hommes sont placés par rang de taille.

« Le capitaine est placé devant le centre de l'escadron ;

Bourgogne-Cavalerie

1776

« Le capitaine en second, en serre-file ;

« Les lieutenants dans le rang, les sous-lieutenants en serre-file.

« Les deux étendards sont placés aux 2e et 4e escadrons.

« Chaque commandement est précédé de l'avertissement : « Garde à vous ! »

En marche et en bataille, l'alignement se prend sur le centre de chaque escadron, et, pour l'alignement général, sur l'escadron de droite. — Avant de mettre la ligne en mouvement, le commandant en chef indique au chef de l'escadron d'alignement le point de direction sur lequel il doit marcher.

Les formations se multiplient ; on trouve dans le nouveau règlement des ploiements et déploiements simples et composés, des changements de front, l'ordre oblique par échelons, des charges en ligne et en colonne, des ralliements et des retraites.

Ce travail sur les évolutions fut encore complété par un règlement du mois de juillet 1779.

De Maubeuge, où nous l'avons laissé, Bourgogne se rend à Valenciennes (6 octobre 1778), puis à Verdun (1er juin 1779).

L'organisation régimentaire de 1776 ne resta pas longtemps en vigueur. Dès l'année 1779, les régiments furent réduits à quatre escadrons. Les escadrons de chevau-légers, enlevés aux régiments de cavalerie, furent réunis pour constituer une série distincte de six régiments de chevau-légers. L'escadron auxiliaire fut également supprimé.

Le régiment de Bourgogne prend comme uniforme, en 1779, l'habit bleu de roi à la française, veste chamois et culotte de peau ; revers gris argentin, manteau gris blanc, le chapeau sans plumet et les bottes fortes.

Il va tenir garnison à Béthune (19 août 1779) ; Valenciennes (6 octobre 1779) ; Mirecourt et Charme (20 mai 1780) ; Thionville (5 octobre 1782) et Sarrelouis (11 octobre 1783).

L'ordonnance du 25 juillet 1784, sur l'organisation de la cavalerie, prescrit la formation des régiments à 4 escadrons, forts chacun d'une compagnie et comptant 6 officiers et 104 hommes de troupe.

Elle établit 4 porte-étendard, 1 par escadron, et 2 adjudants qui comptent à l'état-major. Les huit plus anciens cavaliers de chaque compagnie ont le grade d'appointés et remplacent les anciens carabiniers de compagnie. D'après ces bases, l'effectif du Régiment est de 456 hommes sur le pied de paix, et de 716 sur le pied de guerre.

Bourgogne va tenir garnison à Saint-Avold, en octobre 1785.

Le règlement de 1786, sur l'habillement des troupes, donne les détails les plus minutieux sur chaque partie de l'uniforme. Les habits sont assez larges pour pouvoir agrafer les revers et les boutonner par-dessus la cuirasse ou plastron. Le chapeau n'a plus que trois cornes. Chaque compagnie est distinguée par une houpette de laine portée par-dessus la cocarde. Cette houpette est blanche pour l'état-major, écarlate pour la 1re compagnie, bleu céleste pour la 2e, rose pour la 3e, et souci pour la 4e. Le bonnet de police est à la dragonne. Comme couleur distinctive, le régiment de Bourgogne porte les revers gris argentin, et l'équipage du cheval est bleu, à bords blancs veloutés, liserés de cramoisi, et mosaïques blanches renfermant des grains d'orge cramoisis.

Les étendards du régiment de Bourgogne, qui depuis longtemps n'ont subi aucune modification, sont toujours en soie bleue portant un phénix sur un bûcher étendant les ailes, avec la devise : *In regnum et pugnas;* trophées dans les coins et bordure semée de fleurs de lis, le tout brodé et frangé d'or.

En 1788, le Régiment prit le titre de Royal-Bourgogne-Cavalerie. Son chef, le marquis de Maupeou, nommé maréchal de camp le 9 mars 1788, fut remplacé à la tête du Régiment par le marquis de Contades[1], promu colonel. C'est la première fois que

---

[1] Érasme-Gaspard, marquis de Contades, lieutenant au corps royal de l'artillerie (26 septembre 1773); capitaine dans Mestre-de-Camp-Général-Cavalerie (21 avril 1777); mestre de camp en deuxième du régiment Commissaire-Général-Cavalerie (11 novembre 1782); du régiment Royal-Picardie (20 mars 1784); colonel du régiment Royal-Bourgogne (10 mars 1788); prend le commandent des Chasseurs à cheval de Picardie, le 12 mai 1789; démissionnaire, le 30 avril 1791.

les chefs de corps de la cavalerie sont officiellement désignés sous ce titre de colonel, depuis longtemps en vigueur dans l'infanterie.

Une ordonnance royale, du 17 mars 1788, partage la France en grands commandements militaires territoriaux; toutes les troupes réparties dans ces commandements sont formées en brigades de deux régiments commandées par un maréchal de camp. Royal-Bourgogne forme une brigade avec le régiment Royal-Cravates, sous le commandement du comte d'Allonville. Elle est comprise dans la division de l'intérieur. Pendant l'année 1788, le Régiment a quitté Saint-Avold pour se rendre à Sarrelouis (20 mars). Après un séjour au camp de Metz, il vient tenir garnison à Joigny le 25 septembre.

L'ordonnance constitutive du 21 mars 1788, sur l'organisation de la cavalerie, forme les régiments à 3 escadrons de 2 compagnies chacun. Nous croyons intéressant de montrer, dans un tableau, la composition détaillée du Régiment d'après cette ordonnance, ainsi que la solde attribuée à cette époque à chaque grade.

ORDONNANCE DU 21 MARS 1788

État-major : 1 colonel . . . . 4 000 livres par an.
    1 lieutenant-colonel . . . . . 3 800   »   »
    1 major . . . . 3 200   »   »
    1 major en 2ᵉ . . . . 2 500   »   »
    1 quartier-maître-trésorier . . 1 200   »   »
    3 porte-étendard   720   »   »

2 adjudants.	540 livres par an.
1 chirurgien-major	1 200 » »
1 aumônier.	600 » »
1 brigadier trompette.	
1 maréchal des logis, maître-maréchal.	
1 maître sellier, maréchal des logis.	
1 maître tailleur, maréchal des logis.	
1 maître bottier.	
1 maître culottier.	
1 armurier-éperonnier.	

Chaque escadron est commandé par un chef d'escadron (touchant 2 400 livres), et comprend 2 compagnies, dont chacune compte :

1 capitaine.	1 800 livres par an.
1 lieutenant.	1 000 » »
1 sous-lieutenant.	720 » »
1 porte-étendard ou sous-lieut'. surnuméraire.	720 » »
1 maréchal des logis en chef.	20 sols par jour.
2 maréchaux des logis.	16 » »
4 brigadiers	10 sols 4 deniers.
8 appointés	8 sols 2 deniers.
1 trompette.	15 sols
65 cavaliers.	7 sols 8 deniers.

L'effectif du Régiment (état-major compris) est de 33 officiers et 476 hommes.

Une autre ordonnance, datée du même jour (17 mars 1788), règle la hiérarchie de tous les emplois militaires; c'est la première loi sur l'avancement. Mentionnons encore, pour cette année 1788, l'apparition de règlements sur le service intérieur, le service de la cavalerie en campagne; enfin une ordonnance sur les manœuvres, qui introduit la contremarche, la marche oblique individuelle et par troupes, le passage d'obstacles, la colonne par trois, et insiste sur la nécessité de charger à fond et de constituer une réserve sur les ailes. Cette ordonnance marque un nouveau pas dans la voie du progrès.

En 1789, Royal-Bourgogne tient garnison à Joigny, puis à Meaux. Le 12 mai, son colonel, le marquis de Contades, passe au commandement du régiment de Chasseurs à cheval de Picardie. Il est remplacé par le comte de Rurange de Rederquen [1].

Comme tous les corps de l'armée française, le Régiment envoie une députation à Paris, pour assister à la fête de la Fédération, le 14 juillet 1790. Cette députation se compose de vétérans des guerres du régiment de Bourgogne; elle comprend :

MM. Roland, lieutenant (blessé comme fourrier à Crefeld, en 1758), sert au Régiment depuis 1752.
    L'Empereur dit Nancy, maréchal des logis, 46 ans de service.
    Dumas, appointé, compte 59 ans de service dont 50 au Régiment.
    Bergeret, cavalier, 45 ans de service au Régiment.

---

[1] François-Étienne Le Duchat, comte de Rurange de Rederquen, né en 1732 à Bouquenom (Lorraine allemande), enseigne dans Alsace-Infanterie (20 juin 1748); lieutenant (1ᵉʳ juillet 1756); aide-major au régiment Dauphin-Étranger-Cavalerie (2 septembre 1759); capitaine (31 janvier 1761); réformé (1763); remplacé d'une compagnie (1764); major de Royal-Cravates (7 avril 1773); lieutenant-colonel (8 avril 1779); mestre de camp du 4ᵉ régiment de Chevau-légers (1ᵉʳ janvier 1784); colonel du régiment de Chasseurs à cheval de Picardie (10 mars 1788); colonel de Royal-Bourgogne (12 mai 1789); maréchal de camp et retraité (1791).

Royal-Bourgogne-Cavalerie

1788

Royal-Bourgogne ne donna pas l'affligeant spectacle des scènes d'indiscipline qui marquèrent, dans beaucoup de régiments, les débuts de la période révolutionnaire. Cité pour son bon esprit et sa belle tenue, il vient tenir garnison à Rouen le 24 octobre 1790.

Le 1er janvier 1791, un décret abolissait d'un trait de plume les appellations honorifiques de tous les corps de troupes, qui dorénavant ne durent plus être désignés que par un simple numéro. Ce décret vint ravir au Régiment son vieux nom de Bourgogne, si rempli pour lui des glorieux souvenirs de ses rudes campagnes! Les régiments prirent rang entre eux, d'après la date de leur création. Royal-Bourgogne devint, en conséquence, le *17e régiment de Cavalerie*.

ÉTAT MILITAIRE DE 1790

ROYAL-BOURGOGNE

A JOIGNY

Colonel : M. le comte de Rurange, ✠.
Lieutenant-colonel : M. le vicomte de Revigliase, ✠.
Major : M. de Boisdeffre.
Major en second : X...
Quartier-maître-trésorier : M. de Barry (rang de capitaine).
Chefs d'escadron : MM. chevalier de Prisye.
    »   marquis de Villevrain.
    »   de Montalban.

Capitaines :

MM. d'Aubigny, ✠.   MM. chevalier de Lahaye.
   marquis de Montmuran.   d'Arlange.
   chevalier de Pignerolle.   chevalier de Bassignac.

Capitaines de remplacement : MM. comte de Thieffries.
    »   »   de la Briffe.
    »   »   comte de Secy.

Lieutenants :

MM. chevalier de Baillot, rang   MM. Dorner.
   de capitaine.   de Lajat.
   Roland.   de Saint-Céran, surnumé-
   Gaudin.   raire.
   chevalier de Saint-Martin.   L'Échasserie.
   de Cœurres.

Sous-lieutenants :

MM. de Lancy.   MM. de Bernabé.
   de Puyredon.   Buy, porte-étendards.
   de Champeaux.   Paul,   »
   de Salaiem.   Beghin,   »
   des Essarts.

Sous-lieutenants de remplacement : MM. chevalier de Lorière.
    »   »   de Broc.
    »   »   de Navailles.

CHAPITRE IV

1791-1803

17ᵉ DE CAVALERIE (1791). — 16ᵉ DE CAVALERIE (1792-1803)
CAMPAGNES DE 1792 A 1803

1791. — Le décret du 1ᵉʳ janvier 1791, qui venait de substituer un simple numéro d'ordre aux distinctions honorifiques attribuées à chacun des corps de troupe, modifiait encore une fois la constitution intérieure des régiments de cavalerie. En conséquence, l'effectif du 17ᵉ de Cavalerie (ex-Royal-Bourgogne) fut réglé de la manière suivante :

1 colonel,

2 lieutenants-colonels,

1 quartier-maître-trésorier,

2 adjudants, 1 trompette-major, 1 maître maréchal, 5 maîtres ouvriers ;

3 escadrons, formés chacun de 2 compagnies. Chaque compagnie comptait :

1 capitaine,

1 lieutenant,

2 sous-lieutenants,

1 maréchal des logis en chef et 2 maréchaux des logis,

1 brigadier-fourrier, 4 brigadiers et 4 appointés,

54 cavaliers, dont 1 trompette et 1 maréchal.

Le total pour le Régiment comprenait :

28 officiers, 439 cavaliers et 420 chevaux.

Chaque escadron reçut un étendard de couleur distinctive, avec une cravate aux trois couleurs nationales, et, comme inscriptions, le numéro du régiment avec la devise : « Discipline et obéissance à la Loi. » L'étendard devait être porté par un maréchal des logis.

A cette date, l'uniforme du 17e de Cavalerie est ainsi déterminé :

« Habit bleu de roi, boutons blancs portant le numéro du régiment, poches en long ; revers et parements cramoisi ; collet et pattes de parements bleu de roi, chapeau. Équipage du cheval bleu, avec un galon de bordure en fil blanc. »

Cet uniforme ne fut plus modifié jusqu'à la transformation du Régiment en Dragons (1803).

Pendant toute l'année 1791, le 17e de Cavalerie tint garnison à Rouen. Le colonel comte de Rurange, nommé maréchal de camp au mois de mars, fut remplacé par le chevalier de Brunville[1] (31 mars).

---

[1] Jean-François, chevalier de Brunville, né à Caen le 29 juin 1737, lieutenant dans le bataillon de milice de Caen, 1er mai 1753 ; lieutenant de grenadiers royaux (1754), cornette dans Artois-Cavalerie (1758), lieutenant (1759), rang de capitaine (1769), capitaine-commandant (1777), major (1778), lieutenant-colonel (1784), colonel du 17e de Cavalerie (ex-Royal-Bourgogne) (1791), donne sa démission peu après.

Au mois de septembre, le maréchal de camp de Liancourt passa l'inspection générale du Régiment. Voici quelle était, à la fin de 1791, la composition du corps d'officiers de l'ancien Royal-Bourgogne :

17ᵉ RÉGIMENT DE CAVALERIE, CI-DEVANT ROYAL-BOURGOGNE

État-major : MM. de Brunville, colonel.
» de Revillac, 1ᵉʳ lieutenant-colonel.
» de Boisdeffre, 2ᵉ lieutenant-colonel.
» X..., quartier-maître-trésorier.
» Martin, chirurgien-major.
» le Père Théodore, aumônier.

MM. Blancheville, adjudant.
Lejeune, adjudant.
Muller, trompette-major.
Doussot, maître maréchal.
Patureau, maître sellier.

MM. Thicourt, maître tailleur.
Schatz, maître armurier.
X..., maître bottier.
X..., maître culottier.

Compagnies :

1ʳᵉ compagnie : de Prisye
{ MM. de Prisye, capitaine.
de Lajat, lieutenant.
Paul, 1ᵉʳ sous-lieutenant.
de Bernabé, 2ᵉ sous-lieutenant. }

2ᵉ compagnie : de Montmuran
{ MM. de Montmuran, capitaine.
de Bagnac, lieutenant.
X..., 1ᵉʳ sous-lieutenant.
X..., 2ᵉ sous-lieutenant. }

3ᵉ compagnie : de Montalban
{ MM. de Montalban, capitaine.
Baillot, lieutenant.
Buy, 1ᵉʳ sous-lieutenant.
des Essarts, 2ᵉ sous-lieutenant. }

4ᵉ compagnie : d'Arlange
- MM. d'Arlange, capitaine.
- Dornier, lieutenant.
- Beghin, 1ᵉʳ sous-lieutenant.
- de Salaüm, 2ᵉ sous-lieutenant.

5ᵉ compagnie : d'Aubigny
- MM. d'Aubigny, capitaine.
- de Simonot, lieutenant.
- de Saint-Céran, 1ᵉʳ sous-lieut.
- de Lancry, 2ᵉ sous-lieutenant.

6ᵉ compagnie : de Bassignac
- MM. de Bassignac, capitaine.
- Gaudin, lieutenant.
- de l'Échasserie, 1ᵉʳ sous-lieut.
- de Champeaux, 2ᵉ sous-lieut.

1792. — Le régiment Royal-Allemand, qui avait le numéro 15 dans la série des régiments de cavalerie, émigra presque intégralement au commencement de 1792. Il fut aussitôt rayé des contrôles de l'armée, et tous les régiments qui portaient des numéros plus élevés que le sien, avancèrent chacun d'un rang. En conséquence, le 17ᵉ régiment prit le nom de 16ᵉ de Cavalerie. C'est sous ce numéro qu'il fut désigné pendant toutes les guerres de la révolution française.

Le colonel de Brunville, qui donna sa démission peu de temps après avoir pris le commandement du Régiment, fut remplacé à la tête du 16ᵉ de Cavalerie par le colonel Le Mouton de Boisdeffre[1] (5 février).

[1] Louis-René Le Mouton de Boisdeffre, né le 15 février 1744 à Bérus-au-Maine, lieutenant dans la milice de Mortagne (1753), cornette dans Dauphin-Étranger (1760), incorporé en 1761 dans Dauphin-Cavalerie, sous-aide-major (1763), aide-major (1765), rang de capitaine (1773), chevalier de Saint-Louis (1778), capitaine-commandant (1780), major de Bourgogne-Cavalerie (1782), colonel du 16ᵉ de Cavalerie, le 5 février 1792; nommé maréchal de camp le 29 juin 1792.

Ce dernier n'exerça, lui aussi, son commandement que pendant quelques mois; il fut nommé maréchal de camp le 29 juin, et remplacé à cette date par le colonel d'Aubigny [1].

Au commencement de 1792, le sentiment d'une prochaine déclaration de guerre était général; les régiments se préparaient activement à entrer en campagne. L'inspection générale du 16e de Cavalerie fut encore une fois passée à Rouen par M. de Liancourt, maréchal de camp; les deux escadrons désignés pour entrer en campagne furent formés, suivant les ordres du ministre, à 150 sabres. L'effectif total du Régiment, prêt à combattre, était de 19 officiers et 305 hommes montés.

CAMPAGNE DE 1792

Dès le mois de mai, le 16e de Cavalerie fut désigné pour entrer dans la composition de l'armée du centre. Cette armée, placée d'abord sous les ordres du vieux maréchal de Lükner, s'assemblait autour de Metz. Kellermann en prit le commandement après le 10 août, et combina ses mouvements pour venir coopérer avec Dumouriez, à l'affaire de Valmy (20 septembre). Le

---

[1] Nicolas Cugnot d'Aubigny, né à Paris le 16 février 1745, gendarme de la garde (1760), sous-lieutenant dans Royal-Infanterie (1768), lieutenant (1774), capitaine dans Bourgogne-Cavalerie (1778), chevalier de Saint-Louis (1791), lieutenant-colonel (1792), colonel du 16e de Cavalerie (29 juin 1792); suspendu par arrêté du représentant du peuple Duquesnoy (12 février 1794). A partir de 1793, le titre de colonel est supprimé et remplacé par celui de chef de brigade.

16ᵉ de Cavalerie quitta le camp de Metz, et marchant par Toul, Bar-le-Duc et Vitry, vint se placer, le 19 septembre, le dos à la rivière de l'Aune. Après la victoire, le Régiment repassa l'Aune le 22, et marcha sur Longwy, qui fut réoccupé par nos troupes le 21 octobre. Il comptait à la division du général Balland.

Le 16ᵉ de Cavalerie termine la campagne de 1792 au corps de la Moselle, commandé par le général Beurnonville, qui vient de remplacer Kellermann. Le Régiment prend part à la marche sur Trèves et Coblentz, à celle sur Trarbach, et, après avoir manœuvré quelque temps sur la Sarre, il s'établit en quartiers autour de Saarlouis.

CAMPAGNE DE 1793

Le 16ᵉ de Cavalerie passe de l'armée de la Moselle à celle du Nord, pour la campagne de 1793. On le trouve le 1ᵉʳ avril, fort de 427 hommes, cantonné à Oblange, entre Metz et Thionville.

Le 8 juin, il est à Bouzonville, où son 3ᵉ escadron est constitué et son effectif porté à 430 sabres. Il passe le mois de juillet au camp de Sarreling et assiste, le 5 septembre, à la prise de Poperingue. Il se distingue à cette affaire d'une façon toute particulière, et fait à lui seul 60 prisonniers de guerre, dont un lieutenant-colonel. Le cavalier Lefebvre, dit Barsié, est tué au champ d'honneur, après s'être couvert de gloire. Le Régiment combat encore contre les Anglais, les 6, 7 et 8 septembre, et coopère à la prise de Hondschoote et au déblocus de Dunkerque. Il perd à cette dernière affaire le brigadier Bouténis, dit Sagy.

Le 16e de Cavalerie bivouaque à Monchy-le-Preux, le 1er octobre ; son effectif est réduit à 352 hommes. Il assiste, quelques jours après, à la prise de Menin, et, quand les ennemis réoccupent la place, il soutient avec distinction la retraite du corps d'infanterie qui évacuait Menin.

Après avoir rallié le corps de la Moselle, il prend part aux affaires des 15 et 16 octobre, qui précèdent le déblocus de Maubeuge.

Le 1er décembre, il occupe Leugnies (370 hommes), cantonne le 4 à Solre-le-Château, et le 21 à Neuville-le-Doreng.

Pendant la campagne de 1793, le dépôt du 16e de Cavalerie tient successivement garnison à Épinal (15 mars), Pont-à-Mousson (15 mai) et Beauvais (4 octobre).

1794. — Le décret du 10 janvier 1794 portait création d'un quatrième escadron dans les régiments de cavalerie. Cette mesure reçut une exécution immédiate. Réorganisé sur le nouveau pied, le Régiment compta, pour l'état-major, 8 officiers et 16 hommes de troupe. Chaque escadron, fort de 2 compagnies, comprit 6 officiers, savoir : 2 capitaines, 2 lieutenants, 2 sous-lieutenants et 170 hommes de troupe. L'effectif total du Régiment fut porté à 704 hommes (dont 32 officiers) et 697 chevaux.

Le dépôt du 16e de Cavalerie reçut par incorporation, le 13 janvier, à Beauvais, les cadres d'un corps franc de cavalerie dénommé Dragons de la Manche, dont le licenciement venait d'être prescrit. De ce fait, les cadres du 16e de Cavalerie s'accrurent de plusieurs officiers provenant de ce corps éphémère, et dont voici les noms :

MM. Dubasque, Le Vatois, Le Tellier, Deschamps, Reynauld, Le Clair, Le Pesant, Bonnemains, Hébert.

Bravant toutes les mesures de proscription édictées par le gouvernement révolutionnaire, plusieurs gentilshommes avaient refusé d'émigrer et cherchaient un refuge dans les rangs de l'armée nationale. La Convention, les traquant jusque dans cette dernière retraite, ordonna leur radiation des cadres de l'armée. Nous citons textuellement une lettre officielle écrite à ce sujet au commandant du dépôt du 16e de Cavalerie, et qui porte la signature tristement célèbre de deux membres du comité de Salut public, Billaud-Varennes et Collot d'Herbois. Voici cette lettre :

« 25 pluviose an 2 (12 février 1794).

« *Le Ministre de la guerre au commandant du dépôt.*

« Citoyen,

« Le comité de Salut public, informé qu'il y a des cy-devant nobles dans ton régiment, me charge de te donner ordre d'adresser, sous le plus court délai, aux représentants du peuple composant ledit comité un état contenant les noms et grades des cy-devant nobles et prêtres qui sont encore employés dans le régiment que tu commandes. Tu m'enverras, en même temps, un double de cet état. Salut et fraternité.

« *Signé* : Billaud-Varennes et Collot d'Herbois. »

Nous avons retrouvé ce fameux état; il contient onze noms, ceux de onze victimes auxquelles la fureur révolutionnaire refusait le droit de servir leur pays :

Le comte d'Aubigny, chef de brigade.
D'Arlange, chef d'escadron.
De Saint-Phalle, capitaine.
Magi de Lajat, capitaine.
Lafond des Essarts, capitaine.
Tixier de la Roche, capitaine.
Marchais, sous-lieutenant.
La Brûlerie, brigadier.
Grasset, cavalier.
Houssaye, cavalier.
De Gourcy, cavalier.

Les grades rendus vacants par la révocation des officiers nobles furent donnés à l'élection. Les officiers promus rejoignirent les escadrons de guerre, et le dépôt du Régiment demeura à Beauvais pendant toute l'année 1794. Le chef de brigade d'Aubigny, destitué comme noble, fut remplacé, le 12 février 1794, par le chef de brigade Gaudin[1]. Vétéran du régiment de Bourgogne, Jean-Olivier Gaudin servait au corps depuis l'année 1760. Entré au Régiment comme simple cavalier, il y fit tous ses grades ; il était lieutenant au début de la révolution.

CAMPAGNE DE 1794 A L'ARMÉE DU NORD

Pendant les premiers mois de 1794, le 16e de Cavalerie continua à compter à l'armée du Nord. Dans une situation de cette année, datée du 20 janvier, il est cité bivouaquant à la Redoute, près de la Réunion-sur-Oise, à l'effectif de 334 sabres.

Le 29 mars, il prit la part la plus honorable à une brillante affaire sous les murs du Cateau. « Pendant toute cette journée, dit un compte rendu officiel, le Régiment fut exposé au feu vif et constant d'une redoute, qu'il affronta avec opiniâtreté, et en imposa à l'ennemi, qui n'osa rien entreprendre sur ce point. » Dans les combats des 29 et 30 mars, les cavaliers Maugé, Troupet, Trouillet, Hector, Ripy, Leblanc, Vanitiel, furent tués.

Le 17 avril, en avant d'Étreux, deux escadrons du 16e de Cavalerie se signalèrent en exécutant deux charges consécutives contre quatre escadrons de dra-

---

[1] Jean-Olivier Gaudin, né en 1747, cavalier au régiment de Bourgogne, le 1er mai 1760 ; maréchal des logis (1768), porte-étendard, le 8 mai 1774 ; sous-lieutenant (1784), lieutenant (1787), chevalier de Saint-Louis (1791), capitaine (1792), lieutenant-colonel (1792), chef de brigade du 16e de Cavalerie, 24 pluviôse an II (12 février 1794).

gons de La Tour et de uhlans autrichiens, qui tournaient une redoute dont ils cherchaient à s'emparer en pénétrant par la gorge. Nos braves cavaliers les culbutèrent avec pertes sur leur infanterie, qui débusquait d'un bois peu éloigné. Le succès heureux de cette action facilita l'évacuation de la redoute et la retraite de quelques bataillons d'infanterie française. Le Régiment perdit, dans cette affaire, les cavaliers Coussinet, Aubry, Chambex, Deshaies, David, Mahaut; le fourrier Becker, depuis capitaine au Régiment, reçut un coup de sabre sur le nez.

Le 21 avril et les jours suivants, le Régiment, toujours en contact avec l'ennemi, prit part à plusieurs combats livrés autour de Nouvion. Le cavalier Devoux fut tué dans l'un d'eux.

Un détachement de 100 hommes du 16e de Cavalerie se distingua, le 24 juin, à une affaire d'avant-garde, entre le Cateau et la forêt de Mormale. Le sous-lieutenant Egrez y fut blessé.

250 hommes du Régiment assistèrent à la prise de Mons, et une colonne de 50 cavaliers entra des premiers dans la place et poursuivit l'ennemi jusqu'à une lieue au delà de la ville. Le capitaine Marsat fut tué à la prise de Mons.

Du 29 juin au 13 juillet, le corps eut deux escadrons employés au siège de Landrecies, et deux au blocus du Quesnoy.

Réuni à Bruxelles, le 16e de Cavalerie est compris dans la garnison de cette ville (19 juillet).

CAMPAGNE DE 1794 A L'ARMÉE DE SAMBRE-ET-MEUSE

Le 1er septembre 1794, le 16e de Cavalerie entre dans la composition de l'armée de Sambre-et-Meuse, commandée par le général Jourdan. Il fait partie de la division de cavalerie du général Dubois (6e, 8e, 7e, 16e régiments de Cavalerie, 12e Dragons et artillerie à cheval).

Le 1er septembre, le Régiment bivouaque à Frère (32 officiers, 544 hommes). Il prend part, le 17 septembre, à la bataille de Maëstricht et y reçoit des éloges du général Kléber, sous les ordres duquel il était momentanément passé. Le capitaine Brincart et l'adjudant Miquet, tous les deux grièvement blessés, se distinguèrent particulièrement dans cette journée. Le premier ramena deux prisonniers dont il s'était emparé. Le cavalier Viellot fut tué.

Le 2 octobre, au passage de la Roër, près de Düsseldorf, le 16e de Cavalerie se signala encore en poursuivant la cavalerie ennemie jusque sous les murs de Juliers; le lendemain 3 octobre, il livra un nouveau combat, à trois lieues de Juliers, à la cavalerie ennemie, qu'il défit complètement. Ces deux journées coûtèrent au Régiment les cavaliers Gervais, Meresse, Vallois, Riquin, Caron, Martin, Rosier, tués au champ d'honneur.

Le Régiment, fort de 32 officiers et 540 hommes, cantonne, le 6 octobre, à Dautzweiler; le 5, il est à Hensberg.

16ᵉ Régiment de Cavalerie

1795

Au commencement de 1795, il passe sur la rive gauche de la Meuse, à Jemeppe, et rentre dans l'intérieur en séjournant successivement à Cambrai, Douai, Doullens et Péronne. Le dépôt occupait toujours Beauvais.

1795, 1796, 1797, 1798. — Presque entièrement démonté à l'entrée de la campagne de 1795, le 16e de Cavalerie fut du nombre des troupes renvoyées dans l'intérieur. Il ne prit part à aucune campagne de guerre jusqu'à l'année 1799, et pendant cette période il tint garnison à Paris (quartier du Luxembourg), puis à Abbeville et à Beauvais, où il fut inspecté, le 26 septembre 1796, par le général Schérer.

Le 4e escadron avait été supprimé par décret du 17 janvier 1796 et incorporé dans les trois premiers, dont il accrut l'effectif.

Le 10 juin 1796, le chef de brigade Gaudin est remplacé à la tête du 16e de Cavalerie par M. d'Avenay[1]. Ce dernier, suspendu par arrêté du Directoire exécutif, a pour successeur, le 12 septembre 1797, le chef de brigade Blancheville[2].

---

[1] Rioult d'Avenay de Villaunay (Archange - Louis), né à Caen, 21 novembre 1768, sous-lieutenant dans Royal-Normandie-Cavalerie (1785), lieutenant (1791), capitaine (1792), chef d'escadron (1793), chef de brigade (an II), passé au commandement du 16e de Cavalerie (10 juin 1796), suspendu (12 septembre 1797),. colonel du 6e Cuirassiers (1805), général de brigade (1807), mortellement blessé à la bataille de la Piave, le 8 mai 1809.

[2] Michel Blancheville, né à Vauvilliers en Franche-Comté, 12 décembre 1758; il fit toute sa carrière au Régiment : cavalier dans Bourgogne (1777), brigadier (1780), adjudant (1784), quartier-maître-trésorier (1791), capitaine (1792), chef d'escadron (1793), chef de brigade

En 1797, le 16ᵉ de Cavalerie revint tenir garnison à Paris. Il y occupait le quinconce des Invalides (17ᵉ division militaire), et fut inspecté, le 3 juin 1798, par le général Bourcier.

A cette date, la composition du corps est la suivante :

MM. Blancheville, chef de brigade.

1ᵉʳ *escadron*.	1ʳᵉ *compagnie*,		capitaine Lafont.
Fric, chef d'escadron.	2ᵉ	»	capitaine Brincard.
2ᵉ *escadron*.	1ʳᵉ	»	capitaine Jacquemin.
Cointement, chef d'escadron,	2ᵉ	»	capitaine Lempereur.
3ᵉ *escadron*.	1ʳᵉ	»	capitaine Tesnier.
	2ᵉ	»	capitaine Grézard.

Le Régiment fut employé à Paris pendant les troubles de 1798 ; le cavalier Dangoisse y fut tué dans une échauffourée, le 20 août.

CAMPAGNE DE 1799

Le 21 janvier 1799, le 16ᵉ de Cavalerie, fort de 221 sabres, quitta Paris pour se rendre à Strasbourg et y rallier l'armée du Rhin. Il arriva dans cette place le 18 février suivant, et, bientôt complétés à l'effectif de guerre, ses escadrons présentèrent une force de 402 combattants.

Au mois d'août de la même année, le Régiment

---

du 16ᵉ de Cavalerie, le 12 septembre 1797 ; mort au Régiment, le 9 frimaire an X (20 décembre 1802).

quitta Strasbourg, après une inspection du général Clarke, pour commencer les opérations de guerre. Le dépôt, établi à Versailles au commencement de 1798, occupait Nancy depuis le 11 janvier 1799.

A peine entré en campagne, le 16ᵉ de Cavalerie se rendit à Mayence (corps du général Dufour), puis assista aux combats des 7 et 9 octobre, en avant de Neckargemund et de Wisloch. Près de Neckargemund, une compagnie du Régiment, coupée du gros de nos forces, parvint après des prodiges de valeur à se retirer sans grosses pertes sur la division du général Ney. Le cavalier Raussin trouva une mort glorieuse à cette affaire. Le cavalier Meunier y fut grièvement blessé.

Peu après ces événements, un escadron du Régiment fut détaché au blocus de Philipsbourg.

Successivement aux ordres du général Leval (23 octobre), puis du général Baraguay d'Hilliers, les deux autres escadrons du 16ᵉ de Cavalerie se couvrirent de gloire aux combats des 1ᵉʳ et 2 décembre 1799, près de Neckargemund. Leur action y fut d'autant plus remarquée, qu'ils se trouvaient seuls de troupes à cheval. Le 2 décembre, une fraction du Régiment, dispersée en tirailleurs, se distingua en portant secours fort à propos à notre infanterie, qui pliait écrasée par le nombre.

« Pendant que deux escadrons de cuirassiers autrichiens harcelaient vivement une compagnie de la 27ᵉ demi-brigade de ligne, combattant en tirailleurs, le général Baraguay d'Hilliers, s'apercevant du danger qu'elle courait, envoya sur-le-champ à son secours le sous-lieutenant Foulard, du 16ᵉ de Cavalerie, avec un détachement de vingt-six cavaliers. Ce brave officier, ayant jugé par le ralentissement du feu de cette compagnie qu'elle avait presque épuisé ses munitions, donna ordre à deux de ses cavaliers d'aller chercher des cartouches et de les porter le plus promptement possible à nos fantassins. Il mit en tirailleurs six autres de ses cavaliers, et avec les dix-huit qui lui restaient, il vola avec la rapidité de l'éclair au-devant de l'ennemi, qui, fier de son nombre, se disposa à le charger. La vigoureuse résistance de ce petit détachement, qui se défendit avec une valeur extraordinaire, donna le temps à la compagnie d'infanterie de se dégager entièrement ; mais le détachement du sous-lieutenant Foulard, excédé de fatigue, et lui-même ayant la figure mutilée par les coups de sabre qui pleuvaient sur lui, et ne pouvant plus articuler un mot (un dernier coup de sabre venant de lui fracasser la mâchoire), se vit obligé de se rendre. Le général Baraguay d'Hilliers, témoin de cet acte d'héroïsme, a fait établir un certificat à la gloire du brave sous-lieutenant Foulard et de ses vingt-six cavaliers. » (*Extrait d'un rapport officiel.*)

Parmi les braves du 16ᵉ de Cavalerie qui se signalèrent dans ce combat, citons le cavalier Pierre Castellan. Dans une charge du Régiment dans la plaine de Mauer, ce valeureux soldat, quoique grièvement blessé, refusa de quitter le combat et poursuivit la charge avec plus d'intrépidité. Comme il traversait la ligne ennemie pour rejoindre ses camarades, il se trouva cerné par un parti de vingt cavaliers autrichiens, commandés par un officier, qui le somma de se rendre : Castellan fondit sur l'officier, le tua, blessa et renversa plusieurs cavaliers, s'ouvrit enfin un passage et, couvert de blessures, vint rejoindre le Régiment.

A la même affaire, les cavaliers Limousin et Adam, étant en tirailleurs, se précipitèrent tous deux sur un peloton de hussards autrichiens, qui emmenaient prisonnier un volontaire de la 27e demi-brigade, et leur arrachèrent leur proie : Limousin saisit le fantassin par le col, et, le plaçant en travers de son cheval, eut le bonheur de le ramener sain et sauf à son bataillon.

Citons encore le capitaine Brincard, blessé d'un coup de sabre; le lieutenant Lentz, le sous-lieutenant Miquet et le cavalier Bazire, blessés; le brigadier Bernard dit Collet, les cavaliers Heurtaux, Laplace, Laduque, morts au champ d'honneur.

Le 22 décembre 1799, le 16e de Cavalerie cantonnait à Haslach, sous les ordres du général Coleaud. Il comptait dans le rang 372 combattants.

Passé sous les ordres du général Laroche, le Régiment occupe Andernach le 21 janvier 1800, puis Coblentz, d'où il part au mois de février pour aller se refaire à Strasbourg.

Un arrêté des consuls du 21 décembre 1799 (4 nivôse an VIII) avait institué les armes d'honneur. Les militaires de tous grades qui s'étaient distingués devant l'ennemi d'une manière spéciale reçurent des mousquetons, carabines ou trompettes d'honneur, garnis en argent et portant gravés le nom du soldat objet de cette faveur, et celui de l'action où il l'avait méritée. Une haute paye était attachée à l'obtention d'une arme d'honneur. Les militaires du 16e de Cavalerie qui reçurent cette glorieuse récompense furent le sous-lieutenant Foulard, les cavaliers Adam, Castellan et Limousin, tous les quatre pour leur belle conduite à l'affaire de Neckargemund, le 2 décembre 1799.

L'administration et la comptabilité des troupes avaient été complètement désorganisées depuis la révolution. L'arrêté du 28 avril 1800 vint enfin mettre de l'ordre dans ce chaos. En voici les principales dispositions : Le conseil d'administration, composé de cinq membres (dont un sous-officier), devait diriger l'emploi des fonds, des masses d'entretien, de linge et chaussure et de ferrage. — Dans chaque régiment, un capitaine chargé de l'habillement eut la direction des magasins du corps. — Le prêt devait être payé tous les cinq jours, et le pain distribué tous les quatre jours. Les chefs de chambrée devenaient responsables de l'ordinaire, sous la surveillance de l'officier de décade. — Les sous-officiers firent ordinaire entre eux par compagnie. — Chaque homme eut un livret, et chaque compagnie deux registres : l'un, du signalement des hommes et des chevaux; l'autre, registre particulier du détail de la compagnie, divisé en 14 chapitres.

Après ce coup d'œil jeté sur l'organisation intérieure du Régiment, revenons à l'exposé des opérations de guerre de l'année 1800.

CAMPAGNE DE 1800

Après un repos de quelques semaines, l'armée du Rhin, commandée par le général Moreau, s'ébranla dès le 20 avril et franchit le Rhin à Kehl, le 25. Le 16e de Cavalerie, fort de 284 hommes et 243 chevaux, comptait à la 3e division (général Legrand) du corps de l'aile gauche (général Sainte-Susanne). Poursuivant l'ennemi, qui se dérobait à notre attaque, le Régiment prit une part active au combat très vif livré à Offembourg le 26 avril, qui nous valut un canon et cent prisonniers. Il resta jusqu'au 24 juin cantonné dans les environs d'Offembourg, compris dans la division des flanqueurs de gauche, commandée par le général Richepanse. Son effectif, au commencement de juin, avait été porté à 348 hommes et 388 chevaux. Compris dans le corps du Bas-Rhin [1] (général Sainte-Susanne), division du général Coleaud, il se mit en mouvement le 3 juillet, força le passage de la Nidda, près de Hacht, le 5; combattit, le 9, en avant de Francfort; franchit le Mayn sous les murs de cette ville le 11 juillet, et s'établit avec toute sa division entre Isenbourg et Hanau. Le corps du Bas-Rhin, attaqué le 12 juillet, entre Offembach et Bergen, par des forces très supérieures, repoussa l'ennemi avec vigueur et lui fit éprouver une perte de 800 hommes. L'armistice de Parsdorf, signé le 15 juillet, vint arrêter ses succès.

---

[1] Corps du Bas-Rhin, division Coleaud : 20e, 66e, 95e et 110e demi-brigades de ligne, 4e et 16e régiments de Cavalerie, artillerie, au total : 12 bataillons et 6 escadrons, 10 706 hommes et 13 canons.

Dans tous ces combats, le Régiment était resté digne de sa vieille réputation. Il perdit le cavalier Sercy, tué à l'affaire d'Offembourg, et les cavaliers Canone, Pouliquin et Garouste dans les combats du mois de juillet autour de Francfort. Les cavaliers Cardonnet et Bevière s'y distinguèrent et furent grièvement blessés.

« A l'affaire du 9 juillet, le cavalier Canone, de la 1re compagnie, n'hésita pas à charger seul six hussards ennemis pour secourir un de ses camarades, mort ensuite de ses blessures ; il fut tué lui-même après avoir donné la mort à deux hussards. » (*Rapport officiel.*)

Le 19 août, le 16e de Cavalerie était cantonné près de Mayence, à Grossestheim (403 hommes et 420 chevaux). Il demeura au corps du Bas-Rhin (division Coleaud) jusqu'à la fin de février 1801.

Pendant cette campagne, quelques pelotons détachés du 16e de Cavalerie, compris dans le corps du Danube, prirent part à plusieurs affaires d'avant-postes sur l'Altmühl et le Danube, ainsi qu'au combat des gorges d'Abach, les 30 novembre et 1er décembre 1801. Ces détachements assistèrent au blocus de Braunau.

A la fin de la campagne de 1800, la composition du 16e de Cavalerie était la suivante :

MM. Blancheville, chef de brigade.
    Fric et Grézard, chefs d'escadron.
    Verdun, quartier-maître-trésorier.
    Tesnier, Laroche, Brincard, Foucaud, Monnette, Lérivint, capitaines.
    Lentz, Egrez, Maréchal, Boulais, Décatoire, Ménié, lieutenants.
    Gallois, Accoulon, Foulard, Gaignière, Haye, sous-lieutenants.

1801. — Le 16e de Cavalerie, parti de Strasbourg le 8 mai 1801, arriva le 19 à Châlons-sur-Marne (2e division militaire). Il y tint garnison jusqu'en 1804, avec détachement d'un escadron à Vitry-le-Français. Le dépôt, qui de Strasbourg avait été porté à Trèves, rallia Châlons au mois d'avril.

Le Régiment, pendant cette période, tirait ses recrues des départements de l'Aube et de la Nièvre. Il fut réorganisé sur le pied de paix en septembre 1801, et, en vertu de l'arrêté des consuls du 9 novembre, sa 1re compagnie devint compagnie d'élite : elle avait le privilège d'escorter les étendards.

1802. — Le Régiment fut inspecté, le 13 mars 1802, par le général Ney, et quelques mois après par le général Oudinot.

Le chef de brigade Blancheville, étant mort à Châlons le 22 décembre 1801, fut remplacé par le chef de brigade Rigau[1].

Le 19 mai 1802, le premier consul Bonaparte institua l'ordre de la Légion d'honneur.

---

[1] Antoine, baron Rigau, né à Agen le 14 mai 1758, soldat dans la Sarre-Infanterie de 1779 à 1787, capitaine dans la compagnie belge (1788), puis d'une compagnie franche de cavalerie (1792), incorporé au 10e Hussards (1793), chef de brigade à la suite (an IV), chef de brigade du 16e de Cavalerie (23 décembre 1801), reprend le titre de colonel, colonel du même Régiment devenu 25e Dragons, général de brigade (12 janvier 1807); membre de la Légion d'honneur (an XII), officier (26 prairial an XII), commandant (1805), chevalier de Saint-Louis (1814). Condamné à mort pour délit politique en 1815, mort en exil en 1820.

ÉTAT MILITAIRE DE L'AN XIII

25ᵉ RÉGIMENT DE DRAGONS, ci-devant 16ᵉ DE CAVALERIE

A NEUFBRISACH. — 5ᵉ DIVISION MILITAIRE

État-major.

MM. Rigau, O. ✱ (29 thermidor an IV), colonel.
   Groulard, ✱ (6 brumaire an XII), major.
   Fric, ✱ (11 floréal an II), ⎫
   Dumolard, ✱ (14 prairial an IX), ⎭ chefs d'escadron.
   Longuet, lieutenant (14 germinal an III), quartier-maître-trésorier.
   Boulais, capitaine (22 fructidor an XI), ⎫
   Clavel, lieutenant (22 nivose an XII). ⎭ adjudants-majors.
   Martin, ✱ chirurgien-major.
   Cromarias, sous-aide-major.

Capitaines.

MM. des Essarts (1ᵉʳ avril 1793).
   Bennequin (15 mai 1793).
   Laroche, ✱ (24 pluviôse an II).
   Brincart, ✱ (11 floréal an II).
   Lérivint, ✱ (19 nivôse an VI).
   Lothe, ✱ (14 nivôse an VIII).
   Monnette (16 prairial an VIII).

Lieutenants.

MM. Lentz, ✱ (3 ventôse an II).
   Egrez (3ᵉ complémentaire an III).
   Décatoire (5ᵉ complémentaire an VIII).
   Gallois (23 ventôse an X).
   Vincent (1ᵉʳ messidor an X).
   Gaignière (23 germinal an XII).
   Acoulon (5 prairial an XII).
   Haye (6 thermidor an XII).

Sous-lieutenants.

MM. Miquet (18 pluviôse an II).
Molard (1ᵉʳ brumaire an IX).
Germain (16 frimaire an XII).
Becker   »   »
Garon   »   »
Cassard   »   »
de Boisdelfre   »   »
Nicéville   »   »
de Claybrooke   »   »
Mallat (5 nivôse an XII).
Mazoué (5 prairial an XII).
de Claybrooke jeune (11 messidor an XII).
Rigau (2 thermidor an XII).
Lejeune (30 fructidor an XII).

CHAPITRE V

(1803-1806)

25ᵉ RÉGIMENT DE DRAGONS (1803). — CAMPAGNE DE 1805

Le décret du 24 octobre 1803 remaniait complètement l'organisation de la cavalerie. Des 25 régiments de cavalerie proprement dite, les 12 premiers reçurent la cuirasse et prirent le nom de cuirassiers; les 13ᵉ, 14ᵉ, 15ᵉ, 16ᵉ, 17ᵉ et 18ᵉ régiments devinrent dragons; enfin les régiments portant les numéros de 19 à 25 furent licenciés et versèrent leurs éléments dans les régiments conservés.

En conséquence, le 16ᵉ de Cavalerie, ancien Royal-Bourgogne, prit le nom de 25ᵉ régiment de Dragons. Il reçut en même temps, par incorporation, le 2ᵉ escadron du 21ᵉ de Cavalerie, ci-devant Royal-Navarre.

Le régiment Royal-Navarre avait été créé, en 1647, sous le nom d'Illes-Cavalerie; il porta les noms de ses mestres de camp jusqu'en 1761, époque à laquelle il devint Royal-Navarre. Il prit part à toutes les guerres de la révolution, sous le nom de 21ᵉ de Cavalerie.

La transformation du Régiment en dragons et l'incorporation de l'escadron du 21e de Cavalerie se firent à Châlons à la fin de 1803. Le nouveau régiment de dragons, formé à 4 escadrons, fut composé de 30 officiers, 458 sous-officiers et dragons, 43 chevaux d'officiers et 417 chevaux de troupe.

Le Régiment remplaça ses étendards de cavalerie par des guidons de dragons. Son cadre fut augmenté d'un brigadier-tambour et de 8 tambours.

Voici la description de son nouvel uniforme :

« Habit à longues basques vert; collet, revers et passepoils aurore; gilet blanc, culotte de peau, gants à la crispin, casque de cuivre à peau de tigre et crinière flottante ; l'équipage du cheval vert à galon blanc. »

La compagnie d'élite portait les épaulettes écarlate et le bonnet à poil.

Le 25e Dragons tint garnison à Strasbourg (mars 1804). De là il se rendit à Neufbrisach, où il resta du 20 juin au 23 octobre 1804. Il fut inspecté à Neufbrisach, le 14 octobre 1804, par le général Pacthod. A la suite de cette inspection, la croix de la Légion d'honneur fut donnée aux militaires du Régiment dont les noms suivent :

MM. Rigau, colonel.	MM. Lérivint, capitaine.
Fric, chef d'escadron.	Lothe, »
Dumolard, »	Lentz, lieutenant.
Groulard, major.	Adam, maréch. des logis chef.
Martin, chirurgien-major.	Desgeorges, » »
Laroche, capitaine.	Lasne, maréchal des logis.
Brincart, »	Rouget, » »

102 hommes furent admis à la haute paye d'ancienneté.

Le 25ᵉ Dragons arriva à Belfort le 23 octobre 1804. Le général Pacthod, délégué par le général Leval, en passa de nouveau l'inspection le 9 août 1805 ; il conféra deux croix de la Légion d'honneur, et admit encore 91 hommes à la haute paye d'ancienneté.

CAMPAGNE DE 1805

C'est de Belfort, où il tenait garnison, que le 25ᵉ Dragons partit pour rallier la Grande-Armée, au début de la campagne de 1805. Il est commandé par le colonel Rigau (chefs d'escadrons Dumolard et Brincart) et compte 3 escadrons : les 1ᵉʳ, 2ᵉ et 4ᵉ. Le 3ᵉ escadron, demeuré à Neufbrisach, entre dans la composition du 4ᵉ régiment de Dragons à pied (division du général Baraguay-d'Hilliers). Nous en reparlerons dans la suite.

Le 25ᵉ Dragons est compris dans la réserve de cavalerie, commandée en chef par le prince Murat, et fait partie de la 4ᵉ division de dragons (général de division Bourcier, généraux de brigade Laplanche, Sahuc, Verdière), composée des 15ᵉ, 17ᵉ, 18ᵉ, 19ᵉ, 25ᵉ et 27ᵉ régiment de Dragons.

De Belfort, le 25ᵉ Dragons se rend à Oberenheim, près de Strasbourg, qu'il atteint le 22 septembre. Il franchit le Rhin à Kehl le 25, et va cantonner avec sa division autour d'Altenheim. Le 27, il se porte sur

Korch ; il est à Zandt le 29, et occupe le 1er octobre les environs de Bühl.

Pendant toute cette marche en avant, le Régiment est employé au service de reconnaissance. Des avis particuliers signalent déjà l'approche de l'ennemi ; mais ses extrêmes avant-postes sont encore éloignés de quatre lieues de nos têtes de colonne.

Le Régiment couche à Durlach le 2 octobre, et, le 4, il entre dans Stuttgard.

Le 5 octobre, une brigade de la division monte à cheval pour faire filer les convois et traînards qui encombrent les routes, et dès le 6 nos dragons prennent le contact de l'ennemi.

Tandis que le prince Murat dirige sur Heidenheim la plus grande partie de la réserve de cavalerie, le général Bourcier pénètre dans la vallée de la Viels, avec mission d'éclairer et de couvrir la droite de nos colonnes principales.

« Le général Bourcier, écrit l'empereur à Murat, avec sa division de dragons, peut être difficilement forcé par la cavalerie, et ne doit se retirer que quand il voit de l'infanterie en force. L'ennemi ne peut être en mesure de prendre position du côté d'Ulm. Le général Bourcier doit prendre les positions du général Walter non seulement pour demain 14 (6 octobre), mais pour après-demain 15 (7 octobre). Donnez-lui donc l'ordre de cerner Ulm par des postes à trois lieues de distance et sur tous les débouchés, soit sur ceux d'Heidenheim, soit de Geislingen. »

Dès le 6 octobre, des officiers supérieurs de la

division sont envoyés de tous côtés en reconnaissance; leurs rapports, très circonstanciés, avertissent le général Bourcier de l'exacte répartition dans leurs cantonnements des troupes ennemies qui harcèlent notre marche.

Le 8 octobre, la division Bourcier est provisoirement attachée au corps du maréchal Ney et passe sous ses ordres immédiats. Dans la soirée du 8, le maréchal envoie ses dragons sur la route d'Ulm, près de Nerenstetten, avec ordre d'y bivouaquer.

Le 25ᵉ Dragons reste dans cette position le jour suivant (9 octobre), et exécute le 10, à huit heures du soir, le passage du Danube à Guntzbourg; après quoi il prend position à Leipheim.

Le 12 octobre, le 25ᵉ Dragons, ainsi que trois autres régiments et toute l'artillerie légère de la division Bourcier, se portaient en avant pour aller occuper les points de Holzheim et de Steinheim, quand notre avant-garde fut vigoureusement assaillie par un parti de hussards autrichiens qui couvrait la route d'Ulm. Repoussés une première fois, les cavaliers ennemis tentèrent une nouvelle attaque, qui échoua comme la première. Dans cette affaire, le dragon Tessier du Régiment se distingua tout particulièrement : envoyé en patrouille, il est tout à coup entouré et assailli par douze hussards ennemis, et, après des prodiges de valeur, il est laissé pour mort sur le champ de bataille. Le dragon Tessier reçut peu après la croix de la Légion d'honneur.

Maîtres du terrain, nos dragons établissent solidement leur grand'garde jusque sous les murs d'Ulm, et recueillent des renseignements précieux sur la garnison, le matériel et les travaux de la place. Le maréchal Ney témoigne aux régiments de dragons de la division Bourcier sa satisfaction pour l'intelligente activité qu'ils avaient déployée dans cette circonstance.

Bataille d'Elchingen (14 octobre). — Après avoir bivouaqué le 13 octobre en arrière de Oberfelheim, le 25e Dragons prend part, le 14, à la bataille d'Elchingen. Il est en position dans la matinée entre les 1re et 2e divisions d'infanterie du corps du maréchal Ney, et exécute avec elle, sous le feu de l'ennemi, le passage du Danube, après avoir brillamment repoussé une attaque de cuirassiers autrichiens.

Combat d'Albeck (15 octobre). — Le lendemain 15 octobre, dès le matin, la division Bourcier, réunie près d'Albeck, reçoit l'ordre du maréchal Ney de se porter en avant et de couvrir le mouvement offensif de la division Loison. Elle se forme aussitôt en bataille sur deux lignes, à gauche de la route d'Ulm. Là, d'après les ordres de l'empereur, le général Bourcier entame la charge. Le 18e Dragons est tête de colonne, le 25e et les autres régiments de la division l'appuient. Mise en déroute par nos escadrons, la cavalerie ennemie se replie sur des batteries masquées, qui, à leur approche, ouvrent un feu à mitraille. La division fait quelques pertes, et, se portant sur sa droite, soutient le mouvement offensif de notre infanterie.

Le 25e Dragons se distingue dans cette charge. Les lieutenants Miquet, Accoulon ; les sous-lieutenants

Lejeune et Mazoua, le dragon Bar, sont blessés dans la mêlée et cités pour leur intrépidité. A minuit, le 25ᵉ Dragons s'établit au bivouac à Stoflingen. Il quitte, avec toute la division Bourcier, le corps du maréchal Ney pour passer sous les ordres du maréchal Lannes, avec lequel il reste jusqu'au 18 octobre, employé à l'investissement d'Ulm.

Le 18 octobre, le général Bourcier reçoit l'ordre du major général de se porter sur Geisslingen à l'effet de poursuivre un parti ennemi qui s'est échappé d'Ulm; il a en outre comme mission de rétablir les communications entre Ulm et Stuttgard, et de fournir des subsistances à nos troupes cantonnées autour d'Ulm.

Le général Bourcier ne parvint pas à mettre la main sur l'archiduc Ferdinand, qui le gagna de vitesse; mais il réussit dans les autres objets de sa mission.

Une grande quantité de prisonniers autrichiens, échappés aux batailles des 14 et 15, furent ramenés par ses patrouilles, et, grâce à ses efforts, les subsistances arrivèrent à nos troupes à point nommé.

Le 21 octobre, la division cantonne à Gross-Siessen, Goppingen, Flochingen et Esslingen. (*Journal de marche de la division Bourcier.*)

Le général Bourcier venait de recevoir l'ordre de se rendre à Heidenheim pour y rallier le prince Murat et la réserve de cavalerie, quand de nouvelles instructions l'obligèrent à détacher quatre régiments dont le 25ᵉ, pour faire jusqu'à Brüchsal l'escorte des prisonniers que la capitulation d'Ulm avait livrés entre nos mains.

Le 25ᵉ Dragons arrive à Brüchsal le 31 octobre, et là reçoit un nouvel ordre de rétrograder sur Augsbourg, où toute la division est réunie le 4 novembre.

Cette mission terminée, le Régiment rallie le théâtre des opérations, après avoir séjourné du 6 au 11 novembre à Braunau. Il atteint Lambach le 13, et arrive à Vienne le 21 novembre. L'extrême fatigue des chevaux oblige le général Bourcier à accorder à ses régiments un jour de repos dans la capitale de l'Autriche. Le 25ᵉ Dragons compte dans le rang à cette date 29 officiers et 450 hommes.

Le 23 novembre, le Régiment est placé sur la route de Brünn et forme avec toute la division l'escorte de l'empereur, qui se rendait de Vienne à Brünn. Il reste jusqu'au 29 novembre cantonné à Wilfersdorf et employé à des reconnaissances sur la route de Vienne, jusqu'à la rivière de la Marck. Le 30, il est à Nickolsbourg et, le 1ᵉʳ décembre, au bivouac à Raigern.

Bataille d'Austerlitz (2 décembre). — Le 2 décembre, jour de la bataille d'Austerlitz, la division Bourcier est attachée au 3ᵉ corps (maréchal Davoust).

A cinq heures du matin, le 25ᵉ Dragons (colonel Rigau, 26 officiers et 386 hommes) quitte son bivouac de l'abbaye de Raigern pour suivre le mouvement de la division Friant; il marche avec les autres régiments de la division Bourcier pour gagner la droite du maréchal Soult.

Nous extrayons du rapport du maréchal Davoust

le passage suivant, qui se rapporte à la division Bourcier :

« La division de dragons aux ordres du général Bourcier a pendant la bataille constamment appuyé la droite de la 2ᵉ division (Friant), exposée au canon de l'ennemi, qui lui a fait des pertes en hommes et en chevaux. Elle chargea plusieurs fois l'infanterie russe, qui tentait de passer le ruisseau à droite de Sokowitz, et le lui fit toujours repasser avec pertes, se retirant ensuite par échelons et avec beaucoup d'ordre. Enfin elle servit de point d'appui à la division d'infanterie, qui, enveloppée de tous les côtés, aurait peut-être succombé, si elle n'avait trouvé ce point libre, dont elle profita pour faire ses mouvements et ses changements de front. »

Citons, parmi les militaires du Régiment qui se sont distingués dans cette mémorable journée, le brigadier Pagnier et le sous-lieutenant Nicéville. Dans son rapport, le général Bourcier fait un éloge particulier de cet officier, qui servait près de lui pendant la bataille. Il lui confia plusieurs missions périlleuses, dont il s'acquitta avec le plus grand succès.

Le soir de la bataille, le Régiment bivouaque à Skolowitz; le lendemain 3, il se porte sur Auspitz, poursuivant vers Goding les débris de l'armée russe. Il bivouaqua près de Goding et manœuvra, le 4, sur le plateau de Josephsdorf, soutenant les mouvements du général Gudin.

Le 4 au soir, les troupes apprennent la conclusion

d'une suspension d'armes, suite de notre éclatante victoire du 2 décembre.

La division de dragons Bourcier rentre à la réserve de cavalerie, le 8 décembre.

Son quartier général est établi à Neu-Lembach le 15. Le 25ᵉ Dragons est cantonné à Alzelsdorf, et compte 26 officiers, 370 hommes et 350 chevaux.

Le Régiment fait peu de mouvements pendant la fin de décembre; le 29, il est à Zwetendorf. La rentrée des hommes détachés et l'arrivée d'une colonne de 46 chevaux de remonte ont relevé un peu son effectif, qui présente une force de 449 hommes (officiers compris, 30) et 391 chevaux.

1806. — Le 25ᵉ Dragons resta cantonné à Zwetendorf jusqu'au 5 janvier 1806. La paix venait d'être signée à Presbourg le 26 décembre précédent. Tous les corps de troupe, aux termes de ce traité, durent évacuer le territoire autrichien par zones successives. La division Bourcier quitta ses cantonnements le 5 janvier, remonta la vallée du Danube à petites journées, et passant par Saint-Polten, Molk, Amstetten, Entz, Linz et Efferding, rétrograda sur Witzenkirchen, où elle demeura pendant dix jours.

Le 25ᵉ Dragons se remit en marche le 21 janvier, et vint s'installer à Neukirchen, près d'Eichstadt. Après y avoir séjourné jusqu'au 19 février, il passe le 23 avec sa division sous les ordres du maréchal Bernadotte, commandant le 1ᵉʳ corps d'armée, et vient cantonner le 26, après une marche de plusieurs jours, à Reitenbach, dans la principauté d'Anspach. La 4ᵉ division de dragons reste dans ses positions autour d'Anspach jusqu'au 5 juin.

Pendant ce long repos, le Régiment se refait des fatigues de sa glorieuse campagne.

Il est inspecté au mois d'avril par le général Schauenbourg, qui, à cette occasion, distribue les récompenses accordées par l'empereur au 25e Dragons. Le colonel Rigau est fait commandant (commandeur) de la Légion d'honneur. Le lieutenant-adjudant-major Boulais, le capitaine Mathis, les sous-lieutenants Nicéville et Rigau, l'adjudant Hayot, le maréchal des logis chef Moquet, les dragons Hulot et Tessier, reçoivent la croix de la Légion d'honneur.

Dans un état des militaires du Régiment signalés par le colonel comme s'étant le plus distingués pendant la campagne, nous relevons les noms suivants :

Adam et Hayot, adjudants-sous-officiers ; Mousin de Villers, Germont, Névrezé, Desgeorges, Moquet et Lempereur, maréchaux des logis chefs ; Gennil, Dubois, Deconchy, Delahaye, Molard, maréchaux des logis ; Henrionnet, Cherot, Prévost, Lemerle, Legouest, Bancelin, fourriers ; Hulot et Tessier, dragons.

Le 25e Dragons perdit, à Reitenbach, un de ses plus vieux enfants : le chirurgien-major Martin. Arrivé au corps (alors Bourgogne) en 1761, il avait pris part à toutes les campagnes du Régiment, et reçu la croix de la Légion d'honneur en 1803.

Le général Bourcier est remplacé dans le commandement de la division par le général Sahuc (1er juillet).

Au mois de juin 1806, la division évacue les cantonnements d'Anspach pour se rendre à Roth, où son quartier général reste jusqu'au 10 août. Pendant cette période, le 25ᵉ Dragons occupe Sibourg, puis Altingen. Le 11 août, le quartier général de la 4ᵉ division de dragons s'établit à Ellingen, et le 25ᵉ Dragons va cantonner à Ohrenbann.

Telle était la situation de la division Sahuc au moment où des complications diplomatiques, survenues entre la France et la Prusse, rendirent une nouvelle guerre inévitable.

Pour ne rien omettre de ce qui se rapporte au 25ᵉ Dragons dans l'année 1805, il nous reste à dire quelques mots des éléments séparés du gros du Régiment pendant la durée de la campagne d'Autriche.

1° Le dépôt. — Au mois d'août 1805, le dépôt, commandé par le major Groulard, fut transféré de Belfort à Saint-Mihiel. Les succès rapides de la Grande-Armée obligèrent l'empereur à rapprocher tous les dépôts de cavalerie de sa ligne d'opérations. En conséquence, celui du 25ᵉ Dragons occupa Mohlsheim dès le 1ᵉʳ janvier 1806. Le 1ᵉʳ juillet, il s'établit à Strasbourg et y reçut le cadre du 4ᵉ escadron peu avant la reprise des hostilités.

2° Le 3ᵉ escadron (dragons à pied) a fait la campagne de 1805 à la réserve de cavalerie, division des dragons à pied commandée par le général Baraguay d'Hilliers (2ᵉ brigade, 4ᵉ régiment). Chacune des 4 divisions de dragons à cheval fournit 1 régiment à pied,

25ᵉ Régiment de Dragons

1805

à raison de 1 bataillon par brigade, et un ½ bataillon par régiment à cheval.

Les dragons à pied devaient recevoir des chevaux à mesure que les prises sur l'ennemi en fourniraient de disponibles. Au moment de la capitulation d'Ulm, la 2ᵉ brigade, dont le détachement du 25ᵉ faisait partie, fut entièrement montée. Ces bataillons avaient du reste rendu peu de services; ils ne furent engagés qu'une seule fois près d'Ulm. Mal armés, équipés d'une manière incommode pour la marche, ils se montrèrent au feu troupe de médiocre qualité; ce qui s'explique aisément, puisque les colonels, avant l'entrée en campagne, y avaient repris les anciens cavaliers et versé les hommes les moins bons de leur régiment. Les dragons à pied avaient le même uniforme que les dragons à cheval; ils étaient armés du fusil de dragons muni d'une baïonnette, et portaient le sac ainsi que les guêtres noires de l'infanterie.

A la fin de la campagne, le détachement du 25ᵉ Dragons rallia le Régiment, et, dans la suite, cette tentative ne fut plus renouvelée.

3° Le 25ᵉ Dragons a enfin fourni un détachement au corps d'observation commandé par le maréchal Lefebvre. Ce détachement, cantonné dans la principauté de Darmstadt au mois de juillet 1806, rallie les escadrons de guerre à la suite de la dissolution du corps Lefebvre.

CHAPITRE VI

1806-1807

Campagne de Prusse (1806). — Campagne de Pologne (1806). — Campagne de 1807

CAMPAGNE DE PRUSSE (1806)

Le 27 septembre 1806, au moment de la reprise des hostilités, le 25ᵉ régiment de Dragons était cantonné à Ohrenbann. En voici la situation détaillée :

Colonel : M. Rigau.
État-major : 6 officiers, 6 hommes de troupe.
1ᵉʳ *escadron* : 8   »   168   »   »
2ᵉ *escadron* : 8   »   169   »   »
3ᵉ *escadron* : 9   »   175   »   »

Total : 31   »   518   »   soit 547 sabres.

Le dépôt, à Strasbourg, comprend 7 officiers et 422 hommes. Le 4ᵉ escadron, reconstitué au mois d'août, s'y trouve en entier.

Le Régiment fait toujours partie de la réserve de cavalerie, prince Murat ; 4ᵉ division de dragons, général Sahuc (15ᵉ, 17ᵉ, 18ᵉ, 19ᵉ, 25ᵉ et 27ᵉ Dragons.)

La division Sahuc quitte ses cantonnements d'OEllingen et environs le 28 septembre, et marche par Gunzenhausen (5 lieues), le 28; Anspach (6 lieues), le 29; Windsheim (8 lieues), le 30; Langenfels (6 lieues), le 1er octobre; Neusser (7 lieues), le 2; Schweinfurth (6 lieues), le 3.

Le 4 octobre, elle cantonne près de Baunach et y reste jusqu'au 7, sans faire de mouvements. Le prince Murat passe en revue la division Sahuc, le 4. Il en rend compte à l'empereur dans les termes suivants :

« Bamberg, 4 octobre.

« Sire,

« Je viens de passer la revue des 3e et 4e divisions de dragons, qui avaient eu ordre de se réunir le matin à Staffelbach. Je les ai trouvées, en tous points, dans le meilleur état possible. Elles ont défilé aux cris répétés de : « Vive l'Empereur! » Jamais troupes ne furent mieux disposées. Cependant quelques régiments auraient besoin de quelques selles. J'ai autorisé les colonels à acheter, en général, tout ce dont ils ont un besoin indispensable. J'ai fait renvoyer sur les derrières les gros équipages et, en général, tous les attirails inutiles. Il est bien malheureux que le ministre directeur de la guerre ait empêché que les effets d'habillement et d'équipement soient parvenus à l'armée... La 4e division est aujourd'hui à Baunach... Les divisions de dragons, qui ne sont pas couvertes, doivent se garder militairement et observer tous les débouchés qui conduisent en Saxe... »

Du 4 au 7 octobre, la division Sahuc, comme nous l'avons dit, reste concentrée à Baunach. Elle se porte à Staffelstein le 7, tenant tous les villages depuis Ebensfeld inclusivement jusqu'à Triel, observant par sa droite les communications sur Bayreuth, et par sa gauche celles sur Cobourg. (*Extrait du rapport du général Belliard, chef d'état-major de la réserve de cavalerie.*)

Pendant les admirables mouvements stratégiques qui précèdent les batailles du 14 octobre, à Iéna et à Auerstædt, le 25ᵉ Dragons marche avec sa division, le 8 à Kronach, et le 9 à Steinwiesen.

Le 10 octobre, la division Sahuc est mise momentanément à la disposition du maréchal Davoust (3ᵉ corps d'armée); elle éclaire sa marche en avant et bivouaque le 10 près de Schleiz, le lendemain à Mittelbaum, et le 12 à Zeitz. Le 13, le 25ᵉ Dragons est encore au bivouac à Altflenning; sur toute notre ligne, nos cavaliers ont pris le contact de l'ennemi. Dans la nuit du 13 au 14, la division rejoint la réserve de cavalerie de Murat et va bivouaquer avec elle à Dornbourg, le 14, jour de la bataille d'Iéna, sans avoir la gloire d'y prendre part.

Le lendemain 15, le 25ᵉ Dragons est porté avec toute la division à Büttelstadt, pour y attendre les instructions de l'empereur. Là, le général Sahuc reçoit l'ordre de rallier en toute hâte le maréchal Soult (4ᵉ corps d'armée), qui se lance à la poursuite des troupes prussiennes battues à Iéna et à Auerstædt. C'est le 16, à trois heures, que la division rejoint le maréchal Soult, aux prises avec l'ennemi en avant de Greussen. A la vue de ce renfort, le maréchal, qui, pour gagner du temps, avait consenti à laisser parlementer le général Kalkreuth, rompit aussitôt toute conversation avec le général prussien, et lui déclara qu'il allait marcher en avant. Nos troupes, en effet, se précipitèrent sur les Prussiens, enlevèrent le village de Greussen, forcèrent le défilé et s'emparèrent de 300 prisonniers et d'un grand nombre d'équipages. Les régiments de dragons montrèrent beaucoup d'ardeur dans cette rencontre. (*Rapport du maréchal Soult.*) A la suite de ce combat, le 25ᵉ Dragons coucha à Greussen.

Le 25ᵉ Dragons est distrait de sa division le 17 au matin, et, sous les ordres directs de Murat et du général Milhaud, il marche avec le 13ᵉ Chasseurs et rencontre à six heures du soir, sur les hauteurs en arrière d'Hasenfeld, une arrière-garde ennemie composée de deux régiments de cavalerie et d'environ 800 hommes d'infanterie. Sur l'ordre du prince, le Régiment attaqua immédiatement et chassa l'ennemi, qui, à la faveur de la nuit, se sauva en désordre par les bois, laissant entre nos mains six canons et un obusier. (*Rapport du général Belliard.*)

Le 19 octobre, le 13ᵉ Chasseurs et le 25ᵉ Dragons entraient, vers dix heures du matin, dans la ville de Blankenberg, que l'arrière-garde ennemie était en train d'évacuer. Tandis que le 13ᵉ Chasseurs faisait 300 prisonniers, le 25ᵉ Dragons chargeait sur Halberstadt une colonne de cavalerie prussienne.

Nous donnons sur cette affaire, si glorieuse pour

le Régiment, le rapport *in extenso* du prince Murat à l'empereur, en ce qui concerne le 25ᵉ Dragons :

« *Murat à l'Empereur.*

« Sire,

« ... Je suis arrivé, ce matin à dix heures, à Blankenberg avec le 13ᵉ Chasseurs et le 25ᵉ régiment de Dragons. Le maréchal Soult y a fait sa jonction avec moi, vers midi. J'ai dirigé sur-le-champ ces régiments sur Halberstadt, poussant toujours l'ennemi l'épée dans les reins. Le général Beaumont, qui marche avec cette brigade en place du général Milhaud, qui est malade, est arrivé devant cette ville vers une heure. Il est tombé sur quelques compagnies du régiment des Gardes, qu'il a pris avec à peu près 400 grenadiers de cette garde. Cependant trois ou quatre escadrons de hussards prussiens, venant d'Erenbourg, marchaient sur Halberstadt, ne croyant pas cette ville occupée par les troupes de Votre Majesté. Alors le colonel du 25ᵉ régiment de Dragons (Rigau) a reçu l'ordre de les charger, ce qu'il a fait avec autant d'intrépidité que de bravoure. Il a fait 120 hussards montés prisonniers, et n'a perdu personne... »

En outre, les hussards prussiens laissèrent 40 des leurs, tués ou blessés, sur le terrain de la charge[1].

---

[1] Le rapport officiel des prises faites au combat d'Halberstadt (19 octobre) donne les chiffres suivants : 45 officiers, 1 000 hommes d'infanterie, 120 cavaliers, 120 chevaux de troupe, 30 chevaux de trait, 12 fourgons.

A la suite de ce combat, le 25ᵉ Dragons rejoignit la division Sahuc, toujours attachée au corps du maréchal Soult, l'empereur n'approuvant pas que l'on fasse faire aux dragons le service de cavalerie légère.

Le maréchal Soult opère, les jours suivants, autour de Magdebourg et fait les préparatifs du passage de l'Elbe; il veut prévenir l'ennemi, qui, après une démonstration sur Magdebourg, se dirige au nombre de 15 000 hommes sur Tungermunde. La division Sahuc est envoyée aussitôt à Tungermunde, exécutant une marche forcée des plus pénibles, bivouaquant chaque nuit et marchant tout le jour. Le 25ᵉ Dragons, qui fait l'avant-garde, atteint l'ennemi, le 25 octobre, à Sandos sur l'Elbe. Une partie du Régiment met pied à terre et combat à pied contre les dernières troupes prussiennes, qui achèvent de passer le fleuve sous ses yeux; 200 hommes cependant et beaucoup de bagages restent en notre pouvoir. Quelques troupes de cavalerie ennemie, ayant voulu tenter une diversion, sont brillamment repoussées : 50 hussards tombent encore entre nos mains. Le 25ᵉ Dragons subit quelques pertes dans cette affaire : le capitaine Caussil et le sous-lieutenant Lejeune, ainsi que les dragons Bénazet et Donné, furent grièvement blessés.

Les journées des 26 et 27 octobre sont employées aux préparatifs du passage de l'Elbe, que le corps d'armée exécute le 28. Tandis que le maréchal Soult marche dans la direction de Lübeck, la division de dragons vient se remettre au bivouac à Tungermunde, occupant une position d'arrière-garde, pendant que toutes les troupes du 4ᵉ corps achèvent de passer l'Elbe.

Le 1ᵉʳ novembre, le 25ᵉ Dragons se reporte en avant. Après une marche de plusieurs jours, il arrive sous les murs de Lübeck et se distingue, le 6 novembre, à la prise de cette place. Précédant le corps Soult, il assiste à l'attaque de la porte de Mühlen, et entre dans la place à la tête du 4ᵉ corps d'armée. 5 000 hommes, 4 généraux et 50 pièces de canon sont les trophées de cette belle action.

Après la victoire de Lübeck, qui achève la destruction des armées prussiennes, les régiments de dragons de la division Sahuc sont chargés de l'escorte des prisonniers tombés entre nos mains. Citons, au sujet de cette escorte, une lettre du maréchal Soult à l'empereur, en date du 8 novembre :

« La 4ᵉ division de dragons (général Sahuc) conduit à Postdam[1] les 53 escadrons prussiens, formant plus de 6 000 chevaux, qui se sont rendus. Je lui ai ordonné d'empêcher qu'il soit détourné un seul cheval ni qu'aucun homme ne s'égare. L'armement de cette cavalerie suit, sur des voitures, la colonne du général Sahuc... Les cavaliers prussiens auront eux-mêmes soin de leurs chevaux pendant la route ; le général Sahuc y veillera... »

Pendant la belle campagne d'octobre, le 25ᵉ Dragons figure à lui seul sur un état des prises faites à l'ennemi pour 440 hommes, 3 bouches à feu et

---

[1] Les chevaux pris à l'ennemi devaient constituer à Postdam un petit dépôt de cavalerie, destiné à alimenter nos régiments en campagne.

5 caissons : c'est dire la part glorieuse qu'il avait prise à cette campagne de quelques jours, qui venait d'anéantir l'armée ennemie et de mettre la monarchie prussienne à deux doigts de sa perte.

Sa mission terminée, le 25ᵉ régiment de Dragons reçut l'ordre de se rendre à Berlin, pour y rallier le général Becker, placé par l'empereur, le 9 novembre, à la tête d'une nouvelle division de dragons, la 5ᵉ, composée de 4 régiments, savoir : les 13ᵉ et 22ᵉ Dragons, provenant de la 3ᵉ division, et les 15ᵉ et 25ᵉ Dragons, détachés de la 4ᵉ division (général Sahuc). Le général Clarke, gouverneur de Berlin, écrit à ce sujet, le 10 novembre, au général Sahuc la lettre suivante :

« Je vous préviens, Général, que Sa Majesté vient d'ordonner la formation d'une 5ᵉ division de dragons, qui sera commandée par le général Becker, et composée des 13ᵉ, 22ᵉ, 15ᵉ et 25ᵉ régiments de Dragons. Le major général me donne avis qu'il a ordonné aux 15ᵉ et 25ᵉ Régiments de se rendre à Berlin pour en faire partie. Donnez des ordres pour leur logement, et prévenez-moi de leur arrivée. *Signé* : Clarke. »

L'effectif du Régiment avait subi quelques modifications depuis la fin de la campagne d'octobre. Après la prise de Lübeck, sa force était de 26 officiers et 456 hommes (état-major et les 3 premiers escadrons). L'empereur ayant donné l'ordre de prendre dans les quatrièmes escadrons et dépôts tous les hommes et chevaux disponibles, pour leur faire rallier les escadrons de guerre, le 25ᵉ Dragons comptait à la fin de novembre, y compris un détachement de 140 hommes en marche pour rejoindre : 33 officiers, 755 hommes et 788 chevaux. Le colonel Rigau est toujours à la tête du Régiment, avec les chefs d'escadron Dumolard et Brincard.

Le 25ᵉ Dragons devait arriver le 20 novembre à Berlin et y passer la revue de l'empereur. Nous avons retrouvé, à ce sujet, la lettre suivante :

« *Le général Clarke, gouverneur général de Berlin, au général Hulin, commandant la place.*

« Je vous préviens, Général, que le 25ᵉ régiment de Dragons, qui faisait partie de la division du général Sahuc, doit arriver demain, 20 novembre, à Berlin. L'Empereur le verra demain, à midi, à la parade; donnez en conséquence des ordres pour qu'il soit rassemblé, sur la place du Château, à l'heure désignée ci-dessus; et faites-le partir, après-demain 21, pour se diriger sur Custrin et de là sur Thorn, où il rejoindra la division du général Becker, dont il doit faire partie. Je dois vous observer, Général, qu'il existe, dans une commune aux environs de cette place, un petit détachement de ce régiment. Donnez-lui l'ordre de se réunir demain à son régiment, pour se trouver à la revue de l'Empereur. J'ai l'honneur, etc... *Signé :* Clarke. »

A cette époque, la revue de l'empereur était, pour un régiment, l'épreuve solennelle entre toutes; chacun l'attendait avec anxiété et s'y préparait de longue main. Mieux que personne, Napoléon savait parler le langage qui convient au soldat; il voyait tout par lui-même, rien n'échappait à son regard scrutateur. « Il passait dans les rangs, écrit le général Roguet, reconnaissait quelques soldats de ses premières campagnes, causait familièrement avec eux, rappelait les combats où ils s'étaient distingués et les laissait toujours émus. Ailleurs il demandait au colonel, au capitaine, et souvent même à la compagnie, quel était le plus brave; il s'arrêtait devant celui-ci, le cajolait à sa manière, l'avançait ou le décorait. »

Vêtu de la légendaire capote grise et entouré d'un état-major resplendissant : maréchaux, officiers de toutes armes, mamelucks, chasseurs de la garde, l'empereur passait d'abord au pas devant le front du régiment; puis il ordonnait qu'on commandât : « Divisions à droite! » qu'on formât les compagnies et qu'on mît pied à terre, les officiers à la droite de leur compagnie. Arrivant au colonel, il recevait de lui l'état de situation, qu'il remettait au major général (Berthier); puis les questions commençaient : « Combien d'hommes au dépôt? malades? absents? » Malheur à ceux que leur mémoire ou leur ignorance mettait en défaut. La revue se terminait par un défilé au trot, par escadrons, tous les hommes levant leurs sabres en l'air, en passant devant Napoléon et criant : « Vive l'Empereur! » Que de souvenirs pour le Régiment dans l'évocation de cette revue de l'ancien 25e Dragons, défilant sous les yeux du vainqueur, devant le palais royal de Berlin!

CAMPAGNE DE POLOGNE (1806)

Dès le lendemain de la revue de l'empereur, le 25ᵉ Dragons se mit en route pour rallier le général Becker, qui, sans attendre ce renfort, s'était porté au-devant de l'armée russe avec deux seulement de ses régiments, les 13ᵉ et 22ᵉ Dragons, ainsi que toute l'artillerie légère.

Le 25ᵉ Dragons, marchant sans arrêt pendant près de quinze jours, rejoignit enfin le gros de la division, le 13 décembre, à Skiernewice, en Pologne. Le 15ᵉ Dragons arrive à son tour le 20 décembre, et ces deux régiments, les 15ᵉ et 25ᵉ Dragons, destinés à faire brigade ensemble pendant près de six années de guerre, sont placés sous les ordres du général de brigade Viallanes.

ORDRE DE BATAILLE DE LA 5ᵉ DIVISION DE DRAGONS

Général de division : Becker.
Généraux de brigade : Boussard et Viallanes.

| 13ᵉ Dragons. | 15ᵉ Dragons. |
| 22ᵉ Dragons. | 25ᵉ Dragons. |

Artillerie légère : demi-batterie de la 4ᵉ compagnie du 6ᵉ régiment d'artillerie.

Le 14 décembre, le 5ᵉ division de dragons va coucher à Mozezenow et cantonnements environnants ; le lendemain 15, elle est à Roscyn, qu'elle quitte, le 22, pour se concentrer près de Varsovie[1]. Le 23, le 25ᵉ Dragons traverse Varsovie, passe la Vistule et se rend sur les bords du Bug, à Janoweck, où il cantonne avec le 15ᵉ Dragons et l'artillerie légère de la division Becker. Voici l'ordre de Murat, qui provoque ce mouvement :

« Varsovie, 22 décembre, 2 heures après-midi.

« *Général Belliard à général Becker.*

« D'après les ordres du prince (Murat), mon cher général, établissez aujourd'hui votre division le plus près de Varsovie possible, en avant de Iemelin, Raszyn, Réguli et Bronice; les points que je vous indique sont les plus éloignés de ceux que vous occuperez. Demain, à six heures du matin, votre division devra être réunie sous les murs de Varsovie. Vous lui ferez passer la Vistule, et vous vous porterez, par Jablona, sur Okanin, où est établi le pont sur le Bug. En passant à Varsovie, vous prendrez les ordres du prince pour la position que vous devez occuper demain. Ainsi que je vous l'ai dit, mon cher général, faites suivre pour quatre jours de viande, et envoyez cette nuit

---

[1] Nous avons retrouvé, à cette date du 22 décembre, une lettre curieuse du général Bourcier, commandant le grand dépôt de cavalerie de Postdam, au major général Berthier. Cette lettre montre à quel point le plus petit détail de service était l'objet de la sollicitude de ces véritables hommes de guerre. Dans cette dépêche, Bourcier rend compte qu'à l'inspection d'un détachement de 20 hommes et de 40 chevaux du 25ᵉ régiment de Dragons, traversant le dépôt de Postdam et se rendant aux escadrons de guerre, il a trouvé 20 chevaux sur 40 blessés au dos. Furieux de cette négligence, il prévient qu'il a de suite mis en prison le vétérinaire accompagnant le détachement, et il demande une punition exemplaire pour le maréchal des logis qui le commandait.

prendre à Varsovie pour deux jours de pain. Si, dans vos cantonnements, vous pouvez vous en procurer pour autant, cela sera très bien. Agréez, etc.

Signé : Général Belliard,
« Chef d'état-major de la réserve de cavalerie. »

Après avoir passé la nuit à Janowek, le 25ᵉ Dragons franchit le Bug le 24 décembre, à cinq heures du matin, et, prenant le contact de l'ennemi, le poursuivit sur la route de Nasielk. Quelques coups de canon sont échangés. Débusqués de toutes leurs positions, les Russes pressent leur retraite, et à la tombée de la nuit la division de dragons bivouaque autour du village de Pyanowo.

Le 25, à deux heures du matin, le bivouac est levé ; la division repasse par Nasielk, et tandis que la 1ʳᵉ brigade va reconnaître les positions de l'ennemi et découvre des forces considérables établies dans Pultusk, la 2ᵉ brigade (15ᵉ et 25ᵉ Dragons) se tient en réserve. Toute la division bivouaque le soir à Golodkowo.

Bataille de Pultusk (26 décembre). — Dès le 25 décembre, la division Becker avait reçu l'ordre de seconder les opérations du maréchal Lannes. Le 26, à dix heures du matin, après avoir laissé défiler tout le 5ᵉ corps, elle se porta dans ses positions de la veille et se heurta à l'armée russe, retranchée en avant de Pultusk au nombre de 50 000 hommes, et défendue par des batteries de gros calibre. L'action, engagée à dix heures du matin, dura jusqu'à six heures du soir. Tandis que la 1ʳᵉ brigade appuyait le mouvement de la division Suchet, la 2ᵉ (15ᵉ et 25ᵉ Dragons), aux ordres du général Viallanes, resta seule en face de la ville, occupant le centre du corps d'armée, dans un terrain mouvant et très boueux, manœuvrant sous le canon de l'ennemi et s'opposant à toutes ses tentatives sur ce point. L'artillerie de la division, embourbée dans de mauvais chemins, eut beaucoup de peine à rejoindre; mais, une fois arrivée, elle fit un grand mal à l'ennemi. La division resta en position jusqu'à neuf heures du soir et passa la nuit au bivouac, à une demi-lieue en arrière de Pultusk.

La division Becker fut assez maltraitée dans cette journée : elle eut 2 officiers et 22 dragons tués, 2 officiers et 34 dragons blessés, 88 chevaux tués et 22 blessés. Le général Becker eut un cheval tué sous lui, et le général Boussard reçut une blessure.

Le 27 décembre, la division Becker, jointe à la brigade de cavalerie légère du général Lasalle et se liant avec la division Klein, se porte en avant sur la route de Rozan. Marchant dans des chemins affreux, nos dragons enlèvent à l'ennemi une centaine de prisonniers et quelques bagages. Le soir, le 25ᵉ Dragons bivouaque près de Lazeh.

Le Régiment continua, le 28, à poursuivre l'ennemi sur la route de Rozan; mais, le pont de Magnietzewo ayant été brûlé pendant la nuit, la division dut passer l'Orsitz à gué, ce qui retarda considérablement sa marche; elle fit cependant encore une centaine de prisonniers et bivouaqua en avant de Magnietzewo, sur la route de Rozan.

Le 29, la division reçut ordre de prendre ses cantonnements. Le quartier général occupa Rezuwier. Le 25ᵉ Dragons fut réparti dans les villages de Lasz, Chrzanowo, Sloïki, Chrzony, Kaptury.

Le Régiment ne fit plus aucun mouvement jusqu'au 5 janvier 1807.

CAMPAGNE DE 1807

Pendant le mois de janvier 1807, le 25ᵉ Dragons ne fit que des mouvements de peu d'importance. Le 6, il va cantonner à Yusk et villages environnants. Le quartier général de la 2ᵉ division est porté à Wonzewo. Dans cette position, la division Becker forme, avec les 1ᵉʳ, 2ᵉ et 12ᵉ Chasseurs, l'avant-garde du 3ᵉ corps, dont elle fait momentanément partie; elle est elle-même couverte par ces trois régiments de cavalerie légère.

Le 14, le quartier général de la division est transféré à Grodisk.

Le 21, le général Becker, informé que la division resterait dans la presqu'île de la Narew et du Bug, et que l'armée prendrait ses quartiers d'hiver, prescrit une nouvelle répartition de ses cantonnements. Le 25ᵉ Dragons occupa Troscyn et environs.

La rigueur du climat et les attaques incessantes des Cosaques, harcelant nos avant-postes et les tenant constamment en éveil, causaient à nos cavaliers de très grandes fatigues. Dans les quinze derniers jours de janvier, la division perdit une trentaine de dragons pris ou tués.

Le 30 janvier, le Régiment comptait dans le rang 32 officiers, 530 hommes et 531 chevaux; 5 officiers et 138 hommes sont détachés, 4 officiers et 26 hommes évacués sur les hôpitaux.

Le colonel Rigau avait été nommé général de brigade par décret du 12 janvier. Le 16, l'empereur donna le commandement du 25ᵉ Dragons à l'un de ses parents, Philippe-Antoine, comte d'Ornano[1], l'un des plus brillants cavaliers de la Grande-Armée, mort en 1863, après avoir reçu le bâton de maréchal de France.

A peine arrivé, le colonel d'Ornano fut envoyé en reconnaissance avec son régiment, trois bouches à feu et un bataillon d'infanterie légère (1ᵉʳ février). Il

---

[1] Philippe-Antoine, comte d'Ornano, né le 17 janvier 1784, issu d'une famille qui avait déjà donné deux maréchaux de France : l'un sous Henri IV, l'autre sous Louis XIII. Il entra au service en 1799 comme sous-lieutenant au 9ᵉ Dragons, lieutenant en 1802, et capitaine en 1804. Après avoir passé deux ans à Saint-Domingue, il fit la campagne de 1805, comme chef de bataillon des chasseurs corses. Nommé colonel du 25ᵉ Dragons (16 janvier 1807), général de brigade en 1811, général de division en 1812, pair de France en 1832, sénateur en 1852, grand chancelier de la Légion d'honneur en 1852, gouverneur de l'Hôtel des Invalides en 1853, maréchal de France en 1861, décédé à Paris en 1863. Le maréchal d'Ornano s'est couvert de gloire dans toutes les campagnes de la Grande-Armée. En 1812, blessé au combat de Vop, il fut laissé pour mort sur le champ de bataille et enterré. L'empereur ayant réclamé son corps, on s'aperçut qu'il vivait encore. Ramené à Paris, il se rétablit et combattit vaillamment en 1813 et en 1814, à la tête de la cavalerie de la garde. Chevalier de la Légion d'honneur à la création de l'ordre, officier en 1805, commandeur en 1832, grand officier en 1834, grand-croix en 1850, il reçut la médaille militaire en 1853. Il avait été fait chevalier de Saint-Louis en 1814 et commandeur du même ordre en 1829.

marcha sur Ostrolenka, avec ordre de passer sur la rive droite de la Narew et de brûler le pont en cas d'attaque de l'ennemi. On soupçonnait les intentions hostiles des Russes, mais on ne les croyait pas si près de nos lignes. Entouré tout à coup par 8 à 10 000 Cosaques de l'hetman Platow, le jeune colonel eut besoin de toute sa vigueur, de toute sa détermination, pour se frayer un passage à coups de sabre au travers de cette nuée de cavaliers.

Le 25e Dragons rallia sa division le 2 février, et cantonna à Ostrolenka, se gardant par des postes établis à Biezewo, Kulyska et Lunezyn.

Le 3, le général Becker porta sa division dans la direction d'Ostrow. Surpris pendant une halte dans la cour d'un château avec son état-major et les 15e et 22e Dragons, il se fait jour à coups de sabre, et reçoit une blessure sérieuse. Obligés de battre en retraite, le 25e et les autres régiments de la division marchent nuit et jour et arrivent exténués à Pultusk, dans la nuit du 4 au 5. Le 25e Dragons bivouaque dans le jardin de l'évêché.

Le général Becker, blessé, est remplacé dans son commandement par le général de brigade Boussart.

Le 5 février, le 25e Dragons est en arrière de Rozan; le 6, il cantonne près d'Ostrolenka. La 5e division de dragons est dès lors attachée au 5e corps, commandé provisoirement par le duc de Rovigo.

Le 25e Dragons couche le 7 à Grundzelle; marchant sans relâche, il est, le 9, à Prski; le 10, à Alt-Szably; le 11, à Olwzewka, en contact avec l'ennemi; le 14, il gagne le village de Vikrok, et assiste, le 16, à la bataille d'Ostrolenka.

Bataille d'Ostrolenka (16 février). — Le 16, à quatre heures du matin, la division monte à cheval par alerte et se porte en toute diligence sur Ostrolenka, que l'ennemi, commandé par le général Essen, attaquait avec des forces supérieures. Le général Oudinot, menacé sur son front, lance à l'attaque les 22ᵉ, 15ᵉ et 25ᵉ Dragons, commandés par les généraux Boussart et Rigau. Le 22ᵉ formait tête de colonne, le 25ᵉ marchait en seconde ligne, le 15ᵉ sur les flancs de la division. La charge fut des plus brillantes, nous donna trois pièces de canon, obligea un bataillon de grenadiers russes à mettre bas les armes, et contribua puissamment au succès de la journée.

Le 25ᵉ Dragons cantonna, le 16 au soir, à Bialobozeg; il y resta jusqu'au 19. Passée momentanément sous les ordres du général Suchet, la division changea ses cantonnements le 19 février : le 25ᵉ occupa Szarfania.

Le 23, il est à Sawadiz avec le général Viallanes.

Le 25, les régiments étendent leurs cantonnements pour prendre quelques jours de repos, se refaire et réparer l'habillement, l'équipement et l'armement. Le 25ᵉ Dragons occupe Kramosielsk et les bourgs environnants. Il compte dans le rang : 32 officiers, 530 hommes et 530 chevaux.

Remis de ses blessures, le général Becker reprend le commandement de la division le 11 mars, et, dès le 12, il reçoit l'ordre de concentrer ses régiments autour de Willemberg. Le 25ᵉ Dragons quitta donc, le 13, Kramosielsk, qu'il occupait depuis le 25 février, et arriva le 14 dans ses nouveaux cantonnements de Gross et Klein-Przedzienk et Kamwiesen. Sa situation donne à cette date : 26 officiers, 426 hommes et 443 chevaux.

Dans leurs nouvelles positions, les régiments sont employés constamment au service de reconnaissance, sans s'éloigner de leurs cantonnements autour de Willemberg, sur la rive droite de l'Omulew.

« Le 21 mars, sur l'avis que l'ennemi se disposait à attaquer nos lignes avec des forces considérables, le général Becker donna ordre à la 2ᵉ brigade d'être réunie à Willemberg pour cinq heures du matin. Le 25ᵉ Dragons, avec un bataillon d'infanterie légère, fut détaché sur la route d'Ortelsbourg, avec ordre de pousser jusqu'à cette ville et de reconnaître la force de l'ennemi. Il rencontra à moitié chemin quelques pelotons de Cosaques, qui furent poursuivis et repoussés jusqu'au débouché du dernier bois. Là se présentèrent tout à coup 7 à 800 Cosaques en bataille. Le 25ᵉ Dragons se forma aussitôt et fournit plusieurs charges vigoureuses. L'arrivée de l'infanterie légère, qui n'avait pu suivre, décida l'affaire à notre avantage. L'ennemi fut forcé de se retirer. »(Extrait du *Journal des marches de la 3ᵉ division de dragons.*)

Le 25ᵉ Dragons fut très éprouvé dans cette sanglante affaire. Les sous-lieutenants de Boisdeffre et de Claybroke furent tués, et le sous-lieutenant Adam grièvement blessé. Les sous-lieutenants Terver et

Névrezé tombèrent au pouvoir des Cosaques. Parmi les tués citons : les dragons Mouchot, Girard, Étienne, Chautard, Weiss ; parmi les blessés : le fourrier Lasseray, les brigadiers Louat, Guérin, Collart, les dragons Roger, Beaufumé, Robin, Dauvilliers. En outre 38 dragons furent faits prisonniers, et 75 chevaux tués, blessés ou pris.

Quelques jours après cette affaire, le 25 mars, le village de Roglas, occupé par deux compagnies d'infanterie et vingt-cinq dragons du 25e, fut cerné à la pointe du jour par environ 600 Cosaques. Le feu de l'infanterie et plusieurs charges de nos dragons empêchèrent l'ennemi de faire son coup de main ; il se retira à l'approche du 15e Dragons, qui, averti par le feu de la mousqueterie, vint au secours de ce cantonnement.

La division fut réunie à Willemberg le 26, à dix heures du matin, pour pousser une forte reconnaissance sur Ortelsbourg. Un bataillon d'infanterie, deux pièces de canon et un escadron de lanciers polonais furent en outre mis à la disposition du général Becker pour cette opération. La division ne rencontra les avant-postes ennemis qu'à une lieue et demie de Willemberg ; ils se replièrent successivement, et la colonne entra dans Ortelsbourg à cinq heures du soir, n'ayant fait qu'escarmoucher avec l'ennemi et sans avoir perdu personne. L'ennemi n'avait dans cette ville que quelques centaines de cavaliers cosaques et hussards, qui se retirèrent à notre approche. La division entière et la moitié de l'infanterie bivouaquèrent dans la ville ; l'autre moitié resta à la garde de l'artillerie, au débouché du bois, en arrière de la ville. Les Polonais furent chargés d'observer sur notre gauche.

Le général de division avait reçu l'ordre de ne quitter Ortelsbourg que le lendemain, à neuf heures du matin. Pendant la nuit l'ennemi rassembla le plus de monde possible, et lorsque, le 27 au matin, la division commença son mouvement rétrograde, il se présenta avec environ 2 000 hommes de cavalerie et 1 pièce de canon. Il manœuvra sur notre gauche pour nous couper la retraite et repoussa les Polonais; mais la bonne contenance de la division, qui fit sa retraite en échelons, les diverses charges que fournirent les 22e et 25e Dragons et le feu de l'infanterie, embusquée au bord du bois, tinrent l'ennemi en respect et lui firent essuyer une perte d'environ 150 hommes tués ou blessés; la division n'eut que 13 hommes hors de combat. Elle arriva à Willemberg à deux heures après midi, et réoccupa ses cantonnements habituels.

La division prit de nouveaux cantonnements le 6 avril. Le 25e Dragons s'établit à Rowawics et environs.

L'empereur accorda, le 14 avril, plusieurs décorations au Régiment, en récompense de sa belle conduite depuis l'ouverture des hostilités : les lieutenants Becker, Molard, Gavron-Labevière, Germain, le maréchal des logis chef Petit, le maréchal des logis Rotignier et le brigadier Morlat, reçurent la croix de la Légion d'honneur.

Le 12 mai, l'ennemi paraît subitement, à deux heures du matin, devant Willemberg et toute notre ligne de cantonnements. La division monte aussitôt à cheval, et tandis que deux régiments se portent sur Willemberg, les 15ᵉ et 25ᵉ Dragons se placent en observation à Chorzellin.

Ce même jour, dix-huit dragons de la division escortant un convoi sont enlevés par les Cosaques, et cinq dragons du 25ᵉ, commandés par un brigadier et placés en poste de correspondance, sont tous tués ou pris.

L'ennemi s'étant retiré, le Régiment rentra le 13 dans son cantonnement.

Le général Becker est nommé, le 16 mai, chef d'état-major du 5ᵉ corps d'armée, auquel la division est toujours restée attachée. Le général Lorge le remplace le 1ᵉʳ juin à la tête de la 5ᵉ division de dragons.

Le 6 juin, le 25ᵉ Dragons se rend à Chorzellin; le quartier général de la division est porté à Krzynowologa.

Le 11 juin, l'ennemi ayant attaqué le poste de Zawady sur l'Omulew, la division monta à cheval à onze heures du soir et resta sous les armes toute la nuit. Le 25ᵉ Dragons se signala en repoussant brillamment une attaque de l'ennemi. A cinq heures du matin, les troupes rentrèrent dans leurs cantonnements.

Le 22 juin, le 25ᵉ Dragons s'établit avec le quartier général de la division à Willemberg. Il y reste jusqu'au 27 juin, et le 28, jour de la signature de l'armistice de Tilsitt, il va cantonner à Charnozyn et villages environnants; il compte à cette date dans le rang 25 officiers, 483 hommes et 528 chevaux.

Le Régiment cantonne à Kolno le 2 juillet, et reçoit, le 22, l'ordre de se rendre en Silésie avec toute la division.

Parti de Kolno le 22 juillet, le 25e Dragons arrive à Krappitz, près d'Oppeln, en Silésie, le 15 août.

Le 1er octobre, l'empereur accorde plusieurs décorations au Régiment : le capitaine Clavel, les lieutenants Cassard et de Marbœuf, les maréchaux des logis chefs Maurio et Delahaye, les maréchaux des logis Klein, Jolly, Robillon, Dielmann et Bar reçoivent la croix de la Légion d'honneur.

Au mois de novembre 1807, le 25e Dragons va tenir garnison à Oppeln. Il y reste jusqu'à son départ pour la France à la fin de 1808. Le petit dépôt du Régiment était à Breslau ; le dépôt du corps n'avait pas quitté Strasbourg depuis l'ouverture des hostilités ; enfin une centaine d'hommes du 25e Dragons occupait le dépôt de cavalerie de Postdam.

ÉTAT DU 25ᵉ RÉGIMENT DE DRAGONS

AU MOMENT DE L'ENTRÉE DU RÉGIMENT EN ESPAGNE (FIN DE 1808)

MM. comte d'Ornano, colonel.
Dumolard, major.
Brincard, chef d'escadron.
Lothe,   »   »
Longuet, quartier-maître.
Becker, adjudant-major.
de Marbœuf, adjudant-major.

MM. Millière, chirurgien-major.
Cormarias, chirurgien aide-major.
Dubois, chirurgien sous-aide-major.
Lavaux, chirurgien sous-aide-major.

Capitaines.

MM. Bennequin.
Ricatti.
Mathis.
Gaignière (prison. de guerre).
Clavel.
Caussil.
Décatoire.
Molard.

Lieutenants.

MM. de Dampierre.
Girard dit Vieux.
Garron-Labevière.
Cassard.
Dangin.
Lansalut.
de Claybrooke.
Mazoué.

Sous-lieutenants.

MM. Lejeune.
Blanchet.
Ganné.
de Beaumont.
Laberge.

MM. Lempereur (prisonnier de guerre).
Desgeorges.
Adam.
Moquet.

MM. Hayot.
Hatton.
Xaintrailles.
Daincourt.
Dielmann.

CHAPITRE VII

(1808-1811)

GUERRES D'ESPAGNE. — CAMPAGNES DE 1808, 1809, 1810
1811 (JUSQU'AU 15 AVRIL)

Au commencement de 1808, la situation du 25e Dragons est la suivante : les trois premiers escadrons du Régiment, sous les ordres du colonel d'Ornano, occupent leurs cantonnements de Silésie; le dépôt et le 4e escadron, commandés par le major Dumolard, sont toujours à Strasbourg.

Enfin une compagnie du 25e Dragons, détachée au 2e régiment provisoire de Dragons, fait la campagne de 1808 au corps du général Dupont en Espagne, et assiste à la capitulation de Baylen.

DÉTACHEMENT DU 25e DRAGONS AU CORPS DU GÉNÉRAL DUPONT (Baylen, 1808)

Les événements d'Espagne ayant obligé l'empereur à constituer une cavalerie pour les premiers corps d'armée qu'il jetait dans la Péninsule, un décret impérial du 19 octobre 1807 prescrivit la formation à Orléans de deux régiments provisoires de dragons. Le 25e y contribue par l'envoi d'une compagnie de guerre fournie par le 4e escadron. Cette compagnie (120 hommes et 120 chevaux) part de Strasbourg le 29 octobre 1807, et arrive à Orléans le 19 novembre. Elle est comprise dans le 2e régiment provisoire de Dragons, formé de détachements des 20e, 21e, 25e et 26e régiments, et commandé par le major Bevard. Les 1er et 2e provisoires de Dragons (brigade Privé, division Frézia), forts chacun de 500 sabres, franchissent les Pyrénées et sont réunis à Madrid le 23 mars 1808. Ils en partent le 21 mai et arrivent, le 4 juin, à Andujar (corps du général Dupont). Ils prennent une part honorable au combat du pont d'Alcolea, à la prise de Cordoue, au combat de Baylen (19 juillet). Ils sont compris dans la capitulation de Baylen, et restent quatre mois à Lebrija, entre Cadix et Séville, à la suite de ce malheureux événement.

Envoyé en captivité dans les Baléares, le détachement du 25e Dragons resta quatorze mois dans l'île de Cabrera, en butte aux plus horribles souffrances. Au mois de mai 1810, un brick anglais, ayant appris le déplorable état de nos malheureux soldats, vint mouiller à Cabrera et leur apporta quelques secours. Réunis au mois de juillet, ils furent internés sur des pontons anglais et espagnols, où la plupart des cavaliers du Régiment moururent de misère et de maladie. Les survivants, transportés en Angleterre, ne rentrèrent en France qu'après les événements de 1814.

Cette compagnie, perdue pour le 25ᵉ Dragons, fut immédiatement reconstituée au moyen de prélèvements faits sur les autres compagnies du dépôt.

CAMPAGNE DE 1808-1809
2ᵉ CORPS D'ARMÉE (MARÉCHAL SOULT)

Le 25ᵉ Dragons (5ᵉ division de dragons, général Lorge) reçut l'ordre, dès le mois de septembre 1808, de se rendre en Espagne. Il quitta donc la Silésie, traversa l'Allemagne, et à son passage à Strasbourg, siège de son dépôt, il compléta son effectif au moyen de tous les hommes montés disponibles. Il y séjourna à peine et reprit sa marche vers les Pyrénées, où il arriva au commencement de décembre.

Le 25ᵉ Dragons supporta vaillamment cette marche véritablement extraordinaire de trois grands mois à travers l'Europe. A son arrivée dans la Péninsule, animé du meilleur esprit, et d'une tenue irréprochable, il était prêt à combattre et présentait l'aspect d'un superbe régiment de cavalerie.

Le 29 décembre 1808, sa situation était la suivante :

25ᵉ DRAGONS

Colonel : d'Ornano.

Chefs d'escadron : Brincard et Lothe (1ᵉʳ, 2ᵉ et 3ᵉ escadrons).

25 officiers, 473 hommes, 58 chevaux d'officiers, 469 chevaux de troupe.

2 officiers, 167 hommes et 152 chevaux, sont détachés sur les derrières à Pau, Vilforia et dans les petits dépôts.

Le Régiment est compris dans la 2ᵉ brigade, général Fournier (15ᵉ et 25ᵉ Dragons), de la 5ᵉ division de dragons, général Lorge ; réserve de cavalerie, maréchal Bessières.

A la fin de décembre, la division Lorge est attachée au 2ᵉ corps (maréchal Soult, duc de Dalmatie), et concourt avec lui à la glorieuse expédition de la Corogne contre les Anglais.

Dès son arrivée à Burgos, le Régiment reçoit l'ordre de se porter sur Torquemada. Le maréchal Soult envoie des postes de dragons à Tordesillas, Puente-del-Duero, Tudela et sur la route de Madrid.

Le 24 décembre, le 25ᵉ Dragons est à Freschilla ; le 27, il se porte sur Villada ; le 28, il marche dans la direction de Mayorga. La marche en avant sur la Corogne se poursuit sans relâche dans les premiers jours de janvier 1809 ; la rigueur de la saison et le mauvais état des chemins épuisent notre cavalerie, qui subit de grandes pertes en chevaux. Malgré ces difficultés, le 15 janvier, nos têtes de colonne arrivent en vue de la mer, sous les murs de la Corogne. Nos escadrons balayent les environs de la place et s'établissent de façon à prévenir un débarquement de l'ennemi. Le 16, le maréchal Soult livre bataille et remporte un succès complet, en obligeant le corps anglais à se rembarquer en toute hâte. Le Régiment reste en position pendant toute cette journée du 16, sous le feu de l'ennemi ; mais la nature du terrain s'oppose à une action efficace de notre cavalerie.

Le 19 janvier, le 25ᵉ Dragons se rend en deux

marches à Villalba, en passant par Betauzos; il occupe les villages environnants et y observe la plus sévère discipline. Il envoie, le 22, une reconnaissance sur le Ferrol. Le 24, il est à Ribaldo, couvrant par ses postes les routes de la frontière des Asturies. Dès le 20 janvier, le maréchal Soult avait décidé de tenter une expédition en Portugal. Au moment où il commence son mouvement, le 6ᵉ corps (maréchal Ney) vient relever ses troupes en Galice et garder les positions de la Corogne et du Ferrol. Les 25ᵉ et 15ᵉ Dragons (brigade Fournier) sont distraits, le 28, du corps du maréchal Soult et de la 5ᵉ division de dragons, et vont se mettre, près de la Corogne, à la disposition du maréchal Ney.

CAMPAGNE DE 1809

6ᵉ CORPS D'ARMÉE (MARÉCHAL NEY)

Le 25ᵉ Dragons reste cantonné à Mondonedo et Castel-Mayor pendant les mois de février et mars 1809. Il perd quelques hommes dans des escarmouches, les 1ᵉʳ, 2 et 7 février, près de Ribaldo, notamment le brigadier Laurent, les dragons Lefranc et Legendre, le maréchal des logis Morlat, tué le 7. Ce dernier était l'un des vétérans du Régiment. Arrivé au corps en 1782, il avait depuis cette époque prit part à toutes les campagnes du 25ᵉ Dragons, et reçu en 1807 la croix de la Légion d'honneur.

Le 8 mars, ordre est donné aux régiments de dragons d'Espagne de diriger sur leurs dépôts en

France les cadres du 3e escadron. Le 25e Dragons se conforme aussitôt à cette prescription. Les hommes montés du 3e escadron sont versés dans les deux premiers, conservés à l'armée d'Espagne ; les cadres du 3e, ainsi que les hommes démontés des deux premiers, se dirigent sur Bayonne et de là sur Strasbourg, où se trouve le dépôt du Régiment.

Au mois d'avril, le 25e Dragons combat sous les murs de Lugo, assiégé par nos troupes ; il y perd le brigadier Villemain et les dragons Delnequin et Crespel, tués. Le chef d'escadron Lothe, le dragon Bistagueno et le brigadier Guérin reçoivent des blessures. Le Régiment occupe, le 30, le village de Villalba et compte dans le rang, à cette date, 546 hommes et 467 chevaux.

Le 13 mai, le maréchal Ney marcha sur les Asturies avec douze bataillons d'infanterie et trois régiments de cavalerie, dont le 25e Dragons, qui formait l'avant-garde de cette colonne. Après quelques jours de marche, le maréchal modifia sa direction et regagna la Galice, en suivant la côte pour tendre la main au maréchal Soult, qui revenait désorganisé de Portugal. Le petit corps expéditionnaire eut dans cette marche plusieurs cours d'eau à franchir. Le 26 juin, un fort parti de l'armée espagnole essaya de défendre le passage de la Navia. Le colonel d'Ornano, qui se trouvait avec le 25e Dragons en tête de colonne, s'élançant à la charge, enleva brillamment la position.

Le 25e Dragons réoccupa Lugo au commencement de juillet. Le 15, il est à Ponte-d'Orvigo. Il est compris dans la division de cavalerie du 6ᵉ corps, commandée par le général Lorcet et composée des 15ᵉ Chasseurs, 3ᵉ Hussards, 15ᵉ et 25ᵉ Dragons. Les deux escadrons du Régiment présentent à cette date un effectif de 21 officiers, 398 hommes et 431 chevaux.

Rentré de sa malheureuse expédition en Portugal, le maréchal Soult prit le commandement supérieur des 2ᵉ, 5ᵉ et 6ᵉ corps d'armée. Le maréchal Ney, rappelé en France, fut provisoirement remplacé par le général Marchand à la tête du 6ᵉ corps. Le quartier général de l'armée fut placé à Salamanque, où le 25ᵉ Dragons arriva à la fin de juillet.

Au commencement d'août, le 25ᵉ Dragons prend part à une démonstration exécutée par les 2ᵉ, 5ᵉ et 6ᵉ corps sur les derrières de l'armée anglaise, qui a pris position à Talaveyra de la Reyna. A son arrivée sur le Tage, l'armée trouve l'ennemi en pleine retraite et se porte de nouveau sur Salamanque. L'avant-garde, dont le Régiment fait partie, rencontre le 12 août des postes avancés de l'ennemi dans les bois d'Aldea-Nueva. Après avoir chassé les Anglais des positions qu'ils occupaient en arrière de Banos, où ils essayèrent de tenir, le 6ᵉ corps continua sa marche sur Salamanque. Le 25ᵉ Dragons y arriva le 15 août.

Au mois de septembre, on forme une division d'avant-garde commandée par le général Maucune. Elle comprend le 25ᵉ Dragons et toute la cavalerie, ainsi que trois régiments d'infanterie, et se porte sur Ciudad-Rodrigo et San-Felice, où se trouve réuni un corps d'insurgés fort de 20 000 hommes venant de

Galice. A l'approche de notre colonne, le corps ennemi se replie sous les murs de Ciudad-Rodrigo. La division d'avant-garde, ayant atteint son but, rentre dans Salamanque, où elle est disloquée. Le Régiment réoccupe ses anciens cantonnements.

Vers le 10 octobre, nouvelle reconnaissance, à laquelle le Régiment prend part, sous la direction du général Mermet; la colonne se porte sur Tanamès entre Ciudad-Rodrigo et Placentia, à neuf lieues de Salamanque. Les avant-postes des deux armées ne sont séparés que par une distance de quatre lieues.

Le colonel d'Ornano prend le commandement de la brigade (15e et 25e Dragons) en l'absence du général Fournier, rappelé en France.

Le 1er novembre, le 25e Dragons est cantonné à Tagarabuena.

Le 17 octobre, le 6e corps, commandé par le général Marchand, laissant quelques troupes pour couvrir sa retraite, se porte en avant et vient prendre position à Matella. Le colonel d'Ornano, placé à Alba avec le 25e Dragons et un régiment d'infanterie, est chargé d'explorer le pays et de renseigner sur les mouvements de l'ennemi.

Le général Marchand attaque, le 18, les Anglo-Espagnols et livre le combat malheureux de Tanamès. Le 25e Dragons, en réserve à la colonne de gauche, rendit au moment de la retraite les plus grands services, en exécutant plusieurs charges vigoureuses pour soutenir et dégager l'infanterie du général Labasset. Le Régiment perdit dans cette affaire les dragons

Laudet, Delga, Agnaldo, Angrand tués ou grièvement blessés.

Dans la soirée du 18, le 25ᵉ Dragons prend position à Matella; le 19, il rentre à Salamanque, où il demeure jusqu'au 24 au soir. Profitant de son avantage, l'ennemi a franchi le Tormès, et il marche sur Salamanque, que nous sommes contraints d'évacuer.

Le 27 octobre, le 6ᵉ corps s'est replié sur le Duero et a pris position à Toro, Zamora et Tordesillas.

Le 5 novembre, sous le commandement supérieur du général Kellermann, qui a réuni sa cavalerie à la division Lorcet, tout le 6ᵉ corps s'ébranle de ses positions et marche sur Salamanque, qu'il réoccupe le 6.

Le 6ᵉ corps est en position, le 15, sur le Tormès. Son effectif est très réduit; la brigade d'Ornano ne compte que 665 sabres. Il a devant lui un corps ennemi de 35 000 hommes, qui, combinant ses mouvements avec l'armée espagnole de la Manche, se porte sur Alba de Tormès, où nous n'avons que le 25ᵉ Dragons et un régiment d'infanterie, heureusement prévenus par une reconnaissance de l'approche de l'ennemi. Le général Mermet se porte en toute hâte à leur secours avec quelques troupes pour arrêter l'ennemi, qui menaçait notre flanc gauche par cette manœuvre hardie.

Devant cette démonstration, le général Kellermann décide l'évacuation de Salamanque. Le 19 novembre, tous les détachements sont rappelés; le corps d'armée se retire sur Toro, où le général Mermet, sans se laisser entamer, le rallie le 20.

Le 25ᵉ Dragons est à Tordesillas le 21; le 22, à

Medina-del-Campo; le 25, il se porte sur Ponte-del-Duero, couvrant Valladolid.

Le 26, Kellermann se lance à la poursuite du duc del Parque, et marche sur Medina. La division de cavalerie prend position, le 27, à Carpio et la Pobeda.

Combat d'Alba-de-Tormès (28 novembre). — Craignant de ne pouvoir joindre l'ennemi, Kellermann laisse son infanterie derrière lui, et n'ayant avec lui que sa cavalerie, il se trouve tout à coup en vue des Espagnols; sans hésiter et sans attendre même son canon, il ordonne la charge.

Voici quelques extraits du rapport du général Kellermann sur cette journée, particulièrement glorieuse pour le 25e Dragons.

« ... Dès le 28, à quatre heures du matin, chaque colonne se mit en mouvement de ses différentes positions : la cavalerie légère en tête, puis les dragons et l'infanterie du 6e corps. A Vittoria, on eut la certitude que l'ennemi avait pris la direction d'Alba-de-Tormès. Cependant on désespérait de l'atteindre : il avait douze à quinze lieues d'avance sur l'armée, et il touchait à ses montagnes; mais la fortune nous réservait une belle occasion et un succès décisif.

« A midi, le général Lorcet, avec 400 chevaux des 3e Hussards et 15e Chasseurs, prit les devants, suivi à une heure de distance par les dragons.

« En arrivant sur l'Almar, le général Lorcet rencontra les postes ennemis et les rejeta jusque sur la ville. Toute l'armée se trouvait encore là, partie sur la rive gauche du Tormès, partie, avec la totalité de la cavalerie, sur la rive droite.

« A trois heures, les dragons débouchèrent; et l'ennemi, surpris de notre célérité, ne pouvant plus fuir, fut obligé d'accepter le combat et de faire repasser des troupes sur la rive droite. Au moment où la cavalerie arrivait sur l'Almar, on vit les colonnes de l'ennemi et son artillerie se former sur les hauteurs qui couronnent la ville d'Alba, tandis que deux divisions de son armée restèrent en observation sur la rive gauche.

« Le général Lorcet, trop faible, céda quelque peu de terrain; l'ennemi en prit de la confiance et s'avançait déjà avec ses tirailleurs d'infanterie et de cavalerie sur les revers de l'Almar.

« La 2e division de dragons, augmentée des 15e et 25e Dragons, formant un total de 1 800 chevaux et 4 pièces d'artillerie légère, se trouva en mesure à quatre heures. Elle reçut ordre de se diriger, à la faveur d'un rideau qui couvrait sa marche, sur les plateaux par lesquels l'ennemi s'avançait. La 1re brigade, composée des 3e et 6e régiments de Dragons aux ordres du général Millet, étant formée, parut inopinément sur les hauteurs avec deux pièces.

« Après quelques coups de canon, soixante chasseurs hanovriens s'élancèrent en tirailleurs sur ceux de l'ennemi, tandis que le général Millet s'avançait en bataille. Aussitôt que le général Lorcet fut à hauteur de la gauche de l'ennemi, une charge générale de ces deux brigades fut ordonnée. Elle fut exécutée avec une telle vigueur et une telle promptitude, qu'en un instant les lignes ennemies furent enfoncées, malgré une grêle de mitraille et de coups de fusil. La cavalerie prit la fuite sans échanger un coup de sabre, et repassa la rivière en partie. L'infanterie fut taillée en pièces, et cinq pièces d'artillerie enlevées.

« Il restait une seconde ligne d'infanterie. Dans le désordre où la victoire même avait mis notre première ligne de cavalerie, elle ne put continuer sa charge et se replia au pas, tuant chemin faisant tout ce qu'elle avait d'abord dépassé. Elle alla se reformer derrière les brigades du général Carrié et du colonel d'Ornano, qui s'avançaient.

« Les 15e et 25e Dragons furent disposés en colonne sur les flancs, pour charger la cavalerie, qui était revenue à l'appui de son infanterie. Cette charge, qui avait pour objet de déborder la deuxième ligne d'infanterie, eut le même succès que la précédente. La cavalerie ennemie prit lâchement la fuite, pour ne plus reparaître. Le colonel d'Ornano, à la tête du 25e Dragons, enleva quatre pièces d'artillerie. Dès lors il n'y eut plus un coup de canon de tiré, et le 25e Dragons se trouvant sur les derrières de la ligne ennemie, elle eut cependant le temps de se retirer sur une hauteur d'un accès difficile, d'y former un carré de trois ou quatre mille hommes; mais la nuit s'avançait rapidement et allait nous enlever notre proie.

« Officier sur officier partait pour appeler l'artillerie légère, qui se trouvait assez éloignée, et, en attendant, le carré fut sommé de se rendre. Mais on ne put en approcher, ni lui faire de propositions, attendu que cette espèce de troupe respecte peu les usages des nations et le caractère des parlementaires. Cependant la nuit tombait; point d'artillerie ni d'infanterie. L'ennemi allait nous échapper à travers les ravins qui bordaient sa gauche. On simula une charge pour l'intimider à se rendre. Cette démonstration n'ayant rien produit, la ligne revint sur les derrières du carré, pour le tenir en échec, tandis que la 1re brigade de dragons la serrait de front. »

Le général Marchand hâtait la marche de son infanterie, qui arrivait à la course, à travers des terrains horriblement difficiles. Elle avait fait huit lieues de pays, marchait depuis quatre heures du matin, et il était cinq heures du soir. Enfin la brigade Maucune arriva, en même temps que l'artillerie, à deux cents toises du carré. Il faisait nuit.

Le général Maucune fut placé dans la direction du carré et, malgré l'obscurité, reçut l'ordre d'attaquer. Il ne balança pas un instant et, après quelques coups de canon tirés, sa brigade s'élança la baïonnette en avant. Devant cette audace, les Espagnols lâchèrent pied, et nos soldats couchèrent sur toutes leurs positions.

« Ce combat, par sa vigueur même, ajoute dans son rapport le général Kellermann, et par les résultats qu'il peut avoir, est une des affaires qui honorent le plus la cavalerie française.

« 12 pièces de canon,

« 5 drapeaux enlevés l'épée à la main,

« 1 général tué,

« Plusieurs colonels et plus de 100 officiers tués,

« 3 000 morts restés sur le champ de bataille ou dans la poursuite,

« 5 000 fusils pris ou brisés sont les trophées de cette victoire.

« Il y a peu de prisonniers; les rapports jusqu'à présent n'en donnent que 600 à peu près, dont un colonel d'artillerie et 15 officiers.

« Parmi les morts, nous avons à regretter le jeune d'Ornano, moissonné à l'âge de dix-sept ans. Il marchait dignement sur les traces de son frère, colonel du 25ᵉ Dragons, officier d'un mérite et d'une bravoure distingués. Ce jeune homme, aussi confiant et généreux que brave, arrivé sur une pièce de canon, fut assassiné par un canonnier, tandis qu'il en sauvait un autre de la fureur des dragons. »

Le 25ᵉ Dragons fit des pertes sensibles dans ce furieux combat. Le lieutenant-adjudant-major Girard fut grièvement blessé. Outre l'adjudant d'Ornano, les dragons Chiabert, Mathis, Evrard, restèrent sur le champ de bataille; le Régiment eut encore un grand nombre d'hommes et de chevaux blessés.

Le 29 novembre, l'ennemi dispersé se retire par toutes les routes; le 25ᵉ Dragons le poursuit sur celle de Salvasierra, et ramasse encore de nombreux prisonniers et une grande quantité d'armes.

Le 30, le Régiment vient cantonner à Alba-de-Tormès, où toute la brigade reste concentrée pendant le mois de décembre.

PHILIPPE-ANTOINE, COMTE D'ORNANO

1784-1863

Colonel du 25ᵉ Dragons, 1807-1812
Maréchal de France, 1861

A la suite de la campagne de 1809, le chef d'escadron Brincard fut proposé pour officier de la Légion d'honneur; le chef d'escadron Lothe, les capitaines Molard et Ricatti, les lieutenants Girard et Mazoué, le sous-lieutenant de Beaumont, le maréchal des logis Haquart et le dragon Pichon, pour la croix. Ces récompenses leur furent accordées peu de temps après.

En terminant le récit de la campagne de 1809, nous donnerons le tableau détaillé des principaux mouvements des éléments détachés du Régiment, depuis le commencement des guerres d'Espagne, c'est-à-dire pendant les années 1808 et 1809.

1º Une compagnie (4e escadron), détachée au 2e régiment provisoire de Dragons formé à Orléans, entre en Espagne et est faite prisonnière à Baylen (1808). Nous en avons parlé plus haut.

2º Une compagnie compte au 8e régiment provisoire de Dragons formé à Rennes (juin 1808). A Bordeaux (en juillet); cette compagnie a rallié sans doute le dépôt ou la portion principale. Il n'en est plus fait mention à partir du mois de septembre 1808.

3º Un détachement de 2 officiers, 119 hommes et 122 chevaux, part de Strasbourg, le 15 janvier 1809, pour se rendre à Tours; doit faire partie d'un régiment provisoire et rentre au dépôt de Strasbourg en mars 1809.

4º Le dépôt de Strasbourg forme, au mois de mars 1809, un escadron de guerre, le 4e; cet escadron entre dans la formation du 6e provisoire de Dragons, commandé par le colonel Grouvel et composé des 4es escadrons des 22e, 25e, 26e et 27e Dragons. Il fait partie de la division du général Beaumont (six régiments provisoires de dragons, généraux de brigade Picard et Lamotte). Destinée à l'armée d'Allemagne, cette division est le 1er mai à Hanau, marche sur Augsbourg, traverse l'Engadine et le Vorarlberg et contribue à la pacification du Tyrol.

5e Le dépôt de Strasbourg reconstitue un escadron de guerre avec les cadres du 3e escadron revenant d'Espagne. Cet escadron (3e) se porte sur Augsbourg le 1er septembre 1809.

6º Au mois de décembre 1809, les 3e et 4e escadrons rentrent d'Allemagne, se complètent au dépôt et forment, avec les 3e et 4e escadrons du 15e régiment de Dragons, le 12e régiment provisoire de Dragons. Ils se mettent en route pour l'Espagne, et sont d'abord affectés au 8e corps d'armée. Mais, au moment de franchir les Pyrénées, le 12e provisoire de Dragons est disloqué, et les 3e et 4e escadrons du 25e Dragons reçoivent l'ordre de rallier au 6e corps d'armée l'état-major et les deux premiers escadrons du Régiment.

FIN DE LA CAMPAGNE D'HIVER AU 6e CORPS D'ARMÉE
(1810)

Le 1er janvier 1810, le 25e Dragons a son cantonnement à Salamanque. Le mois de janvier est employé à des reconnaissances partielles et à de petites expéditions contre les bandes d'insurgés qui infestent le pays.

Dans les premiers jours du mois, le colonel d'Ornano, à la tête des 15e et 25e Dragons et d'un bataillon d'infanterie, est envoyé en colonne dans la direction de Tanamès pour faire rentrer les subsistances et découvrir les positions de l'ennemi.

Cette mission remplie, le Régiment rentre à Salamanque et se rend dans le canton de l'Armunia, pour le purger des bandes de brigands qui le ravagent.

Le 10 février, le 6e corps d'armée fait en entier une démonstration sur Ciudad-Rodrigo, et, après avoir reconnu les abords de la place, reprend ses cantonnements autour de Salamanque; le Régiment occupe Toro.

Le 12 février, le 25e Dragons, rentré à Salamanque, reçoit les 3e et 4e escadrons, qui arrivent de France et proviennent du 12e régiment provisoire de Dragons, disloqué à son entrée en Espagne.

Le 25e Dragons a dorénavant la composition suivante :

Colonel : d'Ornano.

Chefs d'escadron : Lothe et Cazener.

1er escadron et *état-major :* 11 officiers, 189 hommes, 206 chevaux.
2e   »   5   »   184   »   192   »
3e   »   4   »   168   »   178   »
4e   »   5   »   201   »   216   »

Total : 767 hommes et 797 chevaux.

Pendant le mois de mars, le Régiment cantonne à Tanamès et rayonne autour de Salamanque.

Au mois d'août 1810, l'armée de Portugal est constituée sous le commandement suprême du maréchal Masséna, prince d'Essling. Elle doit comprendre les 2e corps (général Reynier), 6e corps (maréchal Ney), 8e corps (maréchal duc d'Abrantès), plus une réserve de cavalerie sous les ordres du général Montbrun, et dont voici la composition détaillée :

RÉSERVE DE CAVALERIE

Généraux de division : Montbrun, commandant en chef; Treilhard.
Généraux de brigade : Millet, Gardanne, Carois.

1re brigade : 3e et 6e Dragons.
2e   »   10e et 11e Dragons.
3e   »   15e et 25e Dragons.

Siège de Ciudad-Rodrigo. — Le 6e corps d'armée arrive dès la fin d'avril sous les murs de Ciudad-Rodrigo, dont l'occupation est indispensable pour permettre à nos troupes de franchir la frontière de Portugal. Le 25e Dragons prend une part considérable au siège de cette place, et y fait des pertes sensibles.

Dès le 1er mai, il est installé sur les bords de l'Aguéda, établissant la liaison sur ce point avec la division d'infanterie du général Loison. Vigoureusement attaqué par un parti ennemi de forces considérables, il livre, le 1er mai, un brillant combat qui lui cause quelques pertes.

Le capitaine Ricatti est tué; le capitaine Cassard a trois chevaux tués sous lui. Le maréchal des logis chef Delahaye, vieux soldat du Régiment décoré à la campagne de Pologne en 1807, est mortellement blessé, après avoir donné les preuves de la plus grande valeur. Le brigadier Dumanche, les dragons Ferry, Wandels, Flamand, Picot, Joly, Roussel, Fovel, Ledieu, sont tués; le brigadier Aubry, le dragon Berthier, reçoivent de graves blessures.

Le Régiment occupe toujours, le 15 mai, la rive droite de l'Aguéda, placé sur deux lignes : les 1er et 2e escadrons à Boadilla, les 3e et 4e à Fuen-San-Estevan. Le maréchal Masséna visite les cantonnements du 6e corps et passe en revue les troupes, qu'il trouve superbes et animées du meilleur esprit.

Le 1er juin, le Régiment se rapproche de la place, ainsi que les autres corps de l'armée, et s'établit au camp. La brigade (15e et 25e Dragons) est aux ordres du général Gardanne. Les travaux de siège suivent leur cours régulier, quoique le temps soit épouvantable et retarde un peu les opérations de l'artillerie. Des postes de cavalerie tiennent le blocus sur la rive gauche de l'Aguéda. La tranchée sur la fausse attaque est ouverte dans la nuit du 14 au 15 juin; celle du côté de la véritable attaque est ouverte dans la nuit du 15 au 16.

La nouvelle qu'une armée ennemie de secours s'approchait de la place détermine l'état-major à hâter les opérations du siège. Le général Montbrun arrive, le 12, au quartier général du maréchal Ney, à la Caridad, et prend le commandement de toutes les troupes de cavalerie stationnées sous les murs de Ciudad-Rodrigo.

Le 15 juin, les 15e et 25e Dragons (brigade Gardanne) ont pris position à Palacios, formant la réserve de droite. Pendant la fin du siège, cette brigade, ainsi que la cavalerie légère du général Lorcet (6e corps), sont placées sous les ordres du général de division Treilhard.

Les 2, 3 et 8 juillet, l'ennemi tente des sorties qui sont toutes repoussées. Le 9, le génie fait sauter la contrescarpe, et la batterie de brèche (46 pièces) ouvre son feu. L'assaut va être donné, quand la garnison demande à parlementer et se rend prisonnière de guerre (10 juillet). Nos troupes occupent la place, et le 25e Dragons va cantonner vers Tanamès.

Après la chute de Ciudad-Rodrigo, le général Montbrun, ayant sous ses ordres le général de division Treilhard, réunit ses six régiments de dragons (3e, 6e, 10e, 11e, 15e et 25e), qui constituent définitivement la réserve de cavalerie de l'armée de Portugal.

CAMPAGNE DE PORTUGAL (juillet 1810-avril 1811)

Après la prise de Ciudad-Rodrigo, le 25e Dragons participe, ainsi que le 15e et la cavalerie légère du général Lorcet (15e Chasseurs et 3e Hussards), à l'investissement et à la prise d'Almeida. Le 21 juillet, le général Montbrun prend le commandement direct de ces quatre régiments de cavalerie, et, de concert avec la division Loison, exécute une reconnaissance sous les murs mêmes d'Almeida, se dirigeant sur le fort de la Concepcion. Il tombe à toute bride sur la division d'infanterie anglaise du général Crawfurd et la refoule dans la place, en lui tuant beaucoup de monde. 1200 hommes, dont 60 officiers, sont mis hors de combat; 2 canons et 100 prisonniers restent en notre pouvoir; notre perte est de 500 hommes.

Le 1er août, le 25e Dragons est cantonné à Castilliejos et à Barquilia, devant Almeida. Les 2 et 3 août, les assiégés tentent des sorties qui sont repoussées. Le 7, l'investissement est complet; enfin, le 27 août, la place capitule à la suite de l'explosion du château et de la poudrière.

Le 25e Dragons cantonne, le 31 août, à Alameda, où il se refait pendant quelques jours de repos.

Le 15 septembre, le Régiment quitte son cantonnement pour suivre le mouvement général de l'armée du maréchal Masséna, qui pénètre en Portugal. Il forme, avec le reste de la division Montbrun, l'arrière-garde de l'armée. Du 15 septembre au 1er octobre, l'armée se porte en avant et livre, le 27 septembre, la bataille de Busaco, à laquelle le Régiment assiste sans être engagé.

Le 25e Dragons monte à cheval, le 1er octobre, à trois heures du matin, quitte Perdreira et débouche dans la plaine de Coïmbre, où il bivouaque au bas des hauteurs à droite de Fornos. Le 2, il relève à Corgevia la brigade Sainte-Croix, qui a pris part la veille à une affaire meurtrière contre les avant-postes ennemis, et va occuper Pereira, sur la route de Figuiéras.

Le 3, nouvelle reconnaissance dirigée par Montbrun en personne. Le Régiment couche à Montemor avec l'artillerie légère.

Le 4 octobre, le 25ᵉ Dragons se porte sur la route de Pombal à Leyria, poussant l'ennemi l'épée dans les reins, et bivouaque pour la nuit sur la route, à hauteur de Pombal.

Le 5, l'avant-garde de l'armée de Portugal, commandée par le général Montbrun, est constituée de la manière suivante : deux brigades de cavalerie légère (généraux Soult et Lamotte), la brigade de dragons provisoires du général Sainte-Croix, la brigade du colonel d'Ornano (15ᵉ et 25ᵉ Dragons), enfin une brigade d'infanterie (général Taupin) et une demi-batterie d'artillerie légère.

Le Régiment se met en mouvement, le 5, à la pointe du jour, rencontre l'ennemi, qui bat en retraite, et prend position le soir à Batalba, près de Leyria. Le 7, le 25ᵉ Dragons couche à l'abbaye d'Alcolea, et, le 8, la brigade d'Ornano, détachée de l'avant-garde, va attendre à Mulianos le passage de la réserve de cavalerie, qu'elle a ordre de rallier.

La réserve de cavalerie est cantonnée, le 15 octobre, à Santarem et Alcoentre. Le 25ᵉ Dragons occupe cette dernière ville; son effectif est encore de 29 officiers, 614 hommes et 693 chevaux.

L'armée de Portugal en entier vient prendre position devant les fameuses lignes de Torrès-Vedras. Pendant le blocus, le rôle des régiments de dragons du général Montbrun fut des plus insignifiants.

Le Régiment reste à Alcoentre jusqu'au 16 novembre; à cette date, il vient cantonner au village de Paysos. Il reçoit, à la fin de décembre, un renfort de 70 hommes et 130 chevaux, provenant de l'excédent des cadres du 2e escadron du 8e Dragons, transformé par décret impérial en régiment de chevaux-légers-lanciers. Un nouveau détachement de 53 hommes, venant de Peneranda, rallie à Paysos le gros du Régiment. Pendant le blocus de Torrès-Vedras, le 25e Dragons perd quelques hommes dans des escarmouches, notamment le sous-lieutenant Daincourt, grièvement blessé près de Leyria le 16 décembre, et les dragons Dudez, Gragnier, Lelièvre.

1811. — A la fin du blocus de Torrès-Vedras, l'armée française se trouvait dans une lamentable situation. Les rapports sur l'alimentation et l'habillement des troupes, sur l'état des chevaux, donnent les détails les plus navrants. Le pain et le maïs formaient l'unique nourriture du soldat. Il fallait envoyer, à deux et trois journées de marche, des détachements de 500 hommes pour enlever des bestiaux. Moins nombreux, ces détachements couraient risque d'être attaqués par les paysans, insurgés dans toute la région; les médicaments étaient consommés, la toile manquait pour les pansements. Les pluies, très abondantes dans cette saison de l'année, avaient converti les moindres ruisseaux en véritables torrents. Le soldat était sans abri. Il était dû à l'armée plus de huit mois de solde, et, à la fin de février 1811, plus de 5 000 chevaux avaient péri.

Le maréchal Masséna se décida enfin à la retraite;

il la commença le 4 mars, on sait dans quelles conditions !

Pendant cette retraite, la division de dragons, envoyée en reconnaissance sur Coïmbre, au milieu des lignes ennemies, pour trouver un passage sur le cours du Mondego, se trouva isolée du reste de l'armée et sans chemins pour diriger sa marche. Grâce à la résolution et à l'intelligence du général Montbrun, elle put rejoindre sans pertes sensibles le gros de nos forces à Miranda-del-Corvo, n'ayant eu que quelques blessés, et échappant à un désastre presque certain.

Le 1er avril, le 25e Dragons occupait Sabugal, comptant 520 sabres. Le colonel d'Ornano commandait toujours la brigade, en l'absence du général Gardanne.

Du 2 au 11 avril, le Régiment est détaché au 2e corps, commandé par le général Reynier; il couvre ses avant-postes.

Un corps ennemi précédé de cavalerie s'avance, le 2 avril, près de Sabugal, suivant la route de Pena-Major. Les avant-postes s'observent sans tirer.

Le 3 avril au matin, le général Reynier donne l'ordre d'attaquer l'ennemi à Sabugal; il le débusque de toutes ses positions. Le 25e Dragons assiste à cette affaire; pendant l'action, il est placé sur le flanc gauche de l'infanterie du 2e corps.

Le 4, la marche en retraite reprend; le Régiment passe par Fuente-de-Oñoro, Gallegos, franchit l'Agueda le 8, occupe Ledesma le 9 et le 11, quitte le 2e corps pour rallier la réserve de cavalerie à Puente-el-Sanco.

CHAPITRE VIII

1811-1813

GUERRES D'ESPAGNE. — CAMPAGNES DE 1811, 1812, 1813

FIN DE LA CAMPAGNE DE 1811

Dès que notre armée de Portugal, battant en retraite, a franchi la frontière espagnole, le général Wellington entreprend le siège d'Almeida. Le maréchal Masséna veut l'obliger à lever ce siège, et tous les mouvements de ses troupes sont dès lors dirigés vers ce but.

Le 25ᵉ Dragons est à Boveda, le 13 avril, avec le général Montbrun; le 14, il couche à Villar-don-Diego; le 15, à Belven; enfin, le 16, à Valderas, où il jouit de plusieurs jours de repos; il y reste cantonné jusqu'au 22. A cette date, toute la cavalerie reçoit l'ordre de se rapprocher de Ciudad-Rodrigo et de s'approvisionner en farine et biscuit.

Le Régiment marche, le 22, sur Ravellinos; le 23, sur Arquisinos; le 26, il est à Coralès (route de

Ciudad-Rodrigo). Les reconnaissances ont partout le contact de l'ennemi ; une grande action est imminente, on s'y prépare de part et d'autre.

Le Régiment reste dans sa position jusqu'au 2 mai. Le 1er, il est passé en revue dans son cantonnement par le maréchal Masséna. Son effectif, à la veille de la bataille de Fuente-de-Oñoro, est de 31 officiers, 550 hommes, 452 chevaux. (Le chef d'escadron Chapuis a remplacé le chef d'escadron Lothe.)

Le 2, le Régiment se porte avec toute la division à Manjano, sur la route d'Espeja.

Dans la matinée du 3, le maréchal Masséna ordonne la marche en avant du 6e corps sur le village de Fuente-de-Oñoro ; la cavalerie entière de l'armée de Portugal se déploie dans la plaine, soutenue par les trois divisions d'infanterie du 6e corps, formées en échelons. Cette démonstration imposante oblige l'ennemi à montrer ses forces ; bientôt on le contraint à se replier sur le village, dont il occupe les premières maisons ; on l'y pousse l'épée dans les reins, jusque dans les vergers qui entourent Fuente-de-Oñoro. L'infanterie du 6e corps attaque le village dans la soirée ; mais elle ne parvient à l'occuper que partiellement, et, à la tombée de la nuit, les six régiments de dragons du général Montbrun viennent bivouaquer en arrière de l'infanterie, près de la lisière d'un bois.

Le Régiment ne fait pas de mouvement le 4. La cavalerie légère est envoyée en reconnaissance dans toutes les directions.

Bataille de Fuente-de-Oñoro (5 mai). — Le 5 mai, le 25ᵉ Dragons occupe avec sa division l'extrême gauche de notre ligne. Le général Montbrun a donné l'ordre à ses troupes de se concentrer dans la plaine, en arrière de Pozobello. Le Régiment monte à cheval à quatre heures du matin et manœuvre de manière à gagner la crête des hauteurs et la droite de l'ennemi. Il a devant lui les troupes légères espagnoles, que plusieurs charges vigoureuses en colonne de régiment ont bien vite culbutées. Le général Montbrun s'attarde un peu trop à la poursuite de ces troupes, faute que depuis on lui a vivement reprochée, mais qu'il ne tarde pas à réparer, en livrant un des plus beaux combats de cavalerie contre infanterie dont l'histoire militaire fasse mention, combat auquel le 25ᵉ Dragons eut la gloire de prendre une part importante.

Au moment d'arriver près du village de Nava-de-Avel, Montbrun se trouve en présence de deux régiments de cavalerie anglaise. Il réunit aussitôt les compagnies d'élite de ses six régiments de dragons (3ᵉ, 6ᵉ, 10ᵉ, 11ᵉ, 15ᵉ et 25ᵉ régiments), et en donne le commandement au colonel d'Ornano, du 25ᵉ Dragons, dont la vigueur d'action est connue de toute l'armée. Cette troupe magnifique se lance à la charge, culbute la cavalerie anglaise, qui vient se replier en désordre sur son infanterie. Montbrun malheureusement manque de canon et attend vainement, pour compléter son succès, une batterie d'artillerie de la garde, que Bessières refuse de lui donner, sous prétexte qu'il n'a pas d'ordres. Le maréchal Masséna, présent sur ce point du champ de bataille, met aussitôt quatre pièces à la disposition du général Montbrun; mais un temps précieux a été perdu, et l'ennemi reformé oppose à notre attaque trois gros carrés d'infanterie, couverts par une nombreuse cavalerie et une artillerie puissante.

Le général Montbrun poursuit néanmoins sa marche en avant; il encadre ses dragons avec la cavalerie légère, masque son artillerie par un escadron du 5e Hussards, et fait précéder par une centaine de tirailleurs à cheval ses escadrons, qui se portent en avant au galop.

Notre artillerie démasquée couvre tout à coup l'ennemi d'une pluie de mitraille. Les deux brigades de cavalerie légère Fournier et Wathier ont respectivement comme objectif les deux carrés anglais de droite et de gauche; le 25e Dragons et les autres régiments de la division de dragons marchent sur le carré du centre. Les escadrons se déploient au galop sous une grêle de balles; le moment est solennel. Montbrun fait sonner la charge par tous les trompettes de la division, et nos dragons se précipitent comme une trombe sur l'ennemi. Le général Montbrun en personne conduit à l'attaque ses irrésistibles dragons. Les carrés anglais sont taillés en pièces et presque entièrement faits prisonniers. Au ralliement, nos escadrons, harassés de la lutte, ayant subi des pertes cruelles, restent un instant hésitants et sans direction.

C'est le moment d'avoir du renfort. A quelques pas

du théâtre de la charge, le maréchal Bessières refuse, malgré les instances de Montbrun, de faire donner la cavalerie de la garde. Encore une fois on perd un temps précieux; le moment favorable d'achever notre brillant succès est passé.

Profitant du désordre causé par la charge, toute la cavalerie anglaise s'avance avec son artillerie, et délivre environ 1 500 prisonniers sur les 2 000 faits par Montbrun. Cependant 600 hommes de la garde royale anglaise, parmi lesquels 1 lieutenant-colonel et 40 officiers, restent entre nos mains. Sans perdre un instant, Wellington établit fortement ses divisions d'infanterie sur le plateau, et le 25ᵉ Dragons reste en bataille pendant quatre heures, exposé à une épouvantable canonnade, attendant vainement l'arrivée du 6ᵉ corps, qu'on ne voit pas déboucher dans la plaine. Quand vient le soir, il se retire à l'abri, frémissant de rage de voir rendu inutile son brillant succès du matin. Le maréchal Masséna voudrait recommencer l'attaque, mais les munitions vont manquer, et on se résout à remettre l'affaire au lendemain.

Dans cette sanglante et indécise bataille de Fuente-de-Oñoro, le 25ᵉ Dragons a fait des pertes sensibles : le chef d'escadron Dumolard a été grièvement blessé, ainsi que le chirurgien-major Lavaud. Le maréchal des logis Pagné, vieux soldat qui depuis 1793 n'a pas manqué une campagne du Régiment, est sérieusement atteint. Citons encore les dragons Lemonnier, Fontenet, Ducos, Mérignien, tués sur le champ de bataille; les dragons Michon et Jouvenel, le brigadier Limousin, mortellement blessés ; les brigadiers Briand, Foussard, le dragon Lecouchez, qui malgré leurs blessures continuent à combattre. La cavalerie du général Montbrun a, au total, 403 hommes et 485 chevaux hors de combat. En récompense de sa belle conduite, le colonel d'Ornano, du 25e Dragons, est proposé pour général de brigade ; l'empereur lui confère ce grade par décret du 11 juin. Le soir de la bataille, le Régiment va bivouaquer à Pozo-Bello.

Le lendemain, 6 mai, le maréchal Marmont, duc de Raguse, prit le commandement de l'armée de Portugal, en remplacement du maréchal Masséna. Il passa le 7, sur le champ de bataille même de Fuente-de-Oñoro, la revue du 25e Dragons, qui, le 10, va bivouaquer entre Carpio et Ciudad-Rodrigo ; le Régiment se rend à Cabrillas le 14, et couche le 15 à Calzado de don Diego.

Le 15 mai, l'armée de Portugal reçoit une nouvelle organisation : l'infanterie est formée en six divisions, et la cavalerie, aux ordres de Montbrun, comprend quatre brigades : deux de cavalerie légère et deux de dragons, dont la dernière est commandée par le colonel d'Ornano et se compose de deux escadrons du 6e Dragons, un escadron du 11e Dragons et deux escadrons du 25e Dragons (soit pour le Régiment 22 officiers, 200 hommes et 240 chevaux, aux ordres du chef d'escadron Chappuis).

Un escadron du Régiment (chef d'escadron Cazener, 4 officiers, 126 hommes et 135 chevaux) reste au cantonnement d'Arrevallos pour se refaire.

Enfin 6 officiers, 200 hommes et 14 chevaux (cadres du 4e escadron) rentrent en France, pour aller se remonter; ces officiers sont : MM. Clavel et Gérard, capitaines; Laloubié, lieutenant; Beille, Gandard et Germond, sous-lieutenants. Partis de Salamanque le 11 mai, ces derniers arrivent à Bayonne le 3 juin.

Il ne reste donc en Espagne que la valeur de trois escadrons.

Pendant la deuxième quinzaine de mai, le Régiment fait peu de mouvements; le 16, il va occuper Cabrerisos, qu'il quitte le 25 pour aller à Madrigal, où il cantonne jusqu'au 31 mai. A cette date, il se rend à Vittoria. Les hommes et les chevaux qu'il a laissés derrière lui à Arrevallos, remis par quelques jours de repos, le rejoignent ainsi que deux officiers venus de France, et ses trois escadrons présentent, le 1er juin, un effectif de 21 officiers, 278 hommes, 49 chevaux d'officiers, 263 chevaux de troupe.

Le 2 juin, toute la cavalerie est passée en revue par le maréchal duc de Raguse sous les murs de Villarès, et, dès le 3, elle se met en marche pour Ciudad-Rodrigo.

Le 25e Dragons suit l'itinéraire suivant : le 4 juin, à Santa-Eulalia; le 5, bivouac sur l'Agueda, près de Ciudad-Rodrigo; le 6, reconnaissance et rencontre de l'ennemi entre Gallegos et Nava-de-Avel, où nous faisons quelques prisonniers; le 7 et le 8, à Escorial; le 9, à la Calzada; le 10, à Banos; le 11, à la Oliva; le 12, à Plasencia; le 13, à Toril; le 14, à Jaraiecjo; le 15, à Truxillo, où le Régiment prend position avec un effectif de 21 officiers, 268 hommes et 250 chevaux.

La cavalerie du général Montbrun concourt aux opérations qui ont pour but de délivrer et de ravitailler Badajoz, assiégé par l'ennemi.

En conséquence, le 25e Dragons se remet en marche, le 16 juin, pour aller à Miahadas, couche le 17 à San-Pedro, et bivouaque le 18 près de Mérida; il passe le lendemain à Torremajor la Guadiana à gué, traverse Talaveyra-la-Réal et se met au bivouac près de Badajoz. Le 23, il prend part à une reconnaissance qui pénètre bravement jusque sous le canon de la place, tiraille sans résultat avec les postes ennemis, et revient à la nuit bivouaquer près de la ferme de Crastro, sur la Gebora. Le lendemain, un mouvement rétrograde est prescrit, et le 25e Dragons va cantonner à Talaveyra-la-Réal, où il reste jusqu'au 6 juillet. Du 6 au 9, il est envoyé en reconnaissance sur Albuquerque; il revient cantonner à Talaveyra le 9 juillet, en repart le 15, marche sans un jour de repos du 16 au 23, arrive enfin à Estrella, et y cantonne jusqu'au 22 août.

Le colonel d'Ornano, nommé général, garde le commandement de la brigade (6e, 11e et 25e Dragons), 4e brigade de la cavalerie de l'armée de Portugal.

Le chef d'escadron Cazener commande le Régiment, qui compte dans le rang 20 officiers, 270 hommes et 298 chevaux.

Pendant ce repos d'un mois à Estrella, le Régiment est néanmoins obligé à des mouvements partiels autour de son cantonnement, pour faire rentrer les réquisitions, se ménager des ressources, et contraindre les municipalités à fournir le contingent dont on les avait taxées, enfin occuper des points importants sur la grande route de Tolède à Madrid, qui passe par Talaveyra de la Reyna.

Le 21 août, l'armée de Portugal se met en mouvement pour se porter au secours de la place de Ciudad-Rodrigo, assiégée par l'ennemi. Le 25e Dragons marche du 22 au 29 août et vient s'établir à Los-Santos, où il assure la communication avec Salamanque et épie les mouvements de l'ennemi autour de Ciudad-Rodrigo.

Le Régiment reste à Los-Santos pendant toute la première quinzaine de septembre. Les dernières marches ont épuisé ses chevaux; quarante sont morts depuis son arrivée au cantonnement de Los-Santos. Un détachement de 52 hommes démontés est aussitôt dirigé sur le dépôt, et l'effectif du corps tombe à 17 officiers, 228 hommes et 227 chevaux.

Le 25e Dragons se porte, le 20 septembre, dans la direction de Ciudad-Rodrigo; il marche pendant quatre jours et bivouaque, le 24 au soir, sur les bords de l'Agueda, entre la ville et la Caridad.

Le 25 septembre, à la pointe du jour, le Régiment se forme sur la rive gauche de l'Agueda, en avant du pont de Rodrigo, et marche sur le plateau d'El-Bodon. Il y rencontre inopinément une division anglaise (infanterie et cavalerie) avec du canon, occupant les hauteurs qui défendent le village. Une vive canonnade s'engage de part et d'autre. A cette vue, le général Montbrun gravit le plateau au galop, forme ses six régiments de dragons en bataille et les lance à la charge. Plusieurs charges sont exécutées avec la plus grande intrépidité. Les carrés des Anglais sont défoncés et leur cavalerie mise en pleine déroute ; quatre pièces restent en notre pouvoir. L'ennemi se retire en désordre sur la route de Fuente-Guinaldo, poursuivi par nos cavaliers pendant plus d'une lieue.

Le 25ᵉ Dragons se distingue d'une façon toute spéciale dans ce brillant combat, qui cause à la division une perte de 37 hommes et 196 chevaux tués. Le Régiment, le plus éprouvé des six qui prirent part à l'action, a perdu pour sa part : le capitaine Molard et le lieutenant Desgeorges, tués ; le maréchal des logis Motin, vieux soldat du Régiment depuis 1793, tué ; les brigadiers Brivois et Pétra, les dragons Rollin, Gagliardona, Vachetta, Taupin, Bennezel, Cravero, Moreau, Tasson, tués ; le brigadier Jajean et le dragon Bar mortellement blessés. Le lieutenant Hatton a un cheval tué sous lui. Le Régiment compte 31 chevaux morts sur le champ de bataille.

Deux jours après ce combat, le 25ᵉ Dragons est envoyé en reconnaissance sur Alfoyata et bivouaque à Aldea-Ponte ; le 28 septembre, il bat en retraite et arrive le 29 à Pastorès. Il en part le 1ᵉʳ octobre, et après une marche de huit jours cantonne à Arrevallos.

Les corps, dans ces nouveaux cantonnements, rallient leurs petits dépôts ; on procède à la transformation des régiments de dragons (3ᵉ, 8ᵉ et 10ᵉ) convertis en lanciers, et à l'incorporation des cadres et hommes arrivés de France. Le 25ᵉ Dragons occupe le village de Sonava.

Réorganisée sur un nouveau pied, la cavalerie de l'armée de Portugal compte deux divisions à deux brigades, savoir :

Division de cavalerie légère
- 1ʳᵉ *brigade* : 7ᵉ, 13ᵉ, 20ᵉ régiments de Chasseurs.
- 2ᵉ *brigade* : 3ᵉ, 22ᵉ, 26ᵉ régiments de Chasseurs, 3ᵉ régiment de Hussards.

Division de dragons
- 3ᵉ *brigade* : (général Boyer), 6ᵉ, 11ᵉ régiments de Dragons.
- 4ᵉ *brigade* : (général d'Ornano), 15ᵉ, 25ᵉ régiments de Dragons.

Nous citerons une situation détaillée du 25ᵉ Dragons à la date du 1ᵉʳ novembre, qui fait ressortir avec intérêt les différents éléments du Régiment à la fin de la campagne de 1811 :

	Officiers.	Hommes.	Chevaux.
État-major. Chef d'escadron : Cazener, commandant le régiment.	5	4	17
1ᵉʳ *escadron*. Chef d'escadron : Chappuis. .	4	156	164
2ᵉ » Chef d'escadron : Mathis. . .	5	56	45
Total :	14	216	226

Le Régiment vient de recevoir 65 hommes et 89 chevaux provenant du 8ᵉ Dragons, transformé en lanciers, et 86 hommes et 92 chevaux, envoyés du dépôt de Strasbourg et que lui amène un régiment de marche parti de Saintes le 1ᵉʳ septembre, et comprenant des détachements destinés à sept régiments de dragons stationnés en Espagne. Il a perdu, par contre,

72 hommes et 3 chevaux (cadre du 3ᵉ escadron) partis pour la France, et 53 hommes rayés des contrôles. Enfin, depuis l'arrivée à Sonava, 13 chevaux sont morts et 45 ont été réformés.

Jusqu'à la fin de l'année 1811, le quartier général de l'armée de Portugal occupe Talaveyra. Le Régiment, pendant toute cette période, est employé à assurer les communications, escorter les convois et faire rentrer les subsistances. La difficulté de faire vivre les troupes au milieu de populations hostiles, et dans une contrée ravagée par plusieurs années de guerres, est extrême. L'armée, malgré son repos, souffre beaucoup, et les effectifs baissent rapidement. Le 15 novembre, le Régiment n'a plus que 12 officiers, 190 hommes et 194 chevaux; il est vrai que 9 officiers, 183 hommes et 206 chevaux sont détachés à Valladolid et aux différents quartiers généraux.

Pour étendre leurs cantonnements et augmenter leurs zones de subsistances, les brigades de cavalerie ont dû quitter leurs emplacements le 1ᵉʳ novembre, et sont venues occuper, après une marche de douze jours, des villages situés dans les 3ᵉ et 5ᵉ arrondissements de la province de Tolède. Le 25ᵉ Dragons s'établit ainsi à Mora, sur la rive gauche du Tage; il y reste jusqu'au 14, et va à cette date cantonner à Yvenès. Il y reçoit un nouveau détachement de 62 hommes et 69 chevaux, arrivant de France avec un régiment de marche, parti de Niort le 12 octobre. Ce détachement comprend le capitaine Clavel et les lieutenants Romanet et Fournier.

25ᵉ Régiment de Dragons

1812

Le 31 décembre 1811, le 25ᵉ Dragons est cantonné dans la Manche avec le général Montbrun ; il occupe la Guardia et compte dans le rang 20 officiers, 330 hommes, 311 chevaux.

CAMPAGNE DE 1812

Au commencement de janvier, l'armée de Portugal se porte sur Valladolid, où son quartier général est établi le 11. Tandis que le général Montbrun, avec sa cavalerie légère et un régiment d'infanterie, tente une diversion sur Valence et Alicante, la division de dragons est placée de façon à établir la liaison entre le détachement de Montbrun et le gros de l'armée. Le 25ᵉ Dragons se met en marche, le 6 janvier, avec sa division, qui va occuper le nord de la province d'Avila ; il arrive le 15 à Madrigal, et y reste jusqu'au 20. Le 21, la division de dragons occupe les cantonnements de Gracia-Hermandès, Lunara, Aldea-Secco et Navalès. Le 30, elle s'établit à Cantalapiedra et Fuente-la-Pena. Le quartier général de l'armée vient d'évacuer Valladolid pour s'installer à Zamora.

Le 25ᵉ Dragons présente, le 1ᵉʳ février, un effectif de 19 officiers et 314 hommes (10 officiers et 287 hommes sont en outre détachés). Le Régiment vient de recevoir du dépôt de France, stationné à Montauban depuis le 1ᵉʳ janvier 1812, un renfort de 167 hommes et 162 chevaux, compris dans le régiment de marche amené par le commandant Dérivaux.

Le soir du 1er février, il va coucher à Tugarabuena ; le 2, à Villa-Garcia ; le 5, à Villalon.

Le 7 février, un détachement de 150 hommes des 15e et 25e Dragons est envoyé au village de Molgar, près de Villanova, pour le forcer à fournir les vivres dont il est redevable. Attaqué, le 8, par 700 chevaux des bandes ennemies de Marquinez, Losado et Coccinero, ce détachement de dragons combat pendant quatre heures avec une indomptable énergie ; mais, écrasé par les forces supérieures de l'ennemi, il est contraint à la retraite en laissant de nombreux morts et prisonniers aux mains de l'ennemi. Le détachement a en tout 1 officier et 31 dragons tués, 51 blessés.

Le 25e Dragons perd dans ce combat 56 hommes tués ou pris et 52 chevaux tués. Parmi les morts, citons : le sous-lieutenant Maire, les brigadiers Pastré et Mas, les dragons Féraris, Stoquelet, Pernet, Féry, Péraux, Alasia, Ducamp, Legorge, Formieu, Naso, Caléri, Lefebvre, Laporte, Chavart. Le dragon Hotiaux meurt de ses blessures quelques jours après.

Dans les premiers jours de février, le général Carić remplace à la tête de la brigade le général d'Ornano, appelé à la Grande-Armée. Le général Montbrun part pour la France peu de temps après. Enfin le baron Leclerc[1], nommé colonel du 25e Dragons depuis le

---

[1] Jean-Pierre-Gauthier Clerc dit Leclerc, baron de l'empire, né en 1765 dans le Jura, dragon au 18e régiment (dragons du Roi) (1783), brigadier (1788), maréchal des logis (1791), maréchal des logis chef (1793), sous-lieutenant (1er avril 1793), lieutenant (an II), capitaine (floréal an II), chef d'escadron (an VII), major du 9e dragons (1806), colonel en second (1809),

23 août 1811, rejoint le Régiment et en prend le commandement.

Sous les ordres du général Carié, la brigade se rend, le 15 février, à Villamanun et la Bagnesa, entre l'Obigo et la Terra, pour exécuter les villages situés entre ces deux rivières. Dans le même but, le Régiment parcourt, au commencement de mars, les arrondissements de Benavente et de Rio-Secco.

Le 15 mars, il occupe Benavente et ne fait aucun mouvement notable pendant les mois d'avril, mai et juin. A partir du 1er mai, le 25e Dragons cantonne à Villapando. Dans des affaires d'avant-postes, il perd, le 12 juin, le dragon Fenoglio, tué ; le 15, à San-Cristoval, le sous-lieutenant Riols et le dragon Fiorio sont grièvement blessés.

Dès le 15 juin, l'armée de Portugal se met en mouvement pour se porter au secours de Salamanque, que menace l'armée confédérée de lord Wellington.

Les différents corps, qui occupent près de quarante lieues de pays, se rassemblent en toute hâte. Le maréchal Marmont avait fait évacuer Salamanque, dont une poignée de défenseurs gardaient les forts. En même temps il donnait des ordres pour établir ses troupes de façon à prolonger la résistance des forts de Salamanque jusqu'à l'arrivée des renforts annoncés de notre armée du Nord.

Le 25e Dragons rallia sa division au camp de Mori-

colonel du 25e Dragons (23 août 1811), passe au 2e Chevaux-Légers-Lanciers, (12 janvier 1813), général de brigade (26 décembre 1813), destitué en 1815, réintégré et retraité la même année.

sio. Le 23 juin, toutes les troupes exécutèrent une marche de nuit, de façon à venir menacer le flanc droit de l'ennemi. Malheureusement, le 28, les forts de Salamanque succombaient. Devant cet événement, le maréchal Marmont replia ses troupes derrière le Duero et y attendit les renforts de l'armée du Nord.

Le 25e Dragons bivouaquait, le 1er juillet, au gué de Pollos; le colonel Leclerc, les chefs d'escadron Cazener (1er) et Mathis (2e) sont à sa tête. Il compte dans le rang 16 officiers et 247 sabres.

Toute notre armée avait achevé, le 2 juillet, de passer le Duero à Tordesillas; malgré les attaques pressantes de l'ennemi sur notre arrière-garde, le passage s'effectua avec ordre.

Le 6, lord Wellington voulut franchir le fleuve à notre poursuite; mais, devant cette intention, le duc de Raguse arrêta ses troupes, fit face à l'ennemi et s'apprêta à l'attaquer au gué de Pollos.

Une grande bataille étant imminente, le 25e Dragons se complète au moyen de quelques détachements rappelés à la hâte; le 15 juillet, ses deux escadrons présentent une force de 350 sabres; ils sont bivouaqués près de Tordesillas.

BATAILLE DES ARAPYLES (18-22 juillet). — La démonstration du maréchal Marmont sur Toro eut pour premier résultat de réunir et d'attirer sur ce point toutes les forces de l'ennemi. Les 17 et 18 juillet, nos troupes passaient le Duero en toute hâte; le duc de Raguse avait pour objectif principal de séparer les deux grandes masses ennemies, qui manœuvraient pour se concentrer.

Le 18 au soir, la division Clauzel et la division de dragons atteignaient l'arrière-garde ennemie au ruisseau de la Guarena, près de Castrillo. En même temps, toutes nos troupes s'établissaient sur les plateaux élevés de la rive droite de la Guarena. Le 25ᵉ Dragons prit une part considérable au combat livré à l'arrière-garde ennemie. Dans cette première rencontre, le général Carié, commandant la brigade, s'étant porté au plus fort de l'action près du 15ᵉ Dragons pour lui donner un ordre, s'égara dans un nuage épais de poussière ; il fut sabré et fait prisonnier par les Anglais.

Les deux armées marchent parallèlement le 19, séparées seulement par la vallée et toutes prêtes à se jeter l'une sur l'autre.

Le 20, nos troupes franchissent le ruisseau et gagnent l'ennemi de vitesse pour s'établir sur le plateau ; le 21, elles passent le Tormès à gué, et, le 22, elles se portent à l'attaque de la position dite des Arapyles, occupée par l'armée de lord Wellington. Au début, la position est brillamment enlevée à la baïonnette, mais l'ennemi dirige toutes ses forces sur ce point et parvient à le réoccuper. Le maréchal Marmont a le bras fracassé par un éclat d'obus ; quoique blessé lui-même, le général Clauzel prend le commandement de l'armée. Nos troupes, écrasées par l'artillerie ennemie, se mettent en retraite, laissant plus de 6 000 hommes sur le champ de bataille. Le 25ᵉ Dragons, placé avec sa division sur la droite de notre ligne, exécute des charges brillantes pour protéger notre retraite.

Les deux journées des 18 et 22 avaient coûté au Régiment des pertes sensibles : citons parmi les blessés le colonel Leclerc, les capitaines Blanchet, Molard, Adam, Clavel; le lieutenant Ganié, le sous-lieutenant Lasne, l'adjudant Lemerle, le maréchal des logis Milon, le brigadier Briand et le dragon Henriet; parmi les braves morts au champ d'honneur : le maréchal des logis Duffiez, les dragons Beaudin, Delporte, Lambray, Lesavre, Beltzamino, Merlonné, Graudon, Faure, Milhavel. Le dragon Faure, blessé d'un coup de sabre, est cité pour sa bravoure et nommé brigadier sur le champ de bataille. Au total, le Régiment compte 32 hommes et 50 chevaux tués.

Le 23 juillet, l'armée française repassait le Tormès; la division de dragons marchait à l'arrière-garde, en soutien d'une division d'infanterie, que la cavalerie anglaise attaque inopinément. Huit escadrons de notre armée du Nord, paraissant tout à coup sur ce point, rétablirent le combat à notre avantage. Le 31 juillet, le Régiment est au bivouac à Castro-Verde-de-Cerato (300 hommes, 285 chevaux).

La retraite de l'armée de Portugal continue pendant les premiers jours d'août. Le 25ᶜ Dragons passe par Villanos (2 août), Polenzuelo (5), reste à Torquemada du 7 au 12. Quelques jours de repos dans les vallées d'Arlanza et de l'Abauzon sont laissés à nos troupes pour se refaire; on dirige sur Burgos les blessés et les convois. Pendant la retraite qui suit la bataille des Arapyles, le Régiment perd encore 17 hommes et 9 chevaux tués ou faits prisonniers.

La marche sur Valladolid reprend, le 12, par Duenas, où le 25ᵉ Dragons arrive le 14. Il y séjourne jusqu'au 21, sauf une reconnaissance, les 18 et 19, poussée sur Tudela. Grâce à ses efforts, le général en chef rétablit un peu chez ses troupes la discipline, sérieusement compromise par les échecs du mois de juillet.

Le Régiment arrive à Ampudia le 22 (17 officiers 248 hommes, 232 chevaux). Le colonel Leclerc, récemment blessé, et le chef d'escadron Cazener, rentrent en France; le chef d'escadron Mathis prend le commandement du 25ᵉ Dragons, qui d'Ampudia envoie quelques détachements battre l'estrade et recueillir des subsistances. Le 14 septembre, 51 dragons démontés sont dirigés sur le dépôt de France.

Dans les premiers jours de septembre, le Régiment se rapproche de Burgos; à partir du 15, les deux armées sont en présence, et les avant-postes escarmouchent du 15 au 20. Le 25ᵉ Dragons marche à l'arrière-garde de la colonne de gauche; il vient bivouaquer, le 17, à une lieue de Burgos, que la présence de l'armée de Portugal permet de faire évacuer complètement. Après trois jours de repos à Villena, le Régiment reprend sa marche et arrive, le 23 septembre, à San-Domingo de la Calzada. Toute notre armée s'est repliée sur l'Èbre.

Le 1ᵉʳ octobre, le 25ᵉ Dragons, cantonné à San-Domingo, est commandé par le chef d'escadron Mathis, seul officier supérieur présent. Il a reçu de France un renfort de 98 hommes et 101 chevaux et évacué sur son dépôt 79 hommes et 4 chevaux; il compte dans le rang 18 officiers et 323 hommes.

Du 1er au 15 octobre, le Régiment ne changea pas ses cantonnements. Il n'est employé qu'à des reconnaissances de peu d'importance. Le chef d'escadron Dumolard, arrivé de France avec un nouveau détachement de 18 hommes et 21 chevaux, prend le commandement du Régiment. Le chef d'escadron Mathis passe au 15e Dragons.

Après s'être refaite pendant plusieurs jours sur la rive droite de l'Èbre, l'armée de Portugal, combinant ses mouvements avec ceux de l'armée du Nord (général comte Caffarelli), s'ébranla de ses cantonnements, le 17 octobre, dans le but de faire lever le siège du château de Burgos et de venir réoccuper la ligne du Duero. En conséquence, le 25e Dragons se porta, le 18, à Bellarado, passa les trois journées suivantes à Villa-Escusa et Sosana, et parut, le 22 au matin, sous les murs de Burgos. L'opération réussit complètement; le siège du château fut levé par l'ennemi, qui se mit en retraite.

Combat de Villadiego (23 octobre). — Marchant à sa poursuite, nos colonnes l'atteignent, le 23 octobre, près de Villadiego. Dès midi, la cavalerie légère et les escadrons de l'armée du Nord sont vivement engagés contre les troupes anglaises.

A trois heures, le 25e Dragons entre en ligne.

Toute la division de dragons se forme en bataille et, par une vigoureuse charge contre la cavalerie anglaise, complète le succès déjà obtenu par nos cavaliers. L'ennemi plie avec une perte considérable, et l'effet de notre charge n'est arrêté que par l'infanterie anglaise, qui se forme en carrés et résiste aux furieuses attaques de nos dragons.

Le chef d'escadron Dumolard, commandant le 25ᵉ Dragons, est grièvement blessé dans cette charge d'un coup de feu à la jambe, qui nécessite l'amputation. Le Régiment perd en outre : le lieutenant Hatton, blessé d'un coup de feu au bras droit, et qui a son cheval tué sous lui ; le sous-lieutenant Lecouvreur, blessé ; les brigadiers Vétu, Briart, Chauvenet ; les dragons Cérésiat, Lecoq, Gneïco, Vanpeperstrate, tués. Le dragon Tournemeule est mortellement blessé. 18 chevaux restent sur le champ de bataille.

Le Régiment passa près de Villadiego la nuit du 23 au 24 ; il marche du 24 au 29, et arrive à Torrelabaton, où il cantonne pendant plusieurs jours. Le chef d'escadron Mathis vient du 15ᵉ Dragons reprendre le commandement du Régiment, en remplacement du chef d'escadron Dumolard, blessé le 23. Le Régiment compte dans le rang, le 1ᵉʳ novembre, 18 officiers, 348 hommes, 360 chevaux.

Du 1ᵉʳ au 7 novembre, le 25ᵉ Dragons parcourt la Partida de Rio-Secco ; le 7, il suit le mouvement de l'armée, qui passe le Duero à Tordesillas. L'armée de Portugal, commandée par le général comte Drouet d'Erlon, opère sa jonction avec les armées du Centre et du Midi. Ces trois armées sont placées sous la direction suprême du roi d'Espagne Joseph, qui établit son quartier général à Arrevallos. Le 14 novembre, passage de la Tormès; le 16, entrée dans Salamanque évacué par l'ennemi, en retraite sur Ciudad-Rodrigo; bivouac du Régiment à Rollan.

Pendant la fin de novembre, aucun mouvement notable à signaler.

Le 17, les troupes sont passées en revue dans leurs cantonnements par le roi d'Espagne.

Le 1er décembre, le 25e Dragons est sur l'Esla.

Le général comte Reille remplace à la tête de l'armée de Portugal le comte d'Erlon, rappelé à Madrid. Le général Mermet a sous ses ordres directs toute la cavalerie de cette armée (11 décembre).

Les troupes ont ordre d'étendre leurs cantonnements pour occuper les pays les moins foulés. Le 25e Dragons est, le 15 décembre, à Villarno. Il a rallié une grande partie de ses isolés et compte 21 officiers, 338 hommes, 340 chevaux.

Dans les derniers jours de l'année 1812, le 25e Dragons prend part à une reconnaissance sur Astorga, dirigée par le général Foy, qui réussit pleinement et fit tomber entre nos mains une centaine de prisonniers, dont six officiers.

Uniforme. — Pendant l'année 1812, un règlement sur l'habillement des troupes avait légèrement modifié la tenue du Régiment : l'habit à longues basques disparut et fut remplacé par un habit-veste vert avec collet, passepoils et retroussis de couleur distinctive toujours aurore. Les boutons d'étain portaient le numéro du Régiment. Les trompettes prirent la livrée de l'empereur, habit-veste vert galonné d'or.

Il est douteux que les escadrons d'Espagne du Régiment aient pu se conformer aux prescriptions de ce règlement. Leur habillement, usé par tant de campagnes, devait être dans le plus triste état; les rapports du reste en font foi, et, comme les autres régiments de dragons stationnés dans la Péninsule, ils s'approvisionnaient de drap brun, réquisitionné dans les couvents, dont ils confectionnaient des habits et des manteaux. C'est sous ce pittoresque accoutrement que les débris des dragons d'Espagne reparurent, en 1813, dans les rangs de la Grande-Armée.

Étendard. — L'étendard du Régiment n'avait subi aucune modification depuis le commencement des guerres de l'empire. Il avait toujours la forme d'un guidon, les trois couleurs disposées en damier, le losange du milieu blanc, cravate de soie tricolore, le tout frangé d'or, avec l'inscription : *L'Empereur des Français au 25e régiment de Dragons.*

CAMPAGNE DE 1813

Au début de la campagne de 1813, les escadrons de guerre du 25e Dragons stationnés en Espagne comptaient dans le rang vingt et un officiers; en voici la liste :

Chef d'escadron : Mathis (compte au 15ᵉ Dragons), commandant le Régiment.

Adjudants-majors : Blanchet et Adam.

Capitaines : Clavel, Cassard, Molard.

Lieutenants : Ganné, Mocquet, Saguez, Prevost, Romance.

Sous-lieutenants : Robillon, Capperon, Génin, Pioger, Storm de Grave, Petit, Fournier, Jultz d'Inglemarc, Lasne, Lecouvreur.

Le 8 janvier, le général de division Mermet, allant inspecter dans leurs cantonnements les régiments de dragons de sa division, fut attaqué près de Mancilla par 400 chevaux de la bande de Marquinez.

Il avait avec lui 100 dragons du 25ᵉ et 150 hommes d'infanterie.

Attendant l'ennemi au passage d'un ruisseau, il le culbuta dedans au moment où il voulait le franchir. Le détachement du 25ᵉ Dragons eut cinq hommes et cinq chevaux blessés. Le maréchal des logis Briand, déjà cité aux affaires de Fuente-de-Oñoro et des Arapyles, reçut une nouvelle blessure. Le dragon Fragneau, atteint lui aussi, se fit remarquer par sa bravoure.

Le 25ᵉ Dragons occupe, le 15 janvier, le cantonnement de Mayorga.

Le 16 janvier, le chef d'escadron Mathis, commandant le 25ᵉ Dragons, fit une expédition heureuse contre la cavalerie de la bande de Marquinez. Apprenant que 400 chevaux de cette cavalerie allaient passer la nuit du 15 au 16 à Salderas, il marcha sur ce village avec un gros détachement de son régiment et une fraction du 47e de ligne sous les ordres du chef de bataillon Deleau. Surprise à cinq heures du matin par les nôtres, la cavalerie ennemie chercha en vain à s'échapper; les issues du village étaient gardées par nos troupes, et tout ce qui s'y présenta fut pris ou tué. Ceux qui voulurent se sauver, en passant à gué le Rio-Cea, s'y noyèrent presque tous. L'ennemi perdit dans ce combat 300 chevaux et 150 hommes. Le 25e Dragons reçut comme part de prise 150 des chevaux enlevés à l'ennemi. Le Régiment n'avait eu que 6 chevaux tués.

Le 25e Dragons passa à Mayorga les mois de janvier et février 1813. Il ne fit dans cette période que des mouvements de peu d'importance pour battre le pays et le débarrasser des guérillas qui l'infestaient.

Renouvelant son exploit du 16 janvier, le chef d'escadron Mathis, commandant le Régiment, à la tête de 200 chevaux du 25e Dragons et de 300 hommes du 47e de ligne (chef de bataillon Deleau), tomba dans la nuit du 2 au 3 mars, à Malgar-de-Abaxo, sur la bande de Marquinez. La surprise eut un plein succès : 30 guérillas ainsi que beaucoup de chevaux périrent; le chef de bande don Marcos fut blessé mortellement; enfin 76 guérillas, dont 4 officiers, et 142 chevaux, tombèrent entre nos mains et furent ramenés au cantonnement de Mayorga.

Le 5 mars, le chef d'escadron Mathis, après une marche de huit heures, attaqua la bande de Roxo entre

Villafer et Castrofuerte, la culbuta, lui tua 31 hommes et en prit 8 avec 39 chevaux.

Le Régiment se rend, le 2 avril, de Mayorga à Rio-Secco. Là il reçoit l'organisation prescrite à trois compagnies. Le cadre de la 6e compagnie (18 hommes et 18 chevaux) part pour la France et rallie le dépôt du 25e Dragons à Montauban. Le Régiment compte encore en Espagne 18 officiers, 323 hommes et 367 chevaux.

Le 6 avril, le 25e Dragons regagne son cantonnement de Mayorga et prend part deux jours après à un brillant combat, dont le maréchal Jourdan, major général de l'armée française, rend compte en ces termes au ministre de la guerre :

« Le 6 avril 1813, M. le général Boyer, ayant été informé que l'ennemi avait un corps à Valencia de don Juan, part le soir de Rio-Secco avec la division de dragons de l'armée de Portugal, arrive le 8, vers midi, à Valencia de don Juan, où il trouve le 2e bataillon du régiment des voltigeurs de Castille. Quatre escadrons des 6e, 11e et 15e Dragons mettent pied à terre, se précipitent dans la ville et enlèvent un ancien fort, où l'ennemi cherchait à se défendre, tandis que l'escadron d'élite du 15e s'empare de la sortie sur Léon et que le 25e Dragons traverse l'Esla à la nage, pour empêcher ensuite le passage de la rivière. L'ennemi en avait l'intention, car déjà 25 voitures et 80 hommes sont sur l'autre rive; mais ils sont atteints et taillés en pièces par le 25e Dragons. L'ennemi, étonné de la vigueur de cette attaque, cherche néanmoins à se rallier dans l'intérieur d'un vieux château maure, dont l'accès est très difficile; mais l'escadron à pied du 6ᵉ Dragons, commandé par le capitaine Caulle, le charge à la baïonnette et le force à abandonner ce réduit. Dans sa fuite, il donne sur l'escadron du 11ᵉ Dragons, commandé par le capitaine Deveau de Pusy, qui le reçoit par une décharge à bout portant. Cherchant à s'échapper par une autre issue, il y trouve l'escadron à pied du 15ᵉ Dragons, commandé par le capitaine Richter; là tous les dragons rivalisent de bravoure, ils se précipitent sur l'ennemi, et dans un instant le terrain est couvert de morts et de blessés. Enfin le bataillon mettant les crosses en l'air, le carnage cesse. Sur les 500 hommes qui formaient ce corps espagnol, 320 sont faits prisonniers, et le reste est tué; nos pertes consistent en 3 hommes et 6 blessés. » Le chef d'escadron Mathis est cité à cette occasion à l'ordre de l'armée.

Après ce combat, le Régiment réoccupa Mayorga avec le 15ᵉ Dragons; le 21 avril, ces deux régiments changèrent de cantonnements avec les 6ᵉ et 11ᵉ Dragons et s'installèrent à leur place à Valderas.

Le 26 mai, le général Reille dirige sur la rive droite de l'Esla toutes les forces de l'armée de Portugal. Le 28, sa cavalerie est entièrement concentrée à Valderas, déjà occupé par le 25ᵉ Dragons; elle marche, le 29, sur Benavente. La retraite continue tous les jours suivants. Le général Reille, se conformant au mouvement rétrograde des deux armées du Midi et du Centre, tient avec ses troupes l'extrême droite de notre ligne. Le Régiment marche par Villapando (30 mai), Rio-

Secco (2 juin), Palacios (3), Palencia (4). Il s'y maintient jusqu'au 7. Le roi d'Espagne profite de ce répit pour passer les régiments en revue. La marche en retraite reprend, le 7, par Astudillo, Castroxeriz (8), Estepar, où le général Reille a ordre de tenir. Il y reste jusqu'au 12.

L'ennemi livre, le 12, un combat à notre arrière-garde et l'oblige à déployer ses forces. La division Maucune soutient vaillamment les attaques de la cavalerie anglaise près du pont de Villabuniel. La division de dragons se porte à son secours et, par ses charges réitérées, protège notre retraite, qui se poursuit du 13 au 16. Ce jour-là (16), l'armée française pénètre dans la vallée de l'Èbre, combattant chaque jour et talonné de près par l'ennemi, que sa force considérable rend entreprenant.

La route de Bilbao, notre ligne de retraite sur la France, étant un instant menacée, on se résout, le 21 juin, à une action générale; c'est la sanglante et désastreuse bataille de Vittoria.

BATAILLE DE VITTORIA (21 juin). — Le 25e Dragons, le matin de la bataille, est bivouaqué à Hermandad; l'armée de Portugal occupe l'extrême droite de la ligne française. L'ennemi ayant prononcé son attaque générale vers dix heures du matin, le Régiment est porté en arrière de Gamarra-Mayor, servant d'appui, avec les autres régiments du général Mermet, à la division d'infanterie du général de la Martinière. Ce village, repris et perdu par nos troupes à trois reprises différentes, est le théâtre de sanglants combats. Quand, à la tombée de la nuit, la retraite définitive de notre armée est ordonnée, pour la protéger les régiments de dragons font face à la poursuite de la cavalerie anglaise. Leurs efforts arrêtent l'ennemi et permettent à nos troupes, harassées par cette longue journée de bataille, de prendre une demi-heure de repos. Le général Reille, qui pendant toute la journée a donné les plus grandes preuves de bravoure, remet ses régiments en marche à dix heures du soir; on recule par la vallée d'Allegria. Les troupes ne s'arrêtent qu'à deux heures du matin.

Le Régiment, en position, le 22, à Salvatierra, se porte, le 23, sur la Bidassoa; le 24, à Equès, où l'absence de subsistances fait endurer à nos soldats de cruelles souffrances. Un détachement de 600 cavaliers d'élite, pris dans les huit régiments de l'armée de Portugal et commandé par le colonel Vial, est attaché au quartier général du général Reille, qui se trouve, le 24, à San-Esteban, atteint Irun le 27, Hendaye le 29, et s'établit à Orognès le 1er juillet.

C'est à Dax que sont ralliés les éléments épars du 25e Dragons. L'ordre de dissoudre la division Mermet est arrivé. D'autres champs de bataille appellent nos dragons. Aguerris par cent combats, ces magnifiques troupes vont traverser la France à toute bride et rallier la Grande-Armée sur un nouveau théâtre d'opérations, où se joue la fortune de la France et de l'empire.

A son départ de Dax, le 6 juillet, pour Montauban

(dépôt) et de là pour Verdun, où il doit arriver en septembre, le 25ᵉ Dragons compte encore un escadron complet plus une compagnie (16 officiers, 315 hommes, 331 chevaux).

CHAPITRE IX

1813

CAMPAGNE D'ALLEMAGNE (1813)

La cavalerie française avait été presque entièrement anéantie pendant la retraite de Russie. Dès sa rentrée à Paris, l'empereur donnait ordre à tous les dépôts des régiments de cavalerie de constituer, au moyen d'hommes de recrues et de chevaux de remonte, des escadrons de guerre, et de les diriger sur la Grande-Armée, pour faire face aux armées coalisées, qui s'assemblaient en Allemagne.

Un décret impérial, daté du 6 février 1813, prescrivait la formation à Metz d'un 3ᵉ corps de cavalerie, commandé par le duc de Padoue, et formé de tous les escadrons disponibles fournis par les dépôts des régiments encore en Espagne. Ce corps devait comprendre quatre divisions, dont deux de cavalerie légère et deux de dragons.

Aussitôt ces ordres reçus, le dépôt du 25ᵉ Dragons, alors à Montauban, dirigea sur Metz un premier détachement, tiré des 3ᵉ et 4ᵉ escadrons, et comprenant 1 officier, 125 hommes et 127 chevaux. Arrivé à Metz le 11 mai, ce détachement compte à la 4e division du 3e corps de cavalerie, commandée par le général Lhéritier. Le 26 mai, il arrive à Hanau.

Dans le courant de juin, de nouveaux renforts sont expédiés de Montauban pour rallier les escadrons de guerre, qui présentent à la fin de juillet l'effectif suivant. (Leurs différents éléments occupent à cette date les positions indiquées ci-dessous.)

25e DRAGONS

Colonel : Montigny.

3e escadron :

Une compagnie : 2 officiers, 124 hommes, 4 chevaux d'officiers, 127 chevaux de troupe. — Arrivée à Leipzig le 10 juin.

Une compagnie : 2 officiers, 121 hommes, 7 chevaux d'officiers, 122 chevaux de troupe. — A Hanau, depuis le 2 juillet.

4e escadron :

Une compagnie : 3 officiers, 126 hommes, 8 chevaux d'officiers, 126 chevaux de troupe. — A Metz, le 27 juillet.

Une compagnie : 6 officiers, 124 hommes, 10 chevaux d'officiers, 124 chevaux de troupe. — Partie de Montauban le 1er juillet, en route pour rejoindre.

Le colonel chevalier Montigny[1], nommé au commandement du 25e Dragons en remplacement du colonel Leclerc, passé dans un autre corps, rallie la Grande-Armée avec le 4e escadron.

---

[1] Augustin-Jean-Louis-Antoine, chevalier Montigny, né en 1775; volontaire au 2e bataillon de Saône-et-Loire en 1791, sous-lieutenant au 19e Dragons (1793), lieutenant (1796), capitaine (1799), chef d'escadron (1806), major au 16e Dragons (1809), chef d'escadron aux Dragons de la garde (1811), colonel du 25e Dragons (29 mars 1813), décoré de la Légion d'honneur (an XIV), officier (14 juillet 1813); tué à la bataille de Leipzig (14 octobre 1813), en chargeant à la tête du 25e Dragons.

Le 25ᵉ Dragons est compris dans la brigade du général Lamotte (2ᵉ division de dragons, général Lhéritier).

Pendant la durée de l'armistice, le 3ᵉ corps de cavalerie reste concentré à Leipzig. Quelques jours avant sa conclusion, le 7 juin, la colonne de partisans ennemis du général Woronzoff vint tenter un coup de main sur Leipzig. Le corps de cavalerie du duc de Padoue résista à cette attaque : la signature de l'armistice mit fin à ces hostilités.

Le 15 juillet, le 25ᵉ Dragons ne compte encore que 126 chevaux présents à la Grande-Armée; les autres compagnies sont en route pour rejoindre. Le 1ᵉʳ août, ses forces sont portées à 8 officiers, 201 hommes et 221 chevaux.

Le 8 août, l'empereur décrète la formation d'un 5ᵉ corps de cavalerie, dont la division Lhéritier doit faire partie. Elle quitte donc le 3ᵉ corps de cavalerie du duc de Padoue. D'après les intentions de l'empereur, l'organisation du 5ᵉ corps de cavalerie devra être complétée, dans la suite, par la réunion des escadrons d'Espagne, en marche vers le Rhin, et des éléments des mêmes régiments déjà en Allemagne, dont nous venons de parler. Jusqu'à leur jonction, qui n'aura lieu que sur le champ de bataille de Leipzig, ces deux fractions du 5ᵉ corps de cavalerie sont ainsi désignées :

1º Le 5ᵉ corps de cavalerie (à Leipzig), commandé par le général Lhéritier, comprenant : la moitié des 31ᵉ et 33ᵉ brigades de cavalerie légère (général Kliski) et la moitié de la 5ᵉ division de grosse cavalerie (général Collart) et de la 6ᵉ division de grosse cavalerie (général Lamotte). Les 3ᵉ et 4ᵉ escadrons du 25ᵉ Dragons comptent à cette dernière demi-division.

2º Le 5ᵉ corps *bis* de cavalerie, comprenant les deux premiers escadrons de chacun de ces mêmes régiments du 5ᵉ corps de cavalerie, qui, sous les ordres du général comte Milhaud, traversaient la France en toute hâte et quittaient les champs de bataille de l'Espagne pour rallier au delà du Rhin leurs compagnons d'armes, déjà aux prises avec les armées ennemies coalisées.

Une fois réuni, le 5ᵉ corps de cavalerie devait être commandé par le général Pajol. Nous verrons plus loin qu'une blessure grave, que ce général reçut à Leipzig, ne lui permit d'exercer son commandement que pendant quelques jours. Les généraux Milhaud et Lhéritier devaient prendre respectivement le commandement des 5ᵉ et 6ᵉ divisions de grosse cavalerie après leur jonction définitive.

Notons enfin qu'à ce moment le dépôt du 25ᵉ Dragons, transféré à Verdun, recevait l'ordre de constituer un 5ᵉ escadron.

Pour l'intelligence de cette campagne de 1813, nous devons étudier successivement :

1º Le rôle du 5ᵉ corps de cavalerie, général Lhéritier (3ᵉ et 4ᵉ escadrons du 25ᵉ Dragons);

2º Les mouvements du 5ᵉ corps *bis* de cavalerie, général Milhaud (1ᵉʳ et 2ᵉ escadrons du Régiment, arrivant d'Espagne);

3º Enfin, après leur jonction définitive, la marche du 5ᵉ corps de cavalerie, complété et réuni sous le commandement supérieur du général Milhaud, de Leipzig au Rhin.

ÉTAT DU 25ᵉ RÉGIMENT DE DRAGONS LE 22 JUIN 1813

État-major :

MM. le chevalier Montigny, colonel, en route pour la Grande-Armée.

Dumolard, major, en convalescence.

Cazener, chef d'escadron, commande le dépôt.

Chappuis,   »   en route pour la Grande-Armée avec les 1ᵉʳ et 2ᵉ escadrons (armée de Portugal).

Longuet, quartier-maître, au dépôt.

Cromarias, chirurgien-major (armée de Portugal).

Leclerc, chirurgien-aide-major.   »   »

Lavaud, chirurgien-sous-aide-major, dépôt.

1ᵉʳ escadron :

1ʳᵉ compagnie (élite) : MM. Clavel, capitaine. Capperon, lieutenant. Fournier, sous-lieutenant. Demange, » — Armée de Portugal.

5ᵉ compagnie : MM. Blanchet, capitaine. Moquet, lieutenant. Ducurtyl, sous-lieutenant. Bouet, » — Armée de Portugal.

2ᵉ escadron :

2ᵉ compagnie : MM. Molien, capitaine. Hatton, lieutenant. d'Inglemare, sous-lieut. Lemerle, » — Armée de Portugal.

6ᵉ compagnie : MM. X..., capitaine. Prévot, lieutenant. Robillon, sous-lieutenant. Pioger, » — Au dépôt, doit marcher avec les 1ʳᵉ, 5ᵉ et 2ᵉ compagnies venant d'Espagne.

3ᵉ escadron :

3ᵉ compagnie { MM. Cassard, capitaine.
Collart, lieutenant.
Maliquet, sous-lieutenant.
Chaillot, » } A la Grande-Armée.

7ᵉ compagnie { MM. Molard, capitaine.
Lasne, lieutenant.
X..., sous-lieutenant.
X..., » } En route pour la Grande-Armée.

4ᵉ escadron :

4ᵉ compagnie { MM. Ganné, capitaine.
Génin, lieutenant.
Noailles, sous-lieutenant.
Desestre, » } En route pour la Grande-Armée.

8ᵉ compagnie { MM. Bennequin, capitaine.
Storm de Grave, lieutenant.
X..., sous-lieutenant.
X..., » } Au dépôt ; va être dirigée sur la Grande-Armée.

5ᵉ escadron :

9ᵉ compagnie { MM. X..., capitaine.
Petit, lieutenant.
X..., sous-lieutenant.
X..., » } Au dépôt.

10ᵉ compagnie { MM. X..., capitaine.
X..., lieutenant.
X..., sous-lieutenant.
X..., » } Au dépôt.

A la suite :

MM. Gaignière, capitaine.
Lempereur, sous-lieutenant. } Prisonniers de guerre en Irlande, depuis le 23 juillet 1808.

1° Campagne des 3ᵉ et 4ᵉ escadrons du 25ᵉ Dragons
au 5ᵉ corps de cavalerie de la Grande-Armée (général Lhéritier)
du 13 août au 12 octobre 1813

L'armistice est rompu sans dénonciation le 13 août. Sans attendre les renforts qui allaient lui arriver de France, le 25ᵉ Dragons, fort seulement de 8 officiers, 242 hommes et 263 chevaux, quitta Leipzig le 15 août, avec le général Lhéritier, et arriva le 16 sous Dresde.

Le général Gouvion Saint-Cyr était campé à Pirna, avec le 14ᵉ corps d'armée. Il avait pour mission de couvrir la place de Dresde; manquant de cavalerie pour atteindre ce but, il obtint de l'empereur que le 5ᵉ corps (général Lhéritier), lui fût attaché momentanément.

Le 22 août, le général Lhéritier, communiquant avec Bautzen, couvrait la route de Bohême avec 300 chevaux. Deux de ses escadrons, gardant la route de Tœplitz, appuyaient leur droite à Sayda; son quartier général et le reste de la division étaient établis à Dohna. Ce même jour, 22 août, l'armée autrichienne du prince Schwarzenberg attaqua en forces les positions de notre 14ᵉ corps; à midi, elles furent débordées; la retraite ordonnée s'exécuta en bon ordre, et les heureuses dispositions de Gouvion Saint-Cyr arrêtèrent l'ennemi dans sa poursuite.

Combat de Seydnitz. — Le lendemain, 23 août, la division d'infanterie Duvernet, du 14ᵉ corps, fut attaquée de nouveau près de Dippolswalda. Pour la dégager, le général Lhéritier forma ses dragons et les lança à la charge. Nos escadrons, composés en majeure partie de jeunes recrues à peine instruites et voyant le feu pour la première fois, abordèrent l'ennemi avec beaucoup d'intrépidité, et montrèrent une réelle valeur. Le soir, la division bivouaqua sur la route de Pirna, son quartier général à Leuben.

Une nouvelle démonstration de l'ennemi obligea le général Lhéritier à lever ses avant-postes le 24, et à les replier sur Seydnitz.

Dans ces deux affaires des 22 et 23 août, la division de dragons avait eu 9 officiers, 110 hommes et 164 chevaux hors de combat.

Combat de Grünewiese. — Le 25 août, à dix heures du matin, la division Lhéritier se heurta près de Grünewiese à un fort parti de cavalerie russe (cosaques de l'Ataman et Radionoff II). La lutte fut acharnée, et nos pertes sensibles; l'apparition sur le terrain du combat de la division de cavalerie du 14e corps d'armée (général Pajol) permit au général Lhéritier de rallier son monde et de se replier sur notre infanterie.

Bataille de Dresde. — Le lendemain, 26 août, les deux armées concentrées sont en présence sous les murs de Dresde; une grande bataille est imminente. Elle est livrée, les 26 et 27 août, par l'empereur en personne, qui remporte sur la coalition une victoire signalée. La division Lhéritier, envoyée le 26, à deux heures du matin, à Flechtenbrada pour garder la route de Torgau, ne fut pas engagée pendant la bataille de Dresde.

Depuis le commencement des hostilités, le 25ᵉ Dragons avait donné deux fois; il ne comptait déjà plus dans le rang que 201 combattants et 227 chevaux.

Le 29 août, le général Lhéritier, placé à la tête d'un détachement des trois armes dont fait partie le 25ᵉ Dragons, s'établit en observation à Grossenheim. Il y reste jusqu'au 9 septembre, prend à cette date, le long de l'Elbe, ses dispositions pour protéger l'évacuation sur Torgau des blessés de la bataille de Dresde, et arrive le 14 à Zabellitz, où il reçoit de Murat l'ordre de se porter sur Stolzenheim. Les 15 et 16, ses reconnaissances sur Liebewerda et Lausitz prennent le contact de l'ennemi. L'une d'elles signale la présence d'un corps de 15 000 hommes à Obigau et à Nauendorf.

Le 17, le 25ᵉ Dragons est en grand'garde près de Liebewerda et Prieska. Le 18 septembre, le général Lhéritier, malgré les ordres du roi de Naples, se replie sur Frauenheim et fait couper les ponts d'Ellsterwerda et du canal de l'Ellster. Cette faute, qui lui vaut une réprimande sévère de Murat, empêche le mouvement offensif projeté pour le lendemain et permet à l'ennemi de forcer le passage de l'Ellster à Saltheim, où on avait l'ordre de tenir à outrance. Ce point de Saltheim est réoccupé par nos escadrons le 18 dans la soirée; ils s'y maintiennent le 19, malgré une nouvelle démonstration de l'ennemi.

Dans la nuit du 19 au 20, le général Lhéritier rallie ses reconnaissances, et avec tout son monde gagne rapidement Seaup.

Il envoie le 23, à quatre heures du soir, le colonel Montigny, avec son régiment le 25ᵉ Dragons, en reconnaissance sur Künersdorf.

« M. le colonel Montigny, écrit-il, a constaté que les Cosaques ont passé la rivière le matin même au pont de Künersdorf et se sont portés dans la direction d'Ebersbach ; mais, ayant aperçu nos troupes, ils se sont retirés au galop sur la rive droite de la rivière, près d'un bois, où ils se sont mis en bataille. M. le colonel Montigny a fait marcher sur eux une patrouille, et ils se sont sauvés. Cette patrouille a été jusqu'à une demi-lieue plus loin que l'endroit où ils s'étaient mis en bataille. » (*Rapport du général Lhéritier au général Belliard, chef d'état-major du roi de Naples*[1].)

Le 24 septembre, les troupes gardent leurs positions, et, le lendemain, l'empereur ordonne un mouvement général de retraite sur Torgau. Le 25ᵉ Dragons marche en conséquence, les 26 et 27 septembre, sur Würzen, observant l'Elbe. Le 28, la brigade Lamotte, à laquelle appartient le Régiment, cantonne à Riesa, Meissen et Bahren.

Le 1ᵉʳ octobre, l'empereur, ne doutant plus que

---

[1] Copie d'une dépêche du colonel Montigny au général Lhéritier :

« *5ᵒ corps de réserve. — 3ᵉ brigade.*

« Rapport de la reconnaissance sur Künersdorf. — Le 23 septembre, à quatre heures du soir, on a rencontré des Cosaques sur la route de Schonfeld et de Rindorf (sic). Les paysans disent qu'il y a un camp prussien à Konigsbrück. A Kalkreuth, le jour tard (sic). Signé : le colonel Montigny, du 25ᵉ Dragons. — P. S. On tire dans ce moment le canon du côté de Dresde. »

Leipzig ne fût l'objectif de l'ennemi, résolut de masser sur les routes qui y aboutissaient des forces suffisantes pour arrêter l'armée de Bohême. Il plaça donc sous le commandement suprême du roi de Naples les 2ᵉ corps (Victor), 5ᵉ (Lauriston) et 8ᵉ (prince Poniatowski), ainsi que les 4ᵉ et 5ᵉ corps de cavalerie. Cette masse fut groupée de Chemnitz à Mittweyda et Altenbourg; elle devait tenir tête aux colonnes qui déboucheraient de Bohême, et ne céder le terrain que pied à pied, de manière à toujours couvrir Leipzig.

Dès le 29 septembre, l'empereur avait nommé le général Pajol au commandement du 5ᵉ corps de cavalerie, qui devait bientôt présenter une force assez considérable, après la jonction imminente du corps Lhéritier avec le 5ᵉ corps *bis* (général Milhaud), qui arrivait en toute hâte, formant l'avant-garde du corps d'observation de Bavière, commandé par le maréchal Augereau.

Le général Pajol arriva à Mittweyda le 5 octobre, et y trouva réunis les escadrons de dragons du général Lhéritier et la division de cavalerie légère du général Subervic. Le lendemain 6, le roi de Naples portait son armée vers Œderan, rejetant l'ennemi sur Waldkirchen. Le 9, la cavalerie du général Pajol éclairait la gauche de l'armée vers les routes de Gera et de Zwickau. Dans la soirée, après un violent combat d'infanterie à Frohbourg, le gros de nos forces est concentré à Geithayn.

Le général Pajol fait, le 10 octobre, à trois heures du matin, une reconnaissance sur Borna; il trouve l'ennemi en forces près de Altstadt-Borna. Le roi de Naples ayant donné l'ordre de pousser en avant, Pajol forme son avant-garde et culbute les avant-postes du prince Wittgenstein dans la direction de Leipzig, et s'empare des ponts de Gestewitz et de Kitzscher. Dans ce combat, l'adjudant Basin, du 25e Dragons, est blessé et se fait remarquer par son intrépidité. Il est proposé pour la croix de la Légion d'honneur.

Le 5e corps de cavalerie marche sur Penig, le 11, et va occuper la position de Greben. Le mouvement général de l'armée de Murat consiste à se masser sur la rive droite du Ganel, prête à faire sa jonction avec Augereau et Padoue. On s'attend à une attaque de l'ennemi, et on se prépare à accepter le combat.

Le 12 octobre, la division Milhaud (dragons du 5e corps bis de cavalerie) rejoint la division Lhéritier, postée à Lieberwolkowitz ; les deux tronçons du 25e Dragons sont réunis, et les vieux cavaliers d'Espagne des 1er et 2e escadrons donnent la main à leurs jeunes camarades de l'armée d'Allemagne, que cette rude campagne d'un mois avait déjà aguerris et habitués au feu des batailles. Le Régiment était reconstitué à la veille de la plus grande bataille du siècle, page sanglante, mais glorieuse entre toutes, dans les annales du 25e Dragons.

Étendards.

Bourgogne-Cavalerie, xviiiᵉ siècle
25ᵉ Dragons, 1ᵉʳ Empire
25ᵉ Dragons, 1880

2° Les 1ᵉʳ et 2ᵉ escadrons du 25ᵉ Dragons au 5ᵉ corps *bis* de cavalerie (général milhaud) arrivent d'Espagne
et rallient la grande-armée (1ᵉʳ juillet au 12 octobre 1813)

Pour l'intelligence des événements qui vont suivre, nous sommes obligé d'interrompre ici le récit de la campagne d'Allemagne et de revenir à quelques mois en arrière, reprenant l'historique de la fraction du 25ᵉ Dragons que nous avons laissée sur les Pyrénées, battant en retraite à la suite de la bataille de Vittoria.

Dès le 16 juin 1813, le 25ᵉ Dragons, comme tous les régiments de cavalerie de l'armée de Portugal, avait reçu l'ordre de rentrer en France, de rallier son dépôt et de se porter en toute hâte sur le Rhin, où l'empereur appelait ses vieux cavaliers d'Espagne.

Le dépôt du 25ᵉ Dragons, transféré de Montauban à Verdun, devait se conformer au même mouvement.

Le 1ᵉʳ juillet, cet ordre fut confirmé, et, le 2, le 25ᵉ Dragons partit de Dax, où il avait rallié tous ses détachements. A sa rentrée en France, le Régiment comptait encore 22 officiers, 50 chevaux d'officiers, 216 hommes et 240 chevaux de troupe. Quoique épuisés par une longue suite de marches et de combats, les régiments d'Espagne, composés de vieux soldats merveilleusement encadrés, présentaient encore le plus bel aspect. Ils étaient la suprême ressource de l'empereur, qui comptait sur leur réputation pour en imposer aux innombrables cavaliers de la coalition.

Mayence est donné comme point de rendez-vous

aux régiments, qui traversent la France en toute hâte. Le 25e Dragons doit compter au 5e corps *bis* de cavalerie, que le général comte Milhaud est chargé d'organiser, et qui comprendra tous les escadrons des régiments déjà représentés dans le 5e corps de cavalerie, que le général Lhéritier a concentré à Leipzig.

Au fur et à mesure que les escadrons arrivent à Mayence, le maréchal Jourdan, duc de Valmy, gouverneur de la place, doit les expédier au duc de Castiglione, commandant le corps d'observation de Bavière, et dont le quartier général est à Würtzbourg.

A son passage à Verdun, le Régiment y laisse ses hommes et ses chevaux hors d'état de faire campagne et incorpore dans les compagnies de guerre tous les cavaliers montés disponibles du dépôt.

Le 25e Dragons passe le Rhin, le 5 septembre, à l'effectif de 21 officiers, 236 hommes et 275 chevaux. Le 6, il se rend à Würtzbourg, où le 5e corps *bis* de cavalerie complète son organisation, qui est la suivante :

5e CORPS *bis* DE CAVALERIE

Commandant en chef : le général de division comte Milhaud.

Commandants des brigades : les généraux Subervic et Montélégier, le colonel Mermet.

Escadrons venant d'Espagne : des 3e Hussards, 14e, 26e et 27e Chasseurs (1re brigade).

    »   » des 2e, 6e, 11e, 13e, 15e et 18e Dragons (2e brigade)

    »   » des 19e, 20e, 22e et 25e Dragons (3e brigade).

Artillerie légère.

Le 9 septembre, le maréchal Augereau inspecte le 5ᵉ corps *bis* de cavalerie; il rend compte de sa revue au ministre de la guerre, le duc de Feltre, dans une lettre dont nous extrayons les passages suivants :

« J'ai l'honneur d'adresser à Votre Excellence la situation des troupes de cavalerie du 5ᵉ corps *bis*, arrivées jusqu'à ce jour au corps d'observation de Bavière. Ce sont tous des cavaliers, anciens militaires, d'une constitution forte et animés du meilleur esprit. Leur habillement, équipement et équipages de chevaux, sont très imparfaits. Ils sont dans le cas d'être renouvelés en partie et ont tous besoin de réparation. Il est fâcheux sous ce rapport que ces escadrons n'aient pas tous pu, pendant leur marche, passer par leurs dépôts, pour recevoir les effets dont ils manquaient, ainsi que quelques fonds. Mais il leur sera fait les avances nécessaires, d'après les ordres que je prie Votre Excellence de donner aux commandants des différents dépôts. Les chevaux, malgré la guerre qu'ils ont faite en Espagne et la fatigue d'une longue marche, sont encore préférables à de jeunes chevaux pour entrer en campagne; mais ils ont besoin de repos et d'une bonne nourriture. Je les ai en conséquence placés dans de bons cantonnements, tous sur la rive gauche du Mayn et à une petite distance de Würtzbourg... Les escadrons réunis présentent une force de 3 600 sabres... M. le général de division Milhaud et les généraux de brigade Subervic et Montélégier sont arrivés au corps d'armée. »

Les événements militaires du mois de septembre obligent l'empereur, le 18, à rappeler sur la Saale le corps du maréchal Augereau, qui se met en route le 24, précédé du 5e corps *bis* de cavalerie.

Les étapes du 25e Dragons pendant cette marche sont les suivantes :

Le 24 septembre, Neusses (huit lieues); le 25, Bürgweinheim (quatre lieues); le 26, Bamberg (six lieues); le 27, Battelsdorf (six lieues); le 28, Cobourg (huit lieues); le 29, Neustadt (quatre lieues); le 30, Indenbach (quatre lieues); le 1er octobre, Grafenthal (cinq lieues); le 2, Saalfeld (six lieues); le 3, Uhlstadt (cinq lieues); le 4, Iéna (six lieues).

COMBAT DE WETHAU (9 et 10 octobre). — Les généraux ennemis Moritz Lichtenstein et Thielmann, ayant éventé le mouvement offensif du maréchal Augereau, veulent l'arrêter dans sa marche et cherchent à occuper avant lui le point de Nauembourg.

Le corps de Milhaud atteignait Nauembourg le 9 octobre au matin, en même temps que la brigade Subervic s'installait à Wethau, et que deux régiments de dragons, les 19e et 22e, cantonnaient au village de Flemmingen.

Le 9 au soir, un corps ennemi (1000 chevaux), avec du canon, attaque à l'improviste le cantonnement du colonel Mermet, qui le repousse à la tête des 19e, 20e, 22e et 25e Dragons. Quelques heures plus tard, une nouvelle colonne ennemie (6 000 chevaux et 2 000 fantassins) tentait un coup de main sur Wethau et obligeait le général Subervic à se replier sur Nauembourg. Pendant la nuit, l'ennemi occupa en forces le défilé de Wethau sur la route de Nauembourg à Weissenfels.

Le 10, de grand matin, le maréchal Augereau ordonna un mouvement en avant. En conséquence, la division d'infanterie Aymar enleva le défilé de Wethau et occupa le front du village, ainsi que les petits boqueteaux qui couronnaient la position. Pour compléter le succès du général Aymar, la cavalerie légère franchit au galop le défilé, soutenue par le 25e et les autres régiments de Dragons du 5e corps *bis* de cavalerie, formés en échelons. Voyant la cavalerie ennemie tourner notre position par un mouvement de flanc, le général Milhaud fait passer en toute hâte le défilé à ses escadrons et les forme aussitôt en colonne serrée, pour dissimuler leur force à l'ennemi.

« L'ennemi avait une force deux fois supérieure, écrit le général Milhaud dans son rapport sur cette affaire; mais je désirais l'engager à une charge, pour lui faire connaître la valeur de nos vieux soldats de cavalerie... »

A cette vue, l'ennemi retira au galop ses pièces et marcha droit à nos escadrons. En tête de colonne, étaient déployés le régiment de dragons prussiens de La Tour et le régiment de chevau-légers autrichiens de l'Empereur, soutenus par huit escadrons de dragons autrichiens. Les régiments de dragons français de la brigade Montélégier (2e, 6e, 13e, 15e et 18e) se lancèrent dans la mêlée, qui devint générale. Les régiments de cavalerie légère du général Subervic, attaqués en même temps par d'autres escadrons prussiens et autrichiens, sont débordés et ramenés; mais le colonel

Mermet, déployant sa brigade avec le plus grand sang-froid, forme en bataille les 18e, 19e, 22e et 25e Dragons, dont plusieurs charges poussées à fond obligent les cavaliers alliés à battre en retraite.

L'ennemi, d'après le rapport du général Milhaud, laisse 600 morts sur le champ de bataille et 350 prisonniers entre nos mains; nos pertes ne dépassent pas 150 hommes. Les régiments des dragons de Saint-Vincent, ancien La Tour, dragons de Hohenzollern et chevau-légers de l'Empereur, sont particulièrement éprouvés dans cette brillante affaire de cavalerie.

Poursuivant sa marche en avant, le général Milhaud arrive à Leipzig le 12 au matin; il établit ses vingt-six escadrons près de Liebewolkowitz, où il opère sa jonction avec le général Lhéritier. Le 5e corps de cavalerie est définitivement constitué à trois divisions, sous les ordres du général Pajol. Le 25e Dragons doit compter à la 2e division de dragons, général Lhéritier, 2e brigade, colonel Lamotte (22e et 25e Dragons).

Une situation détaillée du 25e Dragons, la plus rapprochée que nous ayons trouvée du 12 octobre, — elle est du 6, — donne la répartition suivante des différents éléments du Régiment :

25e DRAGONS

1° Avec le général Lhéritier (à Meissen).	98 hommes,	128 chevaux.
2° Avec le général Milhaud (à Iéna) . .	250 »	271 »
3° Avec le général Margaron (à Leipzig).	129 »	139 »
Total :	477 »	538 »

(L'excédent en chevaux provient du nombre considérable de chevaux d'officiers.)

On peut se rendre compte, en comparant les situations, de la rapidité avec laquelle avaient fondu pendant six semaines de campagne les escadrons aux ordres du général Lhéritier, escadrons composés presque exclusivement d'hommes de recrue et de jeunes chevaux de remonte. L'effectif des hommes, du 15 août au 6 octobre, était tombé de 242 à 98, et celui des chevaux de 261 à 128.

Le détachement de Leipzig, qui figure sur cette situation pour 129 hommes et 139 chevaux, provient des derniers éléments du Régiment, arrivés à Leipzig après le départ du corps Lhéritier pour Dresde, dès la rupture de l'armistice. Placé sous les ordres du général Margaron, commandant la ville de Leipzig, ce détachement prit part aux opérations dirigées par ce général dans le rayon de la place, de concert avec le général Lefebvre-Desnouettes, contre le corps de partisans ennemis de Thielmann. Dans une chaude affaire du 29 septembre, le détachement éprouva quelques pertes. Après la bataille de Leipzig, le général Margaron replia ses troupes sur le Mayn; la colonne fut disloquée, et le détachement du 25ᵉ Dragons rejoignit le gros du Régiment.

3° Le 25ᵉ Dragons est réuni (5ᵉ corps de cavalerie)
— Bataille de Leipzig. —
Retraite sur le Rhin (12 octobre au 31 décembre 1813)

ÉTAT DU 25ᵉ DRAGONS AVANT LA BATAILLE DE LEIPZIG
(Octobre 1813)

MM. le chevalier Montigny, colonel.

Cazener } chefs d'escadron.
Chappuis

Capperon } adjudants-majors.
Genin

Cromarias } chirurgiens-major.
Leclerc

1ᵉʳ *escadron* :

1ʳᵉ compagnie
(élite)
- MM. Clavel, capitaine.
- Petit, lieutenant.
- Demange, sous-lieutenant.
- Beynaud, »

5ᵉ compagnie
- MM. Blanchet, capitaine.
- Storm de Grave, lieutenant.
- Bouet, sous-lieutenant.
- Decloix, »

2ᵉ *escadron* :

2ᵉ compagnie
- MM. Hatton, capitaine.
- Fournier, lieutenant.
- Lemerle, sous-lieutenant.
- Probst, »

6ᵉ compagnie
- MM. Moquet, capitaine.
- d'Inglemare, lieutenant.
- Rigolfo, sous-lieutenant.
- Briant, »

3ᵉ escadron :

3ᵉ compagnie
{ MM. Lasne, capitaine.
Collart, lieutenant.
Maliquet, sous-lieutenant.
Challiot,   »

7ᵉ compagnie
{ MM. Molart, capitaine.
Ducurtyl, lieutenant.
Borneque, sous-lieutenant.
Benazet,   »

4ᵉ escadron :

4ᵉ compagnie
{ MM. Ganné, capitaine.
Desestre, lieutenant.
Noailles, sous-lieutenant.
Faure,   »

8ᵉ compagnie
{ MM. Prévost, capitaine.
Pioger, lieutenant.
Lallemant, sous-lieutenant.
Meurier,   »

5ᵉ escadron (au dépôt) :

9ᵉ compagnie
{ MM. Bennequin, capitaine.
»
Bar, sous-lieutenant.
Charretier, sous-lieutenant.

10ᵉ compagnie
{ MM. Mollien, capitaine.
Robillon, lieutenant.
Milson, sous-lieutenant.
»

A la suite :

MM. Cassard, chef d'escadron
Fromentière, adjudant-major } A la Grande-Armée.

MM. Hacquart
Gaignière } Prisonniers de guerre.
Lempereur

BATAILLE DE LEIPZIG. — Après cette digression nécessaire, nous revenons au récit des opérations de guerre du Régiment, réuni sous le commandement du colonel Montigny. Nous l'avons laissé bivouaqué à Lieberwolkowitz le 12 octobre, à la veille de la lutte sanglante qui conserve dans l'histoire le nom de bataille des Nations.

Le 12 octobre, à midi, une fraction du 5e corps de cavalerie exécute, sous les ordres du général Pajol en personne, une reconnaissance vers le point dominant d'Œltzschau : quelques coups de feu sont échangés. De tous côtés on signale l'approche de grandes masses ennemies, qui se sont donné rendez-vous sous les murs de Leipzig. La reconnaissance rentre le soir du 12.

L'ennemi, établi le 13 sur le front et les deux flancs de Murat, enserre nos bivouacs. Le roi de Naples recule un peu sa ligne et emploie la journée à élever des ouvrages de campagne et à fortifier sa position.

Le 14, les généraux ennemis, prince Wittgenstein et Kleinau, exécutent des reconnaissances offensives : le premier, précédé de la cavalerie de Pahlen, sur Wachau ; le second, droit devant lui, sur Lieberwolkowitz. (Ce point est toujours occupé par les 4e et 5e corps de cavalerie.)

Au moment où l'ennemi débouche sur nos positions, Murat, voulant prévenir son attaque, lance nos escadrons sur ses têtes de colonnes. Le combat s'engage aussitôt sur toute la ligne : c'est l'un des plus grands duels de cavalerie, non seulement de la campagne, mais même du siècle. Pendant plusieurs heures, la lutte continue avec un acharnement inouï et presque sans interruption ; les charges succèdent aux charges. De notre côté aussi bien que du côté des alliés, l'ordre et la cohésion font absolument défaut : aucun ensemble dans le combat; il n'y a guère que des charges d'escadrons, de régiments, à peine quelques-unes de deux régiments; ce ne sont que des chocs successifs et isolés. Murat, chargeant constamment en tête de sa cavalerie, risque plusieurs fois d'être pris. A sa droite, entre Wachau et Lieberwolkowitz, il établit de fortes batteries, qui prennent d'écharpe l'aile gauche de la cavalerie ennemie et jettent le désordre dans ses rangs.

Croyant le moment venu d'en finir avec cette masse de cavalerie, le roi de Naples forme une grosse colonne de tous les dragons du 5ᵉ corps. Il est deux heures, et les premiers coups de feu ont été tirés à neuf heures du matin.

Sans perdre un instant, la 1ʳᵉ division de dragons se porte à la charge, en appuyant sur son flanc droit. Le 25ᵉ Dragons (2ᵉ division) se forme aussitôt en bataille et se trouve découvert; il a à côté de lui le 22ᵉ Dragons. Les deux régiments se portent en avant au galop. A ce moment, le colonel Montigny, du 25ᵉ, est glorieusement frappé à mort à la tête de son régiment; le chef d'escadron Cazener le remplace, et, enlevant la brigade, le chef d'escadron Adam, du 22ᵉ Dragons, commande la charge, qui est exécutée avec la plus grande intrépidité. L'artillerie ennemie accueille nos escadrons par des bordées de mitraille, pendant que les hussards russes, les uhlans prussiens et les cuirassiers de Brandebourg se précipitent sur nos cavaliers.

Le capitaine Clavel rallie trois fois, avec un admirable sang-froid, la compagnie d'élite du Régiment, tandis que le chef d'escadron Chappuis enlève la gauche du 25ᵉ Dragons, et que le capitaine Blanchet résiste au centre aux furieuses attaques des cuirassiers ennemis. Trois fois le Régiment revient à la charge.

Le sous-lieutenant Demange, le maréchal des logis Briand, le brigadier Malarmé, les dragons Forbach et Gauthier, tous les cinq de la compagnie d'élite, se font remarquer pour leur intrépidité, en forçant les premiers la ligne ennemie. Le sous-lieutenant Lemerle, le maréchal des logis Tinder, se couvrent de gloire. Les pertes du Régiment sont considérables : outre le colonel Montigny, tué, et le sous-lieutenant Noailles, grièvement blessé, le brigadier Chiovetti, les dragons Marin, Seigneur, Fignet, Gueuly, le brigadier Verdun, sont tués; le dragon Bartoldo a le bras gauche emporté par un boulet; beaucoup d'autres cavaliers sont blessés, et de nombreux chevaux tués [1].

L'entrée en ligne de Kleinau et de nouvelle cavalerie autrichienne menaçant notre flanc gauche obligea Murat à replier ses escadrons sur notre infanterie, fortement établie dans ses positions de la veille. Le combat de Liebervolkowitz nous avait coûté environ 600 hommes hors de combat.

[1] Tous ces détails sont extraits d'un rapport du chef d'escadron Cazener, commandant le 25ᵉ Dragons, écrit quelques jours après la bataille de Leipzig et dans lequel il réclamait la croix de la Légion d'honneur pour les braves dont nous venons de citer les noms.

La journée du 15 se passa sans incident; de part et d'autre on se préparait à la grande bataille que la proximité des deux armées rendait inévitable pour le lendemain. Le Régiment a bivouaqué près de Liebervolkowitz; dans la journée il va s'établir à côté de Holzhausen, au nord de la route de Leipzig à Grüna. L'empereur visite les cantonnements et passe la revue de ses troupes, qui, sauf les Saxons, l'accueillent avec leur enthousiasme habituel.

Dans la matinée du 16, une action générale s'engage sur toute notre ligne. Au début de l'action, les corps de cavalerie restent massés au centre, derrière l'infanterie. Les deux divisions du 5e corps de cavalerie Subervic (cavalerie légère) et Lhéritier (dragons) font un crochet vers Holzhausen, en attendant l'arrivée de Macdonald et de Sébastiani. Pendant que la division Milhaud, du 5e corps de cavalerie, a la gloire de prendre part à la charge furieuse de Murat contre la cavalerie de Pahlen (trois heures), le 25e Dragons reste avec Lhéritier à sa position de Holzhausen. Durant toute la journée, placé ainsi à la droite du 11e corps, il exécute des charges infructueuses, quoique brillantes, contre les escadrons de Kleinau et de Ziethen.

A la fin de la bataille, tout le 5e corps de cavalerie va s'établir derrière le centre de notre ligne. Son chef, le général Pajol, grièvement blessé dans la charge commandée par le roi de Naples, est remplacé dans le commandement du 5e corps par le général comte Milhaud.

La journée du 17 est sombre et pluvieuse; elle se passe dans une paix profonde, les troupes étant en présence, à portée de canon. Les champs où l'on a vaillamment combattu la veille sont jonchés de cadavres. Dans les bivouacs, on s'occupe à remplacer les munitions, à soigner les blessés, à rallier les isolés. Tout le monde s'attend à une nouvelle attaque.

Le 18, la lutte recommence. Dans la matinée, la cavalerie française, frappée par de nombreux projectiles, se replie derrière les corps d'armée. Le 25e Dragons, ainsi que les autres régiments du 5e corps, se masse à la gauche de Sotteritz. Vers quatre heures, l'empereur a arrêté l'ennemi sur tous les points et paralysé sa poursuite; son but est atteint, il peut replier son armée. Le 5e corps de cavalerie bat en retraite, traversant Leipzig et le défilé de Lindenau.

Retraite sur le Rhin. — Pendant la retraite de Leipzig au Rhin, le 25e Dragons, ne quittant plus la division Lhéritier du 5e corps de cavalerie, rallie, le 19 octobre, le général Bertrand à Weissenfels, passe l'Unstrutt, contribuant à en rétablir les ponts détruits. Il marche le 20 sur Eckartsberg, que l'ennemi évacue à son approche; de là sur Kœsen, qu'il occupe le 22, se liant à la cavalerie du duc de Reggio. Le 23, il tourne Weimar. Couvrant la droite de l'armée dans sa retraite, il est le 24 sur les chemins de Wartza et de Hayn, précédé de quelques centaines de Cosaques, qui veulent entraver sa marche.

Le 26 octobre, éclairant la marche du 4e corps,

il cantonne à Sapproda, toujours harcelé par une nombreuse cavalerie ennemie.

Le 30 octobre, jour de la bataille de Hanau, le Régiment, avec le corps Milhaud, flanque la droite de notre armée, passant par Issingheim et Brücköbel. Il fait reculer les partisans russes et autrichiens.

Le 25ᵉ Dragons est cantonné à Hochheim le 5 novembre. Commandé par le chef d'escadron Cazener depuis la mort glorieuse du colonel Montigny, le Régiment compte à cette date sous les armes : 28 officiers, 223 hommes, 67 chevaux d'officiers, 208 de troupe et 4 de trait. Il a en outre 4 officiers, 115 hommes et 104 chevaux détachés soit au dépôt du corps à Weinweiler, soit aux grands dépôts de cavalerie, soit aux quartiers généraux.

Le colonel Mermet commande toujours la 2ᵉ brigade (22ᵉ et 25ᵉ Dragons) de la 2ᵉ division de dragons (général Lhéritier) du 5ᵉ corps de cavalerie (général Milhaud).

Le 15 novembre, la situation s'est peu modifiée. La division cantonne entre Mayence et Bingen, le Régiment à Ober-Ingelheim.

A cette date, tout le 5ᵉ corps de cavalerie est placé, ainsi que les autres troupes sur le Rhin, sous le commandement supérieur du maréchal Marmont, duc de Raguse.

A la fin de novembre, pour assurer les subsistances de l'armée, on étend un peu les cantonnements des troupes.

Le 1ᵉʳ décembre, le général Lhéritier a son quartier

CHAPITRE X

1814

CAMPAGNE DE 1814 EN FRANCE. — LICENCIEMENT DU 25ᵉ DRAGONS

Le 25ᵉ Dragons fait toute la campagne de France de 1814 au 5ᵉ corps de cavalerie, commandé par le général Milhaud. Ce corps avait la composition suivante :

Commandant en chef : le général de division comte Milhaud.

Divisions.	Brigades.	Régiments.
3ᵉ division de cavalerie légère : général de Piré.	5ᵉ brigade : général Subervic.	3ᵉ Hussards. 13ᵉ Chasseurs. 14ᵉ Chasseurs.
	6ᵉ brigade : général du Coëtlosquet.	26ᵉ Chasseurs. 27ᵉ Chasseurs.
3ᵉ division de grosse cavalerie : général Briche.	5ᵉ brigade : général Montélégier.	2ᵉ Dragons. 6ᵉ Dragons. 11ᵉ Dragons.
	6ᵉ brigade : général Ludot.	13ᵉ Dragons. 15ᵉ Dragons.
4ᵉ division de grosse cavalerie : général Lhéritier.	7ᵉ brigade : général Lamotte.	18ᵉ Dragons. 19ᵉ Dragons. 20ᵉ Dragons.
	8ᵉ brigade : général Collaërt.	22ᵉ Dragons. 25ᵉ Dragons.

Et deux batteries d'artillerie légère. Au total : 4750 sabres environ.

Le Régiment est cantonné à Colmar le 1er janvier 1814; le chef d'escadron Cazener en a le commandement. La situation de ce jour donne comme effectif au 25e Dragons : 25 officiers, 238 hommes, 60 chevaux d'officiers, 231 de troupe et 4 de trait. 1 officier et 18 hommes sont de plus détachés au petit dépôt de Rockenhausen.

Le 3 janvier, le général de Grouchy, commandant supérieur de la cavalerie, informé que l'armée austro-bavaroise du prince de Schwarzenberg se portait tout entière en avant, donna l'ordre de la retraite. A la sortie de Colmar, tout le 5e corps de cavalerie se mit en bataille; l'ennemi ne tarda pas à déboucher et déploya aussitôt une vingtaine d'escadrons, pour couvrir l'occupation de la place. Le 5e corps de cavalerie se retira alors par échelons; on tiraillâ encore pendant une partie de la journée, tandis que la marche rétrograde s'effectuait. L'ennemi cessa de se montrer à la hauteur de Guémar; le 25e Dragons arriva dans la soirée à Schelestadt, où il coucha.

Le 4 janvier, il est à Saint-Pierre-l'Abbaye; le 5, à Framont. Pendant ces deux journées, il n'y eut aucun contact avec l'ennemi. Le 5, les troupes montèrent à cheval au point du jour. Le général Collaërt, remplacé par le général Briche dans le commandement de la 1re division de dragons, vint se placer à la tête de la 2e brigade de la division Lhéritier, composée des 22e et 25e Dragons. A dix heures, la cavalerie continua sa retraite sur les Vosges. Le Régiment traversa Andlau, dont les braves habitants, comme tous ceux de l'Alsace, demandaient ardemment à prendre part à la défense commune, et vint passer la nuit à Viche.

Le 25ᵉ Dragons est à Baccarat le 6. Dans la journée, un détachement du 5ᵉ corps de cavalerie enlève un convoi ennemi à Saint-Dié. Le Régiment reste à Baccarat jusqu'au 10. Le 11, il se porte sur Rambervilliers, où il fait séjour jusqu'au 14. A cette date, le 5ᵉ corps de cavalerie est en retraite sur Toul. La saison était rigoureuse ; on avait perdu beaucoup de chevaux, faute d'argent pour entretenir la ferrure. Depuis Baccarat, le verglas nous avait démonté plus de monde que ne l'aurait fait un jour de bataille.

Le 5ᵉ corps de cavalerie est entièrement cantonné, le 17 janvier, dans les environs de Toul ; le 18, il se remet en marche et vient s'établir à Void, Vaucouleurs et Commercy. Il reste dans ces positions jusqu'au 21 janvier. Dans la nuit du 20 au 21, on marche sur Ligny. Le 22 au matin, la division de Piré étant en bataille sur les hauteurs de Saint-Aubin, et couronnant la position de Ligny, plus de 2 000 Cosaques paraissent vers dix heures et font replier nos grand'gardes. Le duc de Bellune accourt avec son corps d'armée et le général Milhaud avec ses deux divisions de dragons, pour soutenir la cavalerie légère ; mais bientôt on s'aperçoit qu'on n'a affaire qu'à une forte reconnaissance de l'ennemi. Les alliés sont attaqués avec impétuosité, et on les repousse jusque vers Saint-Aubin, après avoir mis bon nombre des leurs hors de combat. A la nuit, le 5ᵉ corps de cavalerie se replie sur Ligny.

Le 24, l'arrière-garde de nos troupes s'appuie sur Saint-Dizier.

COMBAT DE SAINT-DIZIER. — L'ennemi attaque en force, le 25, la position de Saint-Dizier; la lutte est chaude, on se bat dans les rues. Le général Duhesme établit ses troupes en bataille hors de la ville, en avant du village de Hallignicourt.

Le 25e Dragons et les autres régiments du 5e corps se forment en seconde ligne et soutiennent la division Duhesme; après un rude combat, l'ennemi se rend maître de Saint-Dizier. Battant en retraite, le 25e Dragons va se placer à Perthes, où il couvre la route de Vitry, de concert avec l'infanterie du 2e corps d'armée.

Les corps des ducs de Bellune et de Raguse et du prince de la Moskowa opèrent leur jonction le 26. L'empereur arrive de Paris le même jour; il allait, par sa présence, donner aux opérations un ensemble qui jusque-là leur faisait défaut.

Le 27 janvier, au lever du soleil, l'empereur donna l'ordre d'attaquer Saint-Dizier. L'ennemi fut enfoncé, et notre infanterie entra dans Saint-Dizier au pas de charge, tandis que le 25e Dragons et le reste du 5e corps surprenaient dans son bivouac la division de cavalerie du général Landskoy et l'enlevaient.

Le 25e Dragons marche par Longeville, le 28, dans la direction de Brienne et traverse Montierender.

BATAILLE DE BRIENNE. — Le 29 janvier au point du jour, toute l'armée, commandée par l'empereur en personne, se porte sur Brienne. Le 25e Dragons est à l'avant-garde avec les autres régiments du 5e corps de cavalerie. Arrivé au débouché d'un défilé entre Brienne et Maizières, le général de Grouchy, qui commandait toute notre cavalerie, établit la division de dragons Lhéritier en bataille au centre de la ligne, la division de Piré à gauche, la division Lefebvre-Desnouettes à droite. C'est dans cet ordre que la cavalerie se porte en avant pour charger, mais l'ennemi ne nous attend pas. Il se met en ordre de colonne et se dirige sur Brienne, qu'il traverse, pour se former de l'autre côté de la ville, sur la route de Bar. Cependant Grouchy, saisissant une occasion favorable, fait charger vers dix heures du soir, à la lueur des flammes, le 25e Dragons et le reste de la division Lhéritier. A cette vue, trois bataillons se forment en carré pour soutenir la cavalerie russe, et accueillent nos dragons par un feu tellement meurtrier, qu'ils arrêtent leur poursuite. Le Régiment fait quelques pertes dans cette charge; citons seulement le maréchal des logis Ravidas et le dragon Mathon, qui sont tués après avoir donné des preuves de grande valeur. Soutenu par Ney, le maréchal Victor parvient à se maintenir dans Brienne. Enfin, à minuit, épuisées de fatigue et rassasiées de carnage, les deux armées cessent le feu, et, profitant de la nuit, l'ennemi se décide à battre en retraite par la route de Bar-sur-Aube. Nos troupes couchent sur le champ de bataille. (*Extraits du rapport du duc de Bellune.*)

Le lendemain 30, toute la cavalerie de l'armée, sous les ordres du général de Grouchy, se réunit en avant de Brienne sur la route de Bar-sur-Aube, direction suivie par l'ennemi dans sa retraite. La cavalerie russe qui était en ligne, face à nos escadrons, ne nous attendit pas, et après quelques coups de canon nous allâmes prendre position à la Rothière, notre droite appuyée à l'Aube et notre gauche s'étendant dans la plaine vers le bois d'Éclance.

Il n'y eut aucun mouvement, le 31, sur la ligne française; l'ennemi avait couvert son front par des Cosaques et présentait, sur les hauteurs de Beaulieu et de Trames, des masses considérables d'infanterie et d'artillerie.

BATAILLE DE LA ROTHIÈRE. — Le 25ᵉ Dragons prend une part considérable à la malheureuse bataille de la Rothière, livrée le 1ᵉʳ février par l'empereur Napoléon. Le mouvement offensif de l'ennemi ne se dessine réellement que vers une heure de l'après-midi. Le Régiment est placé avec sa division au centre de notre ordre de bataille, se liant par sa droite aux troupes d'infanterie du duc de Bellune. La ligne formée par les dragons du 5ᵉ corps de cavalerie est couverte par une nombreuse artillerie; malheureusement la faiblesse de nos effectifs et l'étendue de cette ligne rendaient la tâche de notre cavalerie bien difficile, dans le cas d'une vigoureuse attaque de l'ennemi sur l'artillerie française. Cette attaque se produisit vers quatre heures : 6 000 chevaux russes et prussiens, formés sur deux lignes, se lancent sur nos pièces, et, débordant la Rothière par leur gauche, obligent nos dragons à se replier en désordre. Un mouvement de flanc, habilement exécuté par la division du général de Piré, rétablit un moment le combat et permet aux dragons de se rallier et de recommencer la lutte. Une grande partie de nos pièces avait été enlevée par l'ennemi, et malgré les efforts de nos escadrons, qui renouvelèrent leurs charges désespérées jusqu'à la tombée de la nuit, nous ne parvînmes pas à les reprendre. Toutes les attaques de l'ennemi, soutenues par une artillerie formidable, furent repoussées avec bravoure, et, malgré notre infériorité numérique, l'ordre le plus parfait ne cessa de régner dans nos rangs. Vers minuit, l'empereur ordonna la retraite. L'armée française se concentra dans la direction de Lesmont. Le 5e corps de cavalerie bivouaqua sous Brienne.

Cette bataille détruisit le prestige d'invincibilité attaché à la réputation de Napoléon et affecta d'une manière grave le moral de l'armée française.

Le 25e Dragons passe l'Aube au pont de Lesmont le 2 février; les 3 et 4, il bivouaque sous les murs de Troyes, bat en retraite, le 5, sur Nogent-sur-Seine. Les 5, 6 et 7, il est à l'arrière-garde, talonné par les coureurs cosaques, qui cherchent à inquiéter la marche en retraite de nos troupes. Le 9, il atteint Pont-Saint-Hilaire. Ce jour-là l'empereur quitte l'armée, se rendant sur la Marne et laissant aux maréchaux Victor et Oudinot le soin de défendre la Seine.

Le 10, le maréchal duc de Bellune concentre ses troupes sous Nogent. Le 25e Dragons franchit l'Ardusson et prend position à midi à la Chapelle-Verrières. L'ennemi se montre en force et livre un combat acharné au château de la Chapelle, qui reste en notre pouvoir.

Le maréchal Victor évacue Nogent, le 11, après un sanglant combat, et marche sur Provins pour opérer sa jonction avec le duc de Reggio.

L'ennemi a passé la Seine à Bray, le 13. Le 25e Dragons se replie sur Nangis, qu'il évacue dans la nuit du 14 au 15, faisant l'arrière-garde de notre colonne, qui se dirige sur Mormant.

L'empereur, vainqueur à Champaubert, à Montmirail, à Vauchamps, quitte la Marne, fait trente lieues en deux jours avec sa garde, et arrive, le 16 février, à Guignes et Chaulnes, menaçant le flanc droit de l'armée du prince de Schwarzenberg.

Combat de Mormant (17 février). — Cette victoire fait le plus grand honneur aux divisions de Piré et Briche du 5e corps de cavalerie, qui s'y couvrent de gloire. Par ordre du duc de Bellune, le 25e Dragons et les autres régiments du général Lhéritier sont détachés dans la matinée à notre extrême droite, route de Nangis. Ces régiments ont dans le cours de la journée deux engagements brillants avec les uhlans autrichiens et les hussards Archiduc-Joseph. Ils tuent ou prennent une cinquantaine d'hommes, dont deux officiers. Le sous-lieutenant Demange, du 25e Dragons, est blessé dans l'action. A la tombée de la nuit, le 5e corps se porte à toute bride sur Montereau, malgré l'heure avancée et la lassitude extrême des chevaux. Arrivé à Salins, il s'arrête auprès du corps du duc de Bellune, auquel la fatigue de ses troupes n'a pas permis d'aller plus loin.

Pendant la belle attaque de Montereau, le 18, par

le 2e corps, le 25e Dragons remonte la Seine vers Bray et s'établit au Plessis, en face de cette ville. A cinq heures du matin, il reçoit l'ordre de rétrograder sur Montereau.

Le 19, marche forcée sur Jaulnes, en longeant la rive gauche de la Seine.

Les succès de l'empereur sur la Marne, la belle défense des maréchaux sur la Seine, enfin les victoires de Mormant et de Montereau, déterminent un mouvement général de retraite des armées coalisées. La grande armée de Schwarzenberg se replie sur Troyes.

Le 25e Dragons poursuit l'ennemi dans cette direction et couche, le 21, à Trainel.

Sur ces entrefaites, le colonel d'Hautefeuille vient prendre le commandement du 25e Dragons. Depuis la mort glorieuse du colonel Montigny, tué à Leipzig, le chef d'escadron Cazener avait exercé ce commandement, mais seulement à titre provisoire. Un décret impérial du 31 janvier 1814 avait bien nommé M. Canavas de Saint-Amand[1] colonel du 25e Dragons; mais cet officier supérieur, employé à l'état-major pendant la campagne de France, ne parut jamais au Régiment. Cette situation ne pouvait durer, et le comte d'Haute-

---

[1] Canavas de Saint-Amand, né en 1775 à Montargis; sous-lieutenant au 7e Dragons (1791), capitaine (1796), chef d'escadron au 13e Chasseurs (1808); passe au 2e Chasseurs, au 12e Hussards et aux Dragons de la garde (1813), colonel du 5e provisoire de Dragons (17 janvier 1814), colonel du 25e Dragons (31 janvier 1814), passe au 5e Dragons le 15 mars 1814, en non activité (1815), colonel du 4e Chasseurs (1830), maréchal de camp (1833), au cadre de réserve en 1839; décédé en 1847.

feuille [1], promu colonel du 25e Dragons par décret du 6 février 1814, prit quelques jours après le commandement du Régiment sous le feu de l'ennemi.

Le Régiment, qui vient de recevoir quelques renforts, compte dans le rang, à cette date (21 février) : 26 officiers, 351 hommes, 64 chevaux d'officiers et 349 de troupe.

Le 21 février, formant l'avant-garde du duc de Tarente, avec lequel il marche dorénavant, le 5e corps de cavalerie se porte en avant sur la vieille route de Troyes ; puis il se jette à droite vers Ocey-les-Trois-Maisons, où, soutenue par les 22e et 25e Dragons, la brigade Lamotte de la division Lhéritier a un brillant engagement contre 1500 chevaux ennemis. Le soir, le Régiment couche à Ocey-les-Trois-Maisons.

Le 22, marche en avant et combat d'avant-garde de notre cavalerie légère. Le bruit d'un armistice (conférences de Lusigny) s'étant répandu parmi les troupes, pendant quelques heures les généraux français et alliés parlementent. Les deux cavaleries, arrêtées dans leurs positions et séparées seulement de quelques mètres, se mettent à fraterniser.

---

[1] Eugène-Gabriel-Louis, comte d'Hautefeuille, né à Caen en 1779, sous-lieutenant au 5e Dragons (1808), lieutenant au 2e provisoire de Dragons en 1811, au 4e Chevau-légers-Lanciers (1811), chef d'escadron (1813), major à la suite (3 janvier 1814), colonel du 25e Dragons (6 février 1814), du 3e Lanciers (fin d'avril 1814), à la suite du 2e Lanciers (30 novembre 1814), colonel des Dragons du Calvados (1er) (1815), au corps d'état-major (1819), colonel des Dragons de la Manche (7e) (1822), maréchal de camp (1823), au cadre de réserve (1841), décédé en 1846. Chevalier de Saint-Louis (1814), chevalier de la Légion d'honneur (1813), officier (1814), commandeur (1821).

Revenus de leur erreur et fortement blâmés par l'empereur, nos généraux recommencent la poursuite dès le lendemain 23; le 25ᵉ Dragons est en position le 23 à Lépinne; l'ennemi bat en retraite dans la direction de Bar-sur-Seine. Le Régiment se porte le 24 sur Fouchères, traverse Bar-sur-Seine le 25, et s'établit le soir à Lèches. Le 26, il est placé sur la route de Châtillon à Mussy.

L'empereur s'est rejeté sur la Marne, laissant au maréchal duc de Tarente le commandement supérieur des corps Tarente, Gérard, Reggio, et des corps de cavalerie Saint-Germain, Kellermann et Milhaud (27 février). A peine Schwarzenberg a-t-il connaissance de l'affaiblissement numérique de l'armée qui lui est opposée, qu'il se reporte en avant. Le maréchal Macdonald ordonne alors la retraite sur Fontette et Bar-sur-Seine.

Le 28 février, le 25ᵉ Dragons traverse le défilé dangereux de la forêt de Clairvaux.

La retraite se continue en bon ordre pendant les premiers jours de mars. Le 1ᵉʳ mars, le 25ᵉ Dragons occupe Bar-sur-Seine pendant quelques heures, puis il reprend la grande route de Troyes, et, exténué de fatigue, va coucher à Rumilly; à Chappes, le 2; le 3, sous les murs de Troyes, il bivouaque au village de Veipoce. Le soir, il passe la Seine et cantonne le 4 à Ocey-les-Trois-Maisons, gardant la vieille route de Troyes à Sens.

Le 5 mars, le 5ᵉ corps de cavalerie fait l'arrière-garde et s'établit à Saint-Aubin, Paraquez et Quinsenay.

Les deux divisions de dragons présentent encore une force de 2 500 combattants (le 25ᵉ Dragons compte pour 22 officiers, 320 hommes, 362 chevaux).

Le Régiment évacue Nogent, dont le pont est rompu le 6 mars. Le 7, il est en position au Plessis-Mériot.

Le 8, le 5ᵉ corps de cavalerie est concentré près de Bray; il cantonne à Hermé, Gonaux et Challemonson. Il reste dans ces positions jusqu'au 15; ces quelques jours de repos étaient bien nécessaires, après des marches ininterrompues pendant près de deux mois.

Le 25ᵉ Dragons, dont l'effectif commence à fondre, ne forme plus que deux escadrons.

Le 15 mars, le Régiment marche avec le maréchal Macdonald sur Provins, et cantonne avec tout le 5ᵉ corps de cavalerie autour de Rouilly. Les admirables combinaisons stratégiques de l'empereur obligent de nouveau les armées ennemies à la retraite.

Le 25ᵉ Dragons se porte sur Villenoxe, précédant l'armée du duc de Tarente, dont le but est d'opérer sa jonction avec l'empereur, qui vient menacer encore une fois les flancs et les derrières de l'armée coalisée.

Le 20, le 5ᵉ corps de cavalerie marche de Sommepuis sur Vitry-le-Français; il s'établit le 21 à Métiercelin, et, le 22, le 25ᵉ Dragons reprend sa marche sur Vitry. Arrivé devant la Marne, il y trouve l'empereur, qui ordonne aux divisions de dragons du général Milhaud de franchir la rivière à gué, de se mettre en bataille face à Vitry, qu'occupait un corps russe, et de sommer le gouverneur de se rendre, en le prévenant que, s'il refusait, il serait enlevé de vive force. Celui-ci ne se laissa pas intimider, et le Régiment revint, avec sa division, occuper Frimicourt, sans avoir pu pénétrer dans Vitry.

Le 25ᵉ Dragons exécute une marche sur Vassy le 25 mars.

Bataille de Saint-Dizier. — Le 26, il assiste à la bataille de Saint-Dizier, dernière victoire de l'empereur sur les alliés. Placé à la gauche de notre ordre de bataille, le Régiment appuie par ses charges les mouvements du général Lefebvre-Desnouettes. Sous les yeux du duc de Tarente, le 25ᵉ Dragons, commandé par son brave colonel d'Hautefeuille, soutient pendant plus d'une demi-heure l'effort de 3000 hommes de cavalerie de la garde russe. Aidé du 22ᵉ Dragons, il finit par enfoncer la cavalerie ennemie et s'emparer de six pièces de canon. Le lieutenant d'Inglemare et le sous-lieutenant Rigolfo sont grièvement blessés dans cette charge; le dragon Debruyne est tué; plusieurs autres cavaliers du Régiment sont mis hors de combat.

Ce beau succès de nos armes n'ayant pas ralenti la marche concentrique des alliés sur Paris, le 25ᵉ Dragons se replia avec toute l'armée d'abord sur l'Aube, puis sur la Seine. Il franchit l'Aube le 30 mars au pont de Dolencourt, marcha par Vendœuvres, Troyes, Villeneuve-l'Archevêque, Pont-sur-Yonne, et, le 4 avril, accélérant sa marche vers Fontainebleau, il vint cantonner sur la rivière d'Écolle à Bréau. Il comptait encore dans le rang 22 officiers, 246 hommes, 54 chevaux d'officiers et 246 de troupe.

Les événements se sont précipités dans ces derniers jours : la prise de Paris par les alliés et l'abdication de Napoléon, entraînant la chute du régime impérial, mettent fin aux hostilités.

Le 25e Dragons touche au terme de sa longue carrière. Avant d'en reconstituer les derniers moments, nous devons un souvenir au dépôt du Régiment et aux détachements fournis par lui pendant cette triste mais glorieuse campagne de France. Aussi bien que les escadrons de guerre, ces détachements de recrues, véritables enfants envoyés au feu à peine armés, équipés et instruits, méritent que leur souvenir soit recueilli dans ce travail, consacré à la mémoire de notre vieux Régiment.

Le dépôt du 25ᵉ Dragons et les détachements qu'il fournit aux armées pendant la campagne de 1814

Au commencement de la campagne de 1814, le dépôt du 25e Dragons était encore à Verdun. Obligé de reculer devant l'invasion, on avait, au commencement de janvier, assigné aux dépôts des corps de cavalerie de nouveaux emplacements plus éloignés du théâtre des opérations. Celui du 25e Dragons eut ordre de quitter Verdun le 18 janvier et de se rendre à Moret. Il passa par Sézanne, Provins, Montereau, et, le 24, brûlant Moret, il continua sur Melun, passa le 26 à Corbeil et arriva le 27 à Versailles, où l'empereur avait constitué le grand dépôt central de toute la cavalerie. Hommes et chevaux y arrivaient de toutes parts.

A peine habillés et mis sur un cheval, les recrues étaient formés en détachements qui, réunis en régiments de marche, allaient à l'armée renforcer les effectifs affaiblis de notre cavalerie.

Le 27 mars 1814, le dépôt du 25ᵉ Dragons comptait encore 16 officiers, 227 hommes, presque tous recrues, et une centaine de chevaux.

Il expédie, le 28 janvier, à Pont-sur-Yonne : 3 officiers, 114 hommes, 121 chevaux. (Ce détachement devait rejoindre le général Bordesoult.)

Le 4 février, nouveau départ de 3 officiers, 87 hommes et 97 chevaux, à destination de Nogent.

Le 4 mars, pour Meaux, au régiment de marche commandé par le colonel Planzeau : 2 officiers, 40 hommes et 40 chevaux.

Le 14 mars, pour Soissons : au régiment de marche commandé par le colonel Christophe, du 5ᵉ Cuirassiers : 1 officier, 11 hommes, 11 chevaux.

Ces détachements prirent part aux opérations de nos armées sur la Seine et la Marne. L'un d'eux combattit à la bataille de la Fère-Champenoise (25 mars), où le capitaine Hatton et le sous-lieutenant Benazet furent grièvement blessés (ce dernier mort de ses blessures), et termina la campagne en assistant à la bataille de Paris.

Après la cessation des hostilités, ces différents détachements rejoignirent le gros du Régiment.

D'après un contrôle daté du 1ᵉʳ avril, la composition du corps d'officiers du 25ᵉ Dragons était la suivante au moment où le Régiment achevait sa dernière campagne :

25ᵉ RÉGIMENT DE DRAGONS (1ᵉʳ AVRIL 1814)

État-major : MM. le comte d'Hautefeuille, colonel.
             Canavas de Saint-Amand, colonel (absent, détaché dans les quartiers généraux.)
             Dumolard, chef d'escadron.
             Chappuis, »
             Clavel, »
             Capperon, adjudant-major.
             Genin, »
             Longuet, quartier-maître.
             Cromarias, chirurgien.
             Leclerc, »
             Jacobs, »
             Lavaud, »
             Boucelin, »

1ᵉʳ escadron :

1ʳᵉ compagnie (élite)
- MM. Mollien, capitaine.
- Storm de Grave, lieutenant.
- Demange, sous-lieutenant.
- Beynaud, »

4ᵉ compagnie
- MM. Ganné, capitaine.
- Pioger, lieutenant.
- Bouet, sous-lieutenant.
- Decloix, »

2ᵉ escadron :

2ᵉ compagnie
- MM. Molart, capitaine.
- Petit, lieutenant.
- Probst, sous-lieutenant.
- Bornèque, »

5ᵉ compagnie
- MM. Lasne, capitaine.
- Fournier, lieutenant.
- Maliquet, sous-lieutenant.
- Rigolfo, »

3ᵉ *escadron :*

3ᵉ compagnie
- MM. Bennequin, capitaine.
- Collart, lieutenant.
- Lemerle, sous-lieutenant.
- Noailles, »

6ᵉ compagnie
- MM. Blanchet, capitaine.
- Robillon, lieutenant.
- Bar, sous-lieutenant.
- Lallemant, »

Officiers à la suite :

MM. Moquet, capitaine.
Hatton, »
Prevost, »
d'Inglemare, lieutenant.
Hulot, sous-lieutenant.
Milson, »
Meurier, »
Chartier, »
Benazet, »
Briant, »
Faure, »
Grenet, »

} Ces officiers, présents aux escadrons ou au dépôt, fournissent les cadres des 4ᵉ et 5ᵉ escadrons reconstitués un peu avant le licenciement.

MM. Cassard, chef d'escadron.
Gaignière, capitaine.
Désestre, lieutenant.
Lempereur, sous-lieutenant.
Chaillot, »
Hacquart, »

} Prisonniers de guerre.

LICENCIEMENT DU 25ᵉ DRAGONS

Nous avons laissé le 25ᵉ Dragons cantonné à Bréau le 4 avril; il en partit le 11 pour aller à Malesherbes, et arriver le 14 près de Chartres, où sa division était établie. Peu de temps après, le 5ᵉ corps de cavalerie reçut le département de la Sarthe comme zone de cantonnements. Le 25ᵉ Dragons, toujours commandé par le colonel d'Hautefeuille, à l'effectif de 25 officiers, 233 hommes, 58 chevaux d'officiers et 295 de troupe, occupe Beaumont. Les autres régiments de la division sont à Mamers, Saint-Paterne et Marolles. Le dépôt, à Dreux le 1ᵉʳ mai, avait été transféré le 4 à Mézidon.

Le 27 avril, le colonel d'Hautefeuille passe au 3ᵉ Lanciers. Un décret du même jour nommait le comte Oudinot de Reggio¹ colonel du 25ᵉ Dragons. Il n'eut pas le temps d'exercer son commandement; car, le 12 mai, parut l'ordonnance du roi Louis XVIII modifiant la constitution de la cavalerie.

Quinze régiments de dragons seulement étaient conservés. Les derniers numéros de l'arme devaient être licenciés et répartir leurs cadres, hommes et chevaux, entre les régiments conservés.

Le licenciement s'effectua aussitôt : le 25ᵉ Dragons versa ses 1ᵉʳ et 2ᵉ escadrons au 14ᵉ Dragons (ex-19ᵉ), à Haguenau, et ses 3ᵉ, 4ᵉ et 5ᵉ escadrons au 15ᵉ Dragons (ex-20ᵉ), à Arras. Ces deux régiments reprirent, pendant

---

[1] Nicolas-Charles-Victor, comte Oudinot de Reggio, né le 3 novembre 1791 à Bar-le-Duc, page de l'empereur (1805), lieutenant au 5ᵉ Hussards (1809), aux Chasseurs de la garde (1811), capitaine (1813), chef d'escadron (1814), colonel du 25ᵉ Dragons (27 avril 1814), passe au 1ᵉʳ Hussards (du roi) (11 mai 1814), colonel du 4ᵉ Hussards (septembre 1815), du 1ᵉʳ Grenadiers à cheval de la garde royale (1822), maréchal de camp (1824), lieutenant général (1835). Chevalier de la Légion d'honneur (1813), officier (1813), commandeur (1820), grand officier (1849), grand'croix (1851); chevalier de Saint-Louis (1814), commandeur (1827).

les Cent-Jours, leurs anciens numéros (19ᵉ et 20ᵉ Dragons) et disparurent définitivement au licenciement général de l'armée, à la fin de 1815.

Le conseil d'administration du 25ᵉ Dragons subsista encore quelques mois pour le règlement définitif des comptes; et, cette opération terminée, il fut enfin dissous.

Nous voici arrivés au terme de la longue carrière de l'ancien 25ᵉ Dragons. Nous l'avons suivi pas à pas pendant cent quarante-neuf ans, et toujours nous l'avons trouvé à la hauteur des sacrifices que la France lui a demandés. En disparaissant, il n'a légué à son successeur qu'un simple numéro; mais avec ce numéro, et profondément rattachées à son souvenir, il nous a transmis les plus belles traditions dont un régiment puisse s'enorgueillir.

CHAPITRE XI

1873-1890

LE 25ᵉ RÉGIMENT DE DRAGONS EST RECONSTITUÉ EN 1873. — HISTORIQUE DU CORPS DE 1873 A 1890

1873. — En exécution du décret du maréchal de France président de la république, en date du 29 septembre 1873, le 25ᵉ régiment de Dragons a été constitué au camp de Rocquencourt, le 1ᵉʳ novembre suivant, par le général Appert, assisté de l'intendant militaire Baratier, et formé de quatre escadrons, provenant respectivement des 3ᵉ, 9ᵉ, 13ᵉ et 18ᵉ régiments de Dragons.

Avant d'aller plus loin, nous devons retracer en quelques lignes les grands traits de l'histoire régimentaire de ces quatre corps, qui fournirent ses premiers éléments au nouveau 25ᵉ Dragons, appelé à relever le numéro, déjà fameux dans les fastes de la cavalerie française, du vieux corps que nous avons suivi depuis son origine, sous Louis XIV, jusqu'à sa dernière campagne de guerre, en 1814.

1º 3ᵉ RÉGIMENT DE DRAGONS. — Le 3ᵉ Dragons remonte à l'année 1649. C'est l'ancien Bourbon-Cavalerie, devenu Bourbon-Dragons en 1776, 3ᵉ Dragons en 1791 et licencié à la fin de 1815. De 1811 à 1815, il avait été armé de la lance et portait le nom de 2ᵉ Chevau-légers-Lanciers. Le corps actuel a été créé en décembre 1815 comme 3ᵉ Dragons; de 1816 à 1825, il a ajouté à son numéro le titre de Dragons de la Garonne.

Pendant la guerre de 1870 contre l'Allemagne, ce régiment faisait partie de l'armée du Rhin. Il a pris une part brillante à toutes les affaires autour de Metz, et s'est distingué dans la charge de la division Legrand, le 16 août, à la bataille de Rezonville.

2º 9ᵉ RÉGIMENT DE DRAGONS. — Le 9ᵉ Dragons actuel a été formé, en 1825, du 21ᵉ Chasseurs à cheval (de Vaucluse), organisé lui-même en 1815. L'ancien 9ᵉ Dragons, créé en 1673, comme Beauffremont-Dragons, a pris le numéro 9 de l'arme en 1791, et s'est appelé 4ᵉ Chevau-légers-Lanciers de 1811 à 1815. En 1870, le 9ᵉ Dragons comptait à l'armée du Rhin, et s'est signalé à la bataille de Rezonville, le 16 août, sous Metz.

3º 13ᵉ RÉGIMENT DE DRAGONS. — Le 13ᵉ Dragons, créé en 1855 comme Dragons de l'Impératrice (garde impériale), a fait la campagne de Metz en 1870, et a pris part à la grande charge de Rezonville, le 16 août. 13ᵉ Dragons depuis 1871. L'ancien 13ᵉ, ou Dragons de Monsieur, remonte à l'année 1676.

4º 18ᵉ RÉGIMENT DE DRAGONS. — Le 18ᵉ Dragons,

ancien 6ᵉ Lanciers, a été créé en 1830, sous le nom de Lanciers d'Orléans. Son ancêtre, le vieux 18ᵉ Dragons, datait de 1744. Jusqu'en 1791, il a porté le titre de Dragons du Roi, et a été licencié en 1815.

En 1870, le 6ᵉ Lanciers comptait au 1ᵉʳ corps d'armée. Deux de ses escadrons ont chargé à Morsbronn avec la brigade Michel (8ᵉ et 9ᵉ Cuirassiers), le 6 août (bataille de Freschwiller). En 1871, le 6ᵉ Lanciers est devenu 18ᵉ Dragons.

La composition du 25ᵉ Dragons, à sa reconstitution en 1873, était la suivante :

État-major :

MM. Augey-Dufresse [1], lieutenant-colonel, commandant le Régiment.
    Robillard, chef d'escadrons.
    Baignol, »
    de Lascous, » (à la suite).
    Meinhard, major.
    Manoël, capitaine-adjudant-major.
    Le Beschu de Champsavin, »
    Pernel, lieutenant-trésorier.
    Urdy, sous-lieutenant-adjoint au trésorier.
    Dumay, lieutenant officier d'habillement.
    Merle, sous-lieutenant porte-étendard.
    Cottet, médecin-major.
    Rebeyrolles, vétérinaire.
    Fumet, aide-vétérinaire.

---

[1] Augey-Dufresse (Louis-Anne-Barthélemy), né en 1829 à Ribérac (Dordogne), sorti de Saint-Cyr en 1848, sous-lieutenant au 1ᵉʳ Dragons en 1848, passé au 10ᵉ Dragons en 1850, lieutenant en 1852, capitaine en 1854, passé au 9ᵉ Dragons en 1855, chef d'escadrons au 3ᵉ Dragons en 1867, lieutenant-colonel au même régiment en 1870, passé au 2ᵉ Hus-

1ᵉʳ escadron
(venant du 3ᵉ Dragons).
> MM. Richard, capitaine commandant.
> d'Abel de Libran, capitaine en 2ᵉ.
> Serre, lieutenant en 1ᵉʳ.
> Crotel, lieutenant en 2ᵉ.
> Baillot, sous-lieutenant.
> Robin, »
> Leroi, »

2ᵉ escadron
(venant du 9ᵉ Dragons).
> MM. Bresson, capitaine commandant.
> Grousset, capitaine en 2ᵉ.
> de Rochefort, lieutenant en 1ᵉʳ.
> Vautrin, lieutenant en 2ᵉ.
> Sekler, sous-lieutenant.
> Chalmont, »
> de Rocheron d'Annoy, sous-lieut.

3ᵉ escadron
(venant du 13ᵉ Dragons).
> MM. Robert, capitaine commandant.
> Gittard, capitaine en 2ᵉ.
> Jullier, lieutenant en 1ᵉʳ.
> Bruet, lieutenant en 2ᵉ.
> Brédillet, sous-lieutenant.
> Lyon, »
> Masson, »

4ᵉ escadron
(venant du 18ᵉ Dragons).
> MM. de Vivès, capitaine commandant.
> Quéquet, capitaine en 2ᵉ.
> Mataly de Maran, lieutenant en 1ᵉʳ.
> de La Ruë du Can, lieutenant en 2ᵉ.
> Duffour, sous-lieutenant.
> Périn, »
> Machon, »

Le Régiment comptait au total 39 officiers, 430 hommes, 348 chevaux.

---

sards en 1871, lieutenant-colonel commandant le 25ᵉ Dragons le 11 octobre 1873, colonel le 24 novembre 1874, directeur de la cavalerie au ministère de la guerre (17 novembre 1881), général de brigade (1882), passé dans le cadre de réserve (1885); chevalier de la Légion d'honneur (1869), officier du même ordre en 1881.

25ᵉ Régiment de Dragons

1873

Peu de jours après la réunion des éléments constitutifs du 25ᵉ Dragons, le lieutenant-colonel Augey-Dufresse, en vertu des instructions ministérielles, prescrivit l'amalgame des quatre escadrons (cadres et troupes).

A l'origine, le 25ᵉ Dragons forma brigade avec le 24ᵉ régiment de même arme, sous les ordres du général Tillon.

Il prit à sa formation la tenue des dragons, ainsi fixée : « tunique en drap bleu foncé à un rang de boutons, passepoils bleus; collet blanc, orné dans les angles de pattes bleues, portant le numéro 25, découpé en drap blanc, parements bleus à patte blanche; boutons en cuivre, estampés d'une grenade sans numéro; épaulettes écarlates; pantalon garance, à passepoils bleus; casque d'acier à la romaine à cimier de cuivre, crinière noire, plumet droit écarlate en plumes de coq; manteau en drap blanc piqué de bleu, à manche et rotonde, buffleterie noire. Les trompettes, comme signes distinctifs, portent les épaulettes blanches et la crinière de casque écarlate. »

A la fin de l'année 1873, le chef d'escadrons Baignol et le lieutenant Serre furent faits chevaliers de la Légion d'honneur; le dragon Demange reçut la médaille militaire.

1874. — Le 1ᵉʳ octobre 1874, le 25ᵉ Dragons va tenir garnison à Saint-Germain.

Le 24 novembre, le lieutenant-colonel Augey-Dufresse est promu au grade de colonel; il conserve le commandement du Régiment.

1875. — Par décret du 29 mars 1873 et conformément à la loi sur l'organisation de l'armée, le 25e Dragons est porté à cinq escadrons. Le 5e escadron est formé, le 21 avril, au moyen d'hommes et de chevaux prélevés sur les autres escadrons.

Le 1er octobre, le 25e Dragons se rend au camp de Rocquencourt. Son 3e escadron est détaché au camp de Villeneuve-l'Étang.

En 1875, le chef d'escadrons Robillard reçoit la croix d'officier de la Légion d'honneur, le lieutenant Leroi et l'adjudant Cabrol sont faits chevaliers, le dragon Suss est décoré de la médaille militaire.

1876. — Le 1er février, le 5e escadron, suivi six jours après par le peloton hors rang, quitte Rocquencourt pour se rendre à Nantes, garnison assignée au 25e Dragons.

Le 4e escadron arrive à Nantes le 11 septembre.

Le 1er octobre, les trois premiers escadrons vont de Rocquencourt tenir garnison à Versailles.

En 1876, le capitaine Gittard est fait chevalier de la Légion d'honneur, le dragon Fricot reçoit la médaille militaire.

1877. — Les trois premiers escadrons partent de Versailles, les 15 et 16 juillet, pour se rendre à Nantes, où ils arrivent le 2 août.

Complètement réuni dans sa nouvelle garnison, le 25e Dragons fait partie du 11e corps d'armée et forme la 11e brigade de cavalerie avec le 6e Hussards, en garnison à Pontivy.

Le sous-lieutenant Chalmont reçoit, en 1877, la croix de chevalier de la Légion d'honneur.

Le 25e Dragons assiste aux grandes manœuvres, du 24 août au 12 septembre : les 1er et 2e escadrons sont attachés à la 41e brigade d'infanterie, les 3e et 4e escadrons à la 42e brigade.

1878. — Le commandant de la Sauzay est fait officier de la Légion d'honneur.

1879. — Le 25e Dragons, commandé par le colonel Augey-Dufresse, prend part aux manœuvres d'automne exécutées en Vendée par les divisions d'infanterie du 11e corps d'armée.

Le capitaine Husson reçoit la croix de chevalier de la Légion d'honneur.

1880. — Le 14 juillet 1880, une députation du Régiment, composée du colonel Augey-Dufresse, du chef d'escadrons Keller, du capitaine Quéquet, du lieutenant porte-étendard Hastroffer, de l'adjudant Papillaud, du brigadier Ciret et des dragons Tourin et Le Cossec, se rend à Paris et reçoit à la revue de Longchamps, des mains du président de la République, le nouvel étendard du 25e Dragons.

Cet étendard est en soie, divisé en trois couleurs : bleu, blanc, rouge, réunies par des coutures presque invisibles ; il est bordé sur les trois côtés libres d'un galon lézardé, que termine une torsade en argent doré. Sur une face, on lit en caractères d'or la devise :

Honneur et Patrie, et les noms : *Austerlitz, Iéna, Eylau, Ciudad-Rodrigo*[1]. Sur l'autre face : *République Française, 25ᵉ Dragons*. Le couronnement se compose d'un fer de lance monté sur un socle, et d'une bague, dans laquelle est nouée la cravate en tissu de soie tricolore, bordée à son extrémité d'une frange d'or et portant : *25ᵉ Dragons*, dans une couronne de chêne.

Le 25ᵉ Dragons, commandé par le colonel Augey-Dufresse, exécute au mois d'août autour de Vannes, entre Elven et Grandchamp, des manœuvres de brigade sous la direction du général Féline, commandant la 11ᵉ brigade de cavalerie. Il rentre dans sa garnison le 14 août.

Il en repart le 13 septembre : les 3ᵉ et 4ᵉ escadrons rallient la 42ᵉ brigade d'infanterie, et les 1ᵉʳ et 2ᵉ escadrons manœuvrent avec la 41ᵉ brigade. Le 24 septembre, le Régiment rentre à Nantes.

A partir de cette année, le Régiment fait brigade avec le 7ᵉ Hussards, qui vient remplacer à Pontivy le 6ᵉ Hussards, envoyé à Bordeaux.

En 1880, le lieutenant-colonel Esselin est fait officier de la Légion d'honneur, le lieutenant Bouillé

---

[1] C'est à tort que les noms d'*Iéna* et d'*Eylau* ont été inscrits sur l'étendard du 25ᵉ Dragons. Le Régiment n'a assisté à aucune de ces deux grandes victoires. On a pu voir, dans le cours de cet historique, que le 14 octobre 1806, jour de la bataille d'Iéna, le 25ᵉ Dragons bivouaquait avec une partie de la réserve de cavalerie à Dornbourg, dans le but de barrer à l'ennemi la grande route de Weimar à Leipzig, et que, le 8 février 1807 (bataille d'Eylau), il marchait avec le 5ᵉ corps d'armée sur Ostrolenka, où il combattait vaillamment, quelques jours après, le 16 février.

reçoit la croix de chevalier, et le brigadier Tourin la médaille militaire.

1881. — Le 25ᵉ Dragons prend part aux grandes manœuvres d'automne du 11ᵉ corps d'armée, commandé par le général Zentz d'Alnois et opposé au 10ᵉ corps d'armée, commandé par le général duc d'Auerstadt.

Le 17 novembre, le colonel Augey-Dufresse est nommé directeur de la cavalerie au ministère de la guerre; il laisse le commandement du Régiment au lieutenant-colonel Plessis.

Le colonel Augey-Dufresse est fait officier de la Légion d'honneur, le commandant Keller et le capitaine Schmidt sont nommés chevaliers, l'adjudant Papillaud reçoit la médaille militaire.

1882. — Le 22 août, le colonel Colbert[1] est nommé au commandement du 25ᵉ Dragons, en remplacement du colonel Augey-Dufresse, promu général de brigade.

---

[1] Pierre-Émile-Arnauld-Édouard Colbert, marquis de Colbert-Chabanais (petit-fils du célèbre général de cavalerie Auguste Colbert, tué en Espagne en 1809), né à Gambais (Seine-et-Oise) le 10 juillet 1834, sorti de Saint-Cyr en 1856, sous-lieutenant au 6ᵉ Hussards en 1857, passé aux Chasseurs de la garde en 1859, lieutenant en 1861, capitaine en 1865, au 7ᵉ Lanciers (1865), au 12ᵉ Chasseurs (1866), chef d'escadrons au 9ᵉ de marche de cavalerie légère mixte (1871), au 9ᵉ Hussards (1871), au 8ᵉ Hussards (1872), au 3ᵉ Chasseurs d'Afrique (1872), lieutenant-colonel au 7ᵉ Cuirassiers (1878), colonel du 25ᵉ Dragons (22 août 1882), commandant par intérim la 3ᵉ brigade de dragons (11 mai 1889), général de brigade (15 avril 1890); chevalier de la Légion d'honneur (1875), officier (1889).

Le 25ᵉ Dragons prend part aux manœuvres de cavalerie exécutées à Bléré, près de Tours, sous la direction du général de Gallifet. Il compte à la 11ᵉ brigade de cavalerie (général Baillod), comprise dans la division A (général Lardeur : 17ᵉ Chasseurs, 20ᵉ Dragons, 12ᵉ Hussards, 24ᵉ Dragons, 7ᵉ Hussards, 25ᵉ Dragons). Le Régiment, commandé par le lieutenant-colonel Plessis, présente un effectif de 32 officiers, 294 hommes, 345 chevaux.

Parti de Nantes le 10 avril, le 25ᵉ Dragons est cantonné pendant la durée des manœuvres à Azay-sur-Indre et à Reignac. Il rentre dans sa garnison le 5 septembre.

En 1882, le lieutenant Duffour est nommé chevalier de la Légion d'honneur, le trompette-major Goëckel reçoit la médaille militaire.

1883. — Le 25ᵉ Dragons, commandé par le colonel Colbert (30 officiers, 281 hommes, 315 chevaux), prend part aux manœuvres de la 21ᵉ division d'infanterie, en Vendée. Les 1ᵉʳ et 2ᵉ escadrons sont attachés à la 41ᵉ brigade, les 3ᵉ et 4ᵉ à la 42ᵉ brigade. Parti en deux échelons de Nantes, les 5 et 7 septembre, le Régiment rentre dans sa garnison le 20 septembre.

Le dragon Le Cossec est décoré de la médaille militaire.

1884. — Le 21 juillet, le 25ᵉ Dragons (29 officiers, 390 hommes, 417 chevaux) se rend au camp de Meucon, près de Vannes. Il y exécute des manœuvres de cavalerie sous la direction du général Baillod, commandant la 11ᵉ brigade de cavalerie, et rentre à Nantes le 7 août.

Le premier demi-régiment est attaché, du 6 au 19 septembre, à la 42ᵉ brigade d'infanterie, et le deuxième demi-régiment à la 41ᵉ brigade. A l'issue des manœuvres d'infanterie, les escadrons rentrent dans leur garnison (19 septembre).

Le chef d'escadrons Cersoy, les capitaines Leroux et Druilhet reçoivent la croix de chevalier de la Légion d'honneur. Le brigadier Chambon est décoré de la médaille militaire.

1885. — Le 25ᵉ Dragons, commandé par le lieutenant-colonel Perrodon (27 officiers, 387 hommes, 408 chevaux), prend part aux manœuvres de cavalerie exécutées autour de Pontivy et Malguenac, du 22 au 30 juillet, sous la direction du général Pesme, commandant la 11ᵉ brigade de cavalerie.

Du 6 au 21 septembre, le premier demi-régiment assiste en Vendée aux manœuvres de la 41ᵉ brigade d'infanterie.

Le 3ᵉ escadron, attaché au 93ᵉ de ligne (de la 42ᵉ brigade), manœuvre autour de la Roche-sur-Yon, du 3 au 20 septembre.

Le lieutenant Hastroffer et le vétérinaire en 1ᵉʳ Rebeyrolles sont faits chevaliers de la Légion d'honneur. Le brigadier Ertzbischoff reçoit la médaille militaire.

1886. — Le 15 février 1886, le 25ᵉ Dragons,

suivant l'ordre du ministre de la guerre, part de Nantes en deux colonnes :

- 1ʳᵉ colonne : colonel Colbert ; 1ᵉʳ et 2ᵉ escadrons. 17 officiers, 166 hommes, 303 chevaux ;
- 2ᵉ colonne : lieutenant-colonel Perrodon ; 3ᵉ, 4ᵉ et 5ᵉ escadrons, 18 officiers, 280 hommes, 313 chevaux,

pour venir tenir garnison à Tours. Il y arrive le 25 février, et y forme avec le 7ᵉ Hussards la 9ᵉ brigade de cavalerie, commandée par le général Baillod.

Le 25ᵉ Dragons, commandé par le colonel Colbert (29 officiers, 360 hommes, 431 chevaux), exécute, du 28 août au 4 septembre, près de Jaulnay (Vienne), des manœuvres de brigade de cavalerie, sous la direction du général Baillod. A la fin de ces manœuvres, la 9ᵉ brigade de cavalerie est opposée à la 6ᵉ brigade de cuirassiers (11ᵉ et 12ᵉ régiments).

Le 6 septembre, le 25ᵉ Dragons rallie la 18ᵉ division d'infanterie et manœuvre avec elle, jusqu'au 13, autour de Poitiers.

Le Régiment rentre dans sa garnison, le 16 septembre.

Les capitaines Demonet et Pecqueur reçoivent, en 1886, la croix de la Légion d'honneur. L'adjudant Faguet est décoré de la médaille militaire.

1887. — Par décret du 6 août 1887, le 25ᵉ Dragons fournit un escadron : le 1ᵉʳ, fort de 7 officiers, 125 hommes, 121 chevaux, pour concourir à la formation du 27ᵉ Dragons, organisé au camp de Châlons.

En conséquence, le 5e escadron du Régiment devient 1er escadron.

Le 25e Dragons, commandé par le colonel Colbert (2e, 3e et 4e escadrons : 28 officiers, 268 hommes, 337 chevaux), après avoir exécuté pendant huit jours des manœuvres de cavalerie, sous la direction du général Jacquemin, commandant la 9e brigade de cavalerie, entre Ligueil et Ferrières-Larçon, prend part, du 10 au 19 septembre, aux manœuvres d'ensemble du 9e corps d'armée. Le Régiment assiste à la grande revue passée, le 19 septembre, à Montreuil-Bellay et rentre à Tours le 22 septembre.

1888. — Le 5e escadron est reconstitué, le 1er janvier, au moyen d'éléments prélevés sur les autres escadrons du Régiment.

En 1888, le 25e Dragons, commandé par le colonel Colbert (26 officiers, 372 hommes, 414 chevaux), prend part successivement aux manœuvres de cavalerie, exécutées près de Loches sous la direction du général Jacquemin, du 21 au 28 août, et aux manœuvres de la 35e brigade d'infanterie, du 31 août au 6 septembre, autour de Loudun.

Parti de Tours le 19 août, le Régiment rentre dans sa garnison le 9 septembre.

1889. — Par décision ministérielle du 8 avril, le 25e Dragons reçoit la lance. Dans les prises d'armes à cheval, les cavaliers du premier rang doivent être armés de la lance et du revolver.

Le 11 mai, le colonel Colbert est nommé commandant par intérim de la 3e brigade de dragons ; le lieutenant-colonel Moreau prend le commandement du Régiment.

Le 25e Dragons, commandé par le lieutenant-colonel Moreau (30 officiers, 397 hommes, 457 chevaux), exécute, sous la direction du général Jacquemin, des manœuvres de cavalerie à Bléré, du 28 août au 7 septembre.

Du 11 au 15 septembre, il prend part aux manœuvres de la 17e division d'infanterie, et rentre à Tours le 17 septembre.

En 1889, le colonel Colbert est fait officier de la Légion d'honneur, les capitaines Keisser et Gagnebin reçoivent la croix de chevalier.

Le 1er novembre, le colonel Massing [1] est appelé au commandement du 25e Dragons.

Le Régiment prend, en 1889, la nouvelle tenue des dragons : le dolman de drap bleu foncé, garni de neuf brandebourgs soutachés noirs, avec boutons blancs demi-sphériques, collet blanc à numéro 25, et parements de drap du fond, remplace la tunique, qui elle-

---

[1] Massing (Camille-Adrien), né à Puttelange (Moselle) en 1836, sorti de Saint-Cyr en 1858, sous-lieutenant au 2e Hussards (1858), sert jusqu'à la guerre de 1870 au régiment des Guides de la garde impériale : sous-lieutenant (1860), lieutenant (1865), capitaine (1870), successivement au 16e Dragons (1870), 9e Lanciers (1871), 9e Hussards (1871), 16e Chasseurs (1875), chef d'escadrons au 1er Chasseurs (1878), lieutenant-colonel au 1er Chasseurs d'Afrique (1885), au 8e Hussards (1887), au 8e Chasseurs (1889), attaché militaire à l'ambassade de France près la reine d'Angleterre, colonel du 15e Dragons (12 octobre 1889), du 25e Dragons (1er novembre 1889), chevalier de la Légion d'honneur (1870).

25ᵉ Régiment de Dragons

1890

même avait été raccourcie depuis 1887 et garnie de boutons blancs à grenade.

1890. — Le vétérinaire en 1er Finet reçoit la croix de chevalier de la Légion d'honneur (9 juillet).

Le Régiment, commandé par le colonel Massing, prend part aux grandes manœuvres du 9e corps d'armée, exécutées aux environs de Tours, du 26 août au 30 septembre.

Par décret du 30 décembre, l'adjudant Lesire est décoré de la médaille militaire.

A la fin de 1890, le 25e régiment de Dragons tient garnison à Tours, formant avec le 7e Hussards la 9e brigade de cavalerie (général Danloux), du 9e corps d'armée (général Villain) ; il est compris dans le 4e arrondissement d'inspection (général de division Grandin).

APPENDICE

25ᵉ RÉGIMENT DE DRAGONS

Le Régiment a appartenu :

De 1683 à 1684, à S. A. S. François-Louis de Bourbon, prince de la Roche-sur-Yon.
De 1684 à 1711, à S. A. R. Louis de France, duc de Bourgogne.
De 1711 à 1712, à S. A. R. Louis de France, duc de Bretagne.
De 1751 à 1761, à S. A. R. Louis-Joseph-Xavier de France, duc de Bourgogne.

LISTE DES CHEFS DE CORPS

(MESTRES DE CAMP, CHEFS DE BRIGADE, COLONELS)

1. Jean-Armand de Voyer, vicomte de Paulmy (7 décembre 1665), mestre de camp.
2. Guy-Aldonse d'Auger (9 août 1671), mestre de camp.
3. Charles de Houdetot, seigneur de Grosménil (19 février 1684), mestre de camp lieutenant.
4. Antoine-Joseph Arnaud, chevalier de Pomponne (24 février 1692), mestre de camp lieutenant.
5. François de Granges de Surgères, marquis de Puiguyon (15 novembre 1693), mestre de camp lieutenant.

OFFICIERS DU RÉGIMENT TUÉS OU BLESSÉS A L'ENNEMI
de 1792 a 1814

Egrez, sous-lieutenant, blessé près du Cateau (24 juin 1794).
Marsat, capitaine, tué à la prise de Mons (juin 1794).
Brincart, capitaine, blessé à Maestricht (17 septembre 1794).
Brincart, capitaine, blessé près Neckargemund (2 décembre 1799.)
Lentz, lieutenant.   »   »
Foulard, sous-lieutenant,   »   »
Miquet, sous-lieutenant,   »   »
Rioult d'Avenay, chef de brigade de 1796 à 1797, tué comme général de brigade le 8 mai 1809.
Accoulon, lieutenant, blessé près d'Ulm, combat d'Albeck (15 octobre 1805).
Micquet, sous-lieutenant,   »   »
Mazoua, sous-lieutenant,   »   »
Lejeune, sous-lieutenant,   »   »
Caussil, capitaine, blessé au passage de l'Elbe (26 octobre 1806).
Lejeune, sous-lieutenant,   »
Le Mouton de Boisdeffre, sous-lieutenant, tué au combat de Willemberg (Pologne) (21 mars 1807).
D'Hanmer de Claybroke, sous-lieutenant,   »
Gallois, capitaine, blessé   »
Adam, sous-lieutenant,   »
Lempereur, sous-lieutenant, blessé à Alcoléa, près Cordoue (7 juin 1808).
Lhote, chef d'escadron, blessé au siège de Lugo (mai 1809).
Girard, adjudant-major, blessé au combat d'Alba-de-Tormès (28 novembre 1809).
Ricatti, capitaine, tué au siège de Ciudad-Rodrigo (1er mai 1810).
Daincourt, sous-lieutenant, blessé à Léria (Portugal) (6 décembre 1810).
Dumolard, chef d'escadron, blessé à la bataille de Fuente-de-Oñoro (5 mai 1811).
Lavaud, chirurgien-major,   »   »
Molard, capitaine, tué près de Ciudad-Rodrigo (25 septembre 1811).
Desgeorges, lieutenant,   »   »
Maire, sous-lieutenant, tué au combat de Villanova (8 février 1812).
Riols, sous-lieutenant, blessé près San-Cristoval (12 juin 1812).

Baron Leclerc, colonel, blessé à la bataille des Arapyles (18-22 juillet 1812).
Blanchet, capitaine adjudant-major.   "   "
Molard, capitaine.   "   "
Adam, capitaine.   "   "
Clavel, capitaine.   "   "
Gannié, lieutenant.   "   "
Lasne, sous-lieutenant.   "   "
Dumolard, chef d'escadron, blessé au combat de Villadiego (23 octobre 1812).
Hatton, lieutenant,   "   "
Lecouvreur, sous-lieutenant,   "   "
Demange, sous-lieutenant, blessé à la bataille de Vittoria (21 juin 1813).
Chevalier Montigny, colonel, tué à la bataille de Leipzig (14 octobre 1813).
Noailles, sous-lieutenant, blessé   "   "
Lasne, capitaine, blessé   "   "
Demange, sous-lieutenant, blessé à Mormant (17 février 1814).
Lasne, capitaine, blessé à Montereau (18 février 1814).
Benazet, sous-lieutenant, tué à la Fère-Champenoise (25 mars 1814).
Hatton, capitaine, blessé   "   "
D'Inglemare, lieutenant, blessé à la bataille de Saint-Dizier (26 mars 1813).
Rigolfo, sous-lieutenant.   "   "

SOUS-OFFICIERS, BRIGADIERS ET CAVALIERS DU RÉGIMENT
MORTS AU CHAMP D'HONNEUR, DE 1792 A 1814

Lefebvre, dit Barsié, cavalier.	Prise de Poperingue (5 septembre 1793).
Bouténis, dit Sagy, brigadier.	Déblocus de Dunkerque (16 sept. 1793).
Cauchois, cavalier.	20 décembre 1793.
Thibaut, dit Maugé, cavalier.	Combat près du Cateau (29 et 30 mars 1794).
Troupet, cavalier.	»
Trouillet, cavalier.	»
Hector, cavalier.	»
Ripy, cavalier.	»
Leblanc, cavalier.	»
Vanitiel, cavalier.	»
Coussinet, cavalier.	Combat d'Étreux (17 avril 1794).
Aubry, cavalier.	»
Chambex, cavalier.	»
Deshaies, cavalier.	»
David, cavalier.	»
Mahaut, cavalier.	»
Devoux, cavalier.	Combat de Nouvion (21 avril 1794).
Vieillot, cavalier.	Devant Maestricht (17 septembre 1794).
Gervais, cavalier.	Affaire de Juliers (2 octobre 1794).
Rosier, cavalier.	»
Meresse, cavalier.	Combat près Düsseldorf (3 octobre 1794).
Vallois, cavalier.	»
Riquin, cavalier.	»
Caron, cavalier.	»
Martin, cavalier.	»
Lefebvre, cavalier.	22 mai 1795.
Dangoise, cavalier.	20 août 1798, à Paris.
Roussin, cavalier.	Armée du Rhin (8 octobre 1799).
Bernard, dit Collet, brigadier.	Combat de Neckargemund (2 déc. 1799).
Heurtaux, cavalier.	»
Laplace, cavalier.	»
Laduque, cavalier.	»
Serey, cavalier.	Combat d'Offembourg (juillet 1800).
Canone, cavalier.	Près Francfort (9 juillet 1800).
Pouliquet, cavalier.	» (12 juillet 1800).

Garouste, cavalier	Devant Manheim (20 juillet 1800).
Menzio, dragon.	Bataille de Pultusk (26 décembre 1806).
Bert, dragon.	"
Girard, dragon	"
Cousin, dragon.	"
Weiss, dragon.	Combat de Willemberg, près Orstelbourg (21 mars 1807).
Chautard, dragon.	"
Étienne, dragon.	"
Mouchot, brigadier. . . .	"
Braun, dragon.	Pologne (avril 1807).
Girard, dragon	"
Champagne, dragon. . . .	"
Petiteau, dragon.	"
Morlat, maréchal des logis.	Près Ribaldo (février 1809).
Laurent, brigadier	"
Lefranc, dragon.	"
Legendre, dragon.	"
Villemain, brigadier. . . .	Siège de Lugo (mai 1809).
Delnequin, dragon. . . .	"
Crespel, dragon.	"
Lecoq, dragon.	9 juin 1809.
Laudet, dragon.	Combat de Tanamès (18 octobre 1809).
Angrand, dragon.	"
Delga, dragon.	"
Agualdo, dragon.	"
D'Ornano, adjudant. . . .	Combat d'Alba de Tormès (2 nov. 1809).
Evrard, dragon	"
Chiabert, dragon.	"
Mathis, dragon	"
Delahaye, mar. des logis chef.	Siège de Ciudad-Rodrigo (1er mai 1810).
Dumanche, brigadier . . .	"
Ferry, dragon.	"
Wandels, dragon.	"
Flamand, dragon.	"
Picot, dragon.	"
Roussel, dragon.	"
Joly, dragon.	"
Ledieu, dragon.	"
Fovel, dragon.	"
Ciglinto, dragon.	En escorte du général Treilhard (1810).

Thielmann, dragon.	Escorte de courrier, entre Vittoria et la Puebla (6 juin 1810).
Fossier, dragon.	»
Dudez, dragon.	En Portugal (15 octobre 1810).
Gagnier, dragon,	» (10 décembre 1810).
Lelièvre, dragon.	» (15 février 1811).
Lemonnier, dragon.	Bataille de Fuente-de-Oñoro (5 mai 1811).
Fontenet, dragon.	»
Ducos, dragon.	»
Michon, dragon.	»
Jouvenel, dragon.	»
Mérignien, dragon.	»
Limousin, brigadier.	»
Belliati, dragon.	Près de Peneranda (1er juillet 1811).
Motin, maréchal des logis.	Combat d'El-Bodon, près Ciudad-Rodrigo (25 septembre 1811).
Brivois, brigadier.	»
Petra, brigadier.	»
Jajean, brigadier.	»
Rollin, dragon.	»
Gagliardona, dragon.	»
Vachetta, dragon	»
Bar, dragon.	»
Taupin, dragon.	»
Bennezel, dragon	»
Cravero, dragon.	»
Moreau, dragon.	»
Tasson, dragon.	»
Mas, brigadier.	Combat près Villanova (8 février 1812).
Pastré, brigadier.	»
Feraris, dragon.	»
Stoquelet, dragon	»
Pernet, dragon.	»
Fery, dragon.	»
Péraux, dragon.	»
Alasia, dragon.	»
Ducamp, dragon.	»
Legorge, dragon.	»
Formieu, dragon.	»
Naso, dragon.	»
Caléri, dragon.	»

APPENDICE 277

Lefebvre, dragon.	Combat près Villanova (8 février 1812).
Laporte, dragon.	»
Chavart, dragon.	»
Hotiaux, dragon.	»
Fenoglio, dragon.	San-Cristoval (12 juin 1812).
Dufliez, maréchal des logis.	Bataille des Arapyles (18 et 22 juillet 1812).
Beaudin, dragon.	»
Lambray, dragon.	»
Lesavre, dragon.	»
Delporte, dragon.	»
Beltzamino, dragon.	»
Merlonné, dragon.	»
Grandon, dragon.	»
Faure, dragon.	»
Milhavel, dragon.	»
Dernoncourt, dragon.	9 septembre 1812.
Bussy, brigadier.	Près Burgos (18 septembre 1812).
Vétu, brigadier.	Combat de Villadiego (23 octobre 1812).
Cérésiat, dragon.	»
Lecoq, dragon.	»
Gnéico, dragon.	»
Vanpeperstrate, dragon.	»
Briart, brigadier.	»
Chauvenet, brigadier.	»
Tournemeule, brigadier.	»
Tavard, dragon.	Mai 1813.
Aujac, dragon.	Grossenheim (28 septembre 1813).
Caille, dragon.	Combat de Wethau (8 octobre 1813).
Chiovetti, brigadier.	Bataille de Leipzig (14-16-18 octobre 1813).
Marin, dragon.	»
Verdun, brigadier.	»
Seigneur, dragon.	»
Figuet, dragon.	»
Guély, dragon.	»
Pépin, dragon.	»
Ravidat, maréchal des logis.	Bataille de Brienne (29 janvier 1814).
Mathon, dragon.	»
Genay, dragon.	Bataille de la Rothière (1er février 1814).
Eimery, dragon.	»
Debruyne, dragon.	Bataille de Saint-Dizier (26 mai 1814).

LISTE DES OFFICIERS QUI ONT APPARTENU AU 25ᵉ DRAGONS

de 1873 a 1890

NOMS	DATE DE L'ARRIVÉE AU CORPS	GRADE	DATE DU DÉPART	MOTIF DU DÉPART
COLONELS				
Augey-Dufresse	24 nov. 1874	Colonel.	22 août 1882	Général de brigade.
Colbert	22 août 1882	»	11 mai 1889	Commandant par intérim la 3ᵉ brigade de dragons.
Massing	1ᵉʳ nov. 1889	»		
LIEUTENANTS-COLONELS				
Augey-Dufresse	11 oct. 1873	Lieutenant-colonel comᵗ le Régiment.	24 nov. 1874	Colonel du Régiment.
Esselin	31 déc. 1874	Lieutenant-colonel.	30 mai 1880	Retraité.
Plessis	10 juill. 1880	»	22 fév. 1884	Colonel du 9ᵉ Hussards.
Perrodon	22 fév. 1884	»	4 juillet 1887	Retraité.
Moreau	5 avril 1887	»		
CHEFS D'ESCADRONS				
Robillard	11 oct. 1873	Chef d'escadrons.	6 oct. 1875	Retraité.
Baignol	11 oct. 1873	»	6 mai 1874	Retraité.
Meinhard	11 oct. 1873	Major.	22 oct. 1878	Com. de recrutement à Laon.
De Lascous	14 oct. 1873	Chef d'escadrons.	24 nov. 1874	Passé au 21ᵉ Dragons.
Grenier de la Sauzay	11 mai 1874	»	3 déc. 1878	Retraité.
Chelin	8 oct. 1875	»	31 déc. 1877	Retraité.
Keller	12 janv. 1878	»	21 avril 1882	Retraité.
Moreau	18 nov. 1878	Major.	13 janv. 1887	Lieutᵗ-colonel au 17ᵉ Dragons.
Boyancé	5 déc. 1878	Chef d'escadrons.	31 déc. 1878	Major au 17ᵉ Dragons.
Jeantet	31 déc. 1878	»	27 jan. 1882	Lᵗ-colonel au 6ᵉ Chasseurs.
Cersoy	27 janv. 1882	»	1ᵉʳ sept. 1889	Lᵗ-colonel au 3ᵉ Cuirassiers.
Kronn	8 juin 1882	Major.	6 déc. 1883	Hors cadre, serv. d'ét.-major.
Lageon	20 déc. 1883	»	7 mars 1885	Chef d'esc. au 4ᵉ Cuirassiers.
Ledochowski	7 mars 1885	»	29 mars 1889	Chef d'esc. au 22ᵉ Dragons.
Saisset-Schneider	13 janv. 1887	Chef d'escadrons.	5 nov. 1888	Hors cadre, serv. d'ét.-major.
Escudier	29 mars 1889	»		
Du Cor de Duprat	1ᵉʳ sept. 1889	Major.		
Frater	28 déc. 1889	Chef d'escadrons.		

APPENDICE

NOMS	DATE DE L'ARRIVÉE AU CORPS	GRADE	DATE DU DÉPART	MOTIF DU DÉPART
		CAPITAINES		
Manoël	11 oct. 1873	Capitaine adj.-maj.	4 avril 1880	En non-activité par retrait d'emploi.
Le Beschu de Champsavin	11 oct. 1873	»	21 fév. 1878	Démissionnaire.
Robert	11 oct. 1873	Capitaine.	16 oct. 1874	Major au 11e Dragons.
Richard	11 oct. 1873	»	16 nov. 1875	Retraité.
De Vivès	11 oct. 1873	»	4 avril 1878	Chef d'esc. au 12e Dragons.
Bresson	11 oct. 1873	»	26 déc. 1875	En non-activité pour infirmités temporaires.
D'Abel de Libran	11 oct. 1873	»	11 août 1874	Passé dans le cadre de l'École de cavalerie.
Grousset	11 oct. 1873	»	18 mai 1880	En non-activité pour infirmités temporaires.
Gillard	11 oct. 1873	»	17 août 1876	Id.
Quéquet	11 oct. 1873	»	24 nov. 1882	Retraité.
Husson	27 oct. 1873	»	13 janv. 1887	Chef d'esc. au 18e Chasseurs.
Pernel	18 fév. 1875	Capitaine trésorier.	18 juin 1880	Retraité.
De la Ruë du Can	18 fév. 1875	Capit. instructeur.	20 déc. 1883	Hors cadre, serv. d'ét.-major.
Dastugue	1er mai 1875	Capitaine.	29 sept. 1875	Passé au 11e Dragons par permutation.
Berthier de la Salle	25 sept. 1875	»	7 nov. 1884	Chef d'esc. au 6e Cuirassiers.
Bordas	16 mars 1876	»	29 juin 1876	Passé au 2e Spahis par permutation.
Jullier	16 mars 1876	»	27 mai 1887	Retraité.
Schmidt	23 juin 1876	»	7 sept. 1887	Passé au 27e Dragons (organisation).
Ducray	11 août 1876	»	8 juillet 1880	Retraité.
Daniel Lacombe	16 avril 1878	»	11 mai 1885	Retraité.
Labarthe	9 mai 1878	»	22 mai 1879	Retraité.
Grand-Clément	25 mai 1879	»	4 mars 1885	Retraité.
Hébert	22 mai 1880	Capit. instructeur.	31 août 1882	Instructeur à l'École de cavalerie.
Gagnebin	10 juill. 1880	Capitaine.		
Pecqueur	10 juill. 1880	»		
Demonet	27 déc. 1880	Capitaine trésorier.	3 juillet 1890	Retraité.
Druilhet	27 déc. 1880	Capitaine.	9 juillet 1888	Retraité.
De Scourion de Beaufort	31 avril 1882	»		
Leroux	22 déc. 1882	»		
Lambert	31 déc. 1883	»	10 déc. 1887	Cap. instruct. au 1er Dragons.
Noirjean	30 déc. 1884	Cap. d'habillement.	25 janv. 1890	Retraité.
De Renouard de Sainte-Croix	18 mars 1885	Capitaine.	3 nov. 1887	Major au 26e Dragons.
Keisser	13 mai 1885	»	26 juin 1889	Retraité.
Rœderer	13 janv. 1887	»	25 sept. 1890	Capit. comm. au 6e Dragons.
De Sailly	7 oct. 1887	»	14 nov. 1888	Passé au 19e Dragons par permutation.
De Boisgelin	22 nov. 1887	»		
Huguet	10 déc. 1887	Capitaine.	27 nov. 1889	Hors cadre, serv. d'ét.-major.

NOMS	DATE DE L'ARRIVÉE AU CORPS	GRADE	DATE DU DÉPART	MOTIF DU DÉPART
CAPITAINES (suite)				
Hervé-Dupenher	16 fév. 1888	Capit. instructeur.		
Bourgeois	13 juill. 1888	Capitaine.		
De Bourqueney	30 oct. 1888	»		
De Jessé	11 juill. 1889	»		
Mercier	30 janv. 1890	»		
Centieu	25 sept. 1890	Cap. d'habillement.		
D'Arcangues	25 sept. 1890	Capitaine.		
LIEUTENANTS				
Pernel	11 oct. 1873	Lieut. trésorier.	18 fév. 1875	Capit. trésorier au Régiment.
Dumay	11 oct. 1873	Lieut. d'habillement	21 oct. 1875	Capitaine au 11e Dragons.
Serre	11 oct. 1873	Lieutenant.	1er mai 1875	Capitaine au 11e Chasseurs.
Mataly de Maran	11 oct. 1873	»	5 juillet 1875	Capitaine au 17e Dragons.
De Rochefort	11 oct. 1873	»	21 oct. 1875	Capitaine au 3e Dragons.
Jullier	11 oct. 1873	»	16 mars 1876	Capitaine au Régiment.
De la Ruë du Can	11 oct. 1873	»	18 fév. 1875	Cap. instruct. au Régiment.
Vautrin	11 oct. 1873	»	9 déc. 1876	Capitaine au 11e Cuirassiers.
Crotel	11 oct. 1873	»	1er mai 1877	Capitaine au 22e Dragons.
Bruet	11 oct. 1873	»	21 oct. 1878	Capitaine au 11e Dragons.
Demonet	18 fév. 1875	»	27 déc. 1880	Capitaine d'habillement au Régiment.
Veillande	6 mai 1875	»	14 juin 1881	Capitaine au 24e Dragons.
Petit	10 juill. 1875	»	20 sept. 1881	Capitaine au 12e Cuirassiers.
Villeroy	10 juill. 1875	»	11 oct. 1877	Démissionnaire.
Sautherez	10 juill. 1875	»	3 oct. 1881	Capitaine au 10e Dragons.
Desfaudais	29 oct. 1875	»	21 déc. 1879	Cap. instruct. au 13e Dragons.
Merle	29 oct. 1875	Lieut. porte-étend.	12 janv. 1880	Décédé.
Baillot	29 oct. 1875	Lieutenant.	11 juin 1882	Capitaine au 7e Hussards.
Duffour	20 mars 1876	»	26 oct. 1882	Capitaine d'habillement au 16e Chasseurs.
De Lur-Saluces	1er déc. 1876	»	9 déc. 1878	Capitaine au 13e Dragons.
Tardieu	1er mai 1877	»	11 déc. 1877	Retraité.
Conche	18 déc. 1877	»	1er sept. 1883	En non-activité par retrait d'emploi.
Keisser	18 déc. 1877	»	13 mai 1885	Capitaine au Régiment.
Bouillé	21 oct. 1878	»	29 déc. 1885	Capitaine au 10e Dragons.
De Scourion de Beaufort	9 déc. 1878	»	20 sept. 1881	Sous-écuyer à l'École de cavalerie.
Callaud	25 mai 1879	»	30 août 1886	Capitaine au 7e Dragons.
Hastroffer	20 sept. 1880	Lieut. porte-étend.	20 mai 1886	Retraité.
Jochaud du Plessix	27 déc. 1880	Lieutenant.	31 août 1882	S.-écuyer à l'École de cav⁣ie.

LIEUTENANTS (suite)

NOMS	DATE DE L'ARRIVÉE AU CORPS	GRADE	DATE DU DÉPART	MOTIF DU DÉPART
De Fleurans	14 juin 1881	Lieutenant.	29 déc. 1887	Capit. instructeur au 2ᵉ Chasseurs d'Afrique.
Guyon de Montlivault	20 sept. 1881	»	14 déc. 1883	Passé au 7ᵉ Hussards (permutation).
De Montarby	20 sept. 1881	»	14 mai 1888	Capitaine au 18ᵉ Dragons.
Savoye de Puineuf	3 oct. 1881	»	13 juill. 1888	Capitaine au 3ᵉ Dragons.
Boutaud de Lavilléon	11 juin 1882	»	8 fév. 1889	Capitaine au 12ᵉ Dragons.
Gaillard-Bournazel	31 août 1882	»	6 nov. 1882	Passé au 20ᵉ Dragons (permutation).
De Pons	26 oct. 1882	»	7 sept. 1887	Passé au 27ᵉ Dragons (organisation).
De Pourcet de Sahune	8 nov. 1882	»	17 mai 1887	Capitaine au 1ᵉʳ Hussards.
De Tournebu	10 fév. 1883	»	4 août 1886	En non-activité pour infirmités temporaires.
De Coral	11 déc. 1883	»	8 juillet 1886	Passé au 3ᵉ Dragons.
Grabias-Bagnéris	13 mai 1885	»		
Nivelleau de la Brunière	25 déc. 1885	»		
De Bourqueney	8 juillet 1886	»	30 oct. 1888	Capitaine au Régiment.
Coustis de la Rivière	30 août 1886	»	7 sept. 1887	Passé au 27ᵉ Dragons (organisation).
Charil de Ruillé	30 août 1886	»		
De la Tour	14 oct. 1886	»		
Joffreau de Lagérie	17 mai 1887	»		
Cassaigne	7 oct. 1887	Lieut. adj. au trésor.		
Costet	1ᵉʳ janv. 1888	Lieutenant.		
Leps	16 fév. 1888	»		
De Cassin de Kainlis	13 juill. 1888	»		
L'Hotte	22 sept. 1888	»	1ᵉʳ sept. 1889	Sous-instructeur d'équitation à l'École de cavalerie.
Duplessis de Grénédan	30 oct. 1888	»	2 oct. 1889	Passé au 24ᵉ Dragons par permutation.
Surirey	1ᵉʳ sept. 1889	»		
De Biencourt	1ᵉʳ sept. 1889	»		
Baudry	12 oct. 1889	Lieut. porte-étend.	15 janv. 1890	Passé dans la Gendarmerie.

SOUS-LIEUTENANTS

NOMS	DATE DE L'ARRIVÉE AU CORPS	GRADE	DATE DU DÉPART	MOTIF DU DÉPART
Urdy	11 oct. 1873	Sous-lieutenant adjoint au trésorier.	4 sept. 1874	Lieutenant au 6ᵉ Hussards.
Merle	11 oct. 1873	Sous-lieutenant porte-étendard.	29 oct. 1875	Lieutenant porte-étendard au Régiment.
Baillot	11 oct. 1873	Sous-lieutenant.	29 oct. 1875	Lieutenant au Régiment.
Seckler	11 oct. 1873	»	29 oct. 1875	Lieutenant au 23ᵉ Dragons.
Duffour	11 oct. 1873	»	20 mars 1876	Lieutenant au Régiment.

SOUS-LIEUTENANTS (suite)

NOMS	DATE DE L'ARRIVÉE AU CORPS	GRADE	DATE DU DÉPART	MOTIF DU DÉPART
Perin	11 oct. 1873	Sous-lieutenant.	20 mars 1876	Lieutenant au 18ᵉ Chasseurs.
Machon	11 oct. 1873	»	20 mars 1876	Lieutenant au 10ᵉ Hussards.
Brédillet	11 oct. 1873	»	14 août 1876	Lieutenant au 23ᵉ Dragons.
Chalmont	11 oct. 1873	»	1ᵉʳ sept. 1877	Lieutenant au 3ᵉ Dragons.
Robin	11 oct. 1873	»	30 sept. 1877	Lieutenant au 20ᵉ Dragons.
Lyon	11 oct. 1873	»	7 janv. 1875	Passé au 2ᵉ Chasseurs par permutation.
Masson	11 oct. 1873	»	2 juin 1876	En non-activité pour infirmités temporaires.
D'Amoy de Beauclerc	11 oct. 1873	»	17 sept. 1875	Décédé.
Leroi	11 oct. 1873	»	15 déc. 1876	En non-activité pour infirmités temporaires.
Callaud	4 sept. 1874	»	25 mai 1879	Lieutenant au Régiment.
Lechevrel	1ᵉʳ oct. 1874	»	12 nov. 1875	Passé au 10ᵉ Hussards.
Finel	7 fév. 1875	»	29 juill. 1875	Passé à la 6ᵉ compagnie de cavaliers de remonte.
Delavau	1ᵉʳ oct. 1875	»	25 oct. 1876	Passé au 2ᵉ Cuirassiers.
Maitre	22 oct. 1875	»	23 juill. 1878	Lieutenant au 6ᵉ Hussards.
Hastroffer	6 nov. 1875	»	20 sept. 1880	Lieutenant porte-étendard au Régiment.
Doncœur	24 mars 1876	»	15 avril 1881	Lieutenant au 2ᵉ Dragons.
Brun	24 nov. 1876	»	3 déc. 1877	Passé dans la Gendarmerie.
De Sonis	1ᵉʳ oct. 1876	»	24 oct. 1877	Passé au 6ᵉ Dragons.
Voisin	25 oct. 1876	»	18 déc. 1879	Lieutenant au 12ᵉ Hussards.
Crozet	6 nov. 1876	»	15 avril 1881	Lieutenant au 1ᵉʳ Chasseurs d'Afrique.
Bernier	3 mars 1877	»	20 déc. 1881	Lieut. au 11ᵉ Cuirassiers.
Tampé	1ᵉʳ oct. 1877	»	27 oct. 1878	Passé au 4ᵉ Cuirassiers.
Jacquinet	11 oct. 1877	»	20 sept. 1880	Passé à la 1ʳᵉ compagnie de cavaliers de remonte.
Jochaud du Plessix	24 oct. 1877	»	27 déc. 1880	Lieutenant au Régiment.
Moreau	23 juill. 1878	»	29 mars 1879	Passé au 10ᵉ Chasseurs par permutation.
De Coral	5 oct. 1878	»	5 juin 1883	Lieutenant au 7ᵉ Hussards.
De Moreton de Chabrillan	18 oct. 1878	»	18 nov. 1880	En non-activité par retrait.
Barassé	14 mars 1879	»	5 juin 1883	Lieutenant au 7ᵉ Hussards.
De Corbel-Corbeau de Vaulserre	17 juill. 1880	»	30 déc. 1884	Lieut. au 4ᵉ Cuirassiers.
Allenou	9 sept. 1880	»	6 sept. 1883	Lieutenant au 7ᵉ Dragons.
Brée	27 déc. 1880	»	9 oct. 1883	Lieutenant au 9ᵉ Dragons.
Fournier de Bellevue	5 mai 1881	»	31 juill. 1883	Démissionnaire.
Grabias-Bagnéris	5 mai 1881	»	13 mai 1885	Lieutenant au Régiment.
Esnol	5 mai 1881	»	29 juill. 1882	Passé à la 1ʳᵉ compagnie de cavaliers de remonte.
Pressoir	10 nov. 1881	»	29 juill. 1885	Lieutenant au 12ᵉ Dragons.
Bourgeois	22 sept. 1882	»	4 mars 1887	Lieut. au 10ᵉ Cuirassiers.
Coffreau de Lagérie	20 sept. 1883	»	17 mai 1887	Lieutenant au Régiment.
Cassaigne	20 sept. 1883	»	7 oct. 1887	Lieutenant au Régiment.

APPENDICE

NOMS	DATE DE L'ARRIVÉE AU CORPS	GRADE	DATE DU DÉPART	MOTIF DU DÉPART
SOUS-LIEUTENANTS (suite)				
Augier de Moussac	20 sept. 1883	Sous-lieutenant.	7 oct. 1887	Lieutenant au 4ᵉ Chasseurs.
De Messey	9 oct. 1883	»	7 sept. 1887	Passé au 27ᵉ Dragons (organisation).
Jochaud du Plessix	8 sept. 1884	»	7 sept. 1887	Passé au 27ᵉ Dragons (organisation).
Leps	8 sept. 1884	»	16 fév. 1888	Lieutenant au Régiment.
Lubet	7 nov. 1884	»	23 sept. 1886	Passé au 32ᵉ d'Infanterie (permutation).
De la Tour	28 mars 1885	»	14 oct. 1886	Lieutenant au Régiment.
Baudry	11 sept. 1885	»	12 oct. 1889	Lieutenant porte-étendard au Régiment.
De Müllenheim-Rosenbourg	24 avril 1885	»	13 juill. 1888	Passé au 1ᵉʳ Dragons.
De Laage de la Rochetterie	23 sept. 1886	»		
De Boissard	24 sept. 1887	»		
De Biencourt	7 oct. 1887	»	1ᵉʳ sept. 1889	Lieutenant au Régiment.
De Saint-Martin	9 oct. 1887	»	13 juill. 1888	Décédé.
Lanoir	9 oct. 1887	»		
Coudere de Saint-Chamant	1ᵉʳ janv. 1888	»	15 juill. 1890	Lieutenant au 7ᵉ Hussards.
Lepeltier de Rosanbo	12 sept. 1888	»		
De Maussabré-Beufvier	12 sept. 1888	»		
De Saulces de Freycinet	22 sept. 1888	»		
Gorichon	7 mars 1889	»	19 janv. 1890	Passé au 8ᵉ Cuirassiers (permutation).
De Veye	6 mai 1889	»	1ᵉʳ sept. 1889	Passé à la 6ᵉ compagnie de cavaliers de remonte.
De la Croix de Ravignan	4 sept. 1889	»		
De Gontaut-Biron	6 janv. 1890	»		
Le Roulx de la Ville	19 janv. 1890	»		
De Simard de Pitray	16 sept. 1890	»		
De Cossé de Brissac	16 sept. 1890	»		
MÉDECINS				
Cottet	11 oct. 1873	Médec. aide-major.	6 avril 1876	Passé au 85ᵉ d'Infanterie.
Bertrand	21 nov. 1873	Médecin major.	26 août 1878	Passé à l'École de gymnastique.
Choux	23 déc. 1876	Médec. aide-major.	8 oct. 1878	Passé au 11ᵉ escadron du Train des équipages.
Michaud	26 août 1878	Médecin major.	3 fév. 1881	Passé au 7ᵉ Hussards.
Agut	30 déc. 1878	Médec. aide-major.	6 avril 1880	Passé à l'hôpital d'Amélie-les-Bains.
Mouton	31 mai 1880	Médecin major.	11 déc. 1883	Passé au 65ᵉ d'Infanterie.

NOMS	DATE DE L'ARRIVÉE AU CORPS	GRADE	DATE DU DÉPART	MOTIF DU DÉPART
MÉDECINS (suite)				
Fluteau	3 fév. 1881	Médecin major.	18 avril 1885	Passé au 16e bataillon d'Artillerie de forteresse.
Belliard	9 oct. 1883	Médec. aide-major.	3 nov. 1884	Passé au 65e d'Infanterie.
Bellouard	3 nov. 1884	Médec. aide-major.	28 mars 1887	Démissionnaire.
Grodvolle	15 avril 1885	Médecin major.	23 juin 1886	Démissionnaire.
Perrin	8 juill. 1886	Médecin major.		
Buot	25 avril 1887	Médec. aide-major.		
VÉTÉRINAIRES				
Rebeyrolles	11 oct. 1873	Vétérinaire en 1er.	29 juill. 1886	Retraité.
Fumet	11 oct. 1873	Aide-vétérinaire puis vétérin. en 2e.	5 janv. 1878	Changé de corps.
Roy	5 janv. 1878	Vétérinaire en 2e.	5 mai 1881	Passé au 20e escadron du Train des équipages.
Dupuy	22 oct. 1878	Aide-vétérinaire.	1880	Changé de corps.
Beugnot	19 sept. 1880	Aide-vétérinaire.	13 sept. 1882	Changé de corps.
Vagney	5 mai 1881	Vétérinaire en 2e.	6 mars 1887	Passé au 5e Cuirassiers.
Descampeaux	13 sept. 1882	Aide-vétérinaire.	26 janv. 1886	Passé au 13e d'Artillerie.
Remazeilles	26 janv. 1886	Aide-vétérinaire.		
Finet	13 août 1886	Vétérinaire en 1er.		
Jugnar	6 mars 1887	Vétérinaire en 2e.	2 août 1888	Passé au 8e Hussards.
Goubaux	2 août 1888	Vétérinaire en 2e.		

DÉCORATIONS ACCORDÉES AU RÉGIMENT
DE 1873 A 1890

NOMS	GRADES	GRADES dans la LÉGION D'HONNEUR	DATES
LÉGION D'HONNEUR			
Baignol	Chef d'escadrons.	Chevalier.	11 octobre 1873.
Serre	Lieutenant.	Chevalier.	11 octobre 1873.
Leroy	Sous-lieutenant.	Chevalier.	3 février 1875.
Robillard	Chef d'escadrons.	Officier.	3 août 1875.
Cabrol	Adjudant.	Chevalier.	3 août 1875.
Gittard	Capitaine.	Chevalier.	6 juin 1876.
Chalmont	Sous-lieutenant.	Chevalier.	6 février 1877.
De la Sauzay	Chef d'escadrons.	Officier.	5 février 1878.
Husson	Capitaine.	Chevalier.	12 juillet 1879.
Bouillé	Lieutenant.	Chevalier.	3 février 1880.
Esselin	Lieutenant-colonel.	Officier.	3 avril 1880.
Keller	Chef d'escadrons.	Officier.	18 janvier 1881.
Schmidt	Capitaine.	Chevalier.	18 janvier 1881.
Augey-Dufresse	Colonel.	Officier.	29 décembre 1881.
Duffour	Lieutenant.	Chevalier.	5 juillet 1882.
Cersoy	Chef d'escadrons.	Chevalier.	7 juillet 1884.
Druilhet	Capitaine.	Chevalier.	7 juillet 1884.
Leroux	Capitaine.	Chevalier.	27 décembre 1884.
Rebeyrolles	Vétérinaire en 1er.	Chevalier.	7 juillet 1885.
Hastroffer	Lieutenant.	Chevalier.	28 décembre 1885.
Demonet	Capitaine.	Chevalier.	14 juin 1886.
Pecqueur	Capitaine.	Chevalier.	20 décembre 1886.
Keisser	Capitaine.	Chevalier.	15 mars 1889.
Colbert	Colonel.	Officier.	4 mai 1889.
Gagnebin	Capitaine.	Chevalier.	8 juillet 1889.
Finet	Vétérinaire en 1er.	Chevalier.	9 juillet 1890.

MÉDAILLES MILITAIRES

Demange, dragon	1873	Le Cossec, dragon	1883
Suss, dragon	1875	Chambon, brigadier	1884
Fricot, dragon	1876	Ertzbischoff, brigadier	1885
Tourin, brigadier	1880	Faguet, adjudant	1886
Papillaud, adjudant	1881	Lesire, adjudant	1890
Goëckel, trompette-major	1882		

25ᵉ RÉGIMENT DE DRAGONS

ÉTAT DU CORPS D'OFFICIERS (1890)

ÉTAT-MAJOR

Colonel	Massing.
Lieutenant-colonel	Moreau.
Chef d'escadrons	Escudier.
Chef d'escadrons	Frater.
Major	Du Cor de Duprat.
Capitaine instructeur	Hervé-Dupenher.
Capitaine trésorier	X...
Capitaine d'habillement	Centieu.
Adjoint au trésorier	Cassaigne, lieutenant.
Porte-étendard	De Boissard, sous-lieutenant.
Médecin-major de 2ᵉ classe	Perrin.
Médecin aide-major de 1ʳᵉ classe	Buot.
Vétérinaire en 1ᵉʳ	Finet.
Vétérinaire en 2ᵉ	Goubaux.
Aide-vétérinaire	Remazeilles.

ESCADRONS

Capitaines commandants.	*Capitaines en second.*
Gagnebin.	Leroux.
Pecqueur.	De Bourqueney.
De Scourion de Beaufort.	De Jessé.
Bourgeois.	Mercier.
De Boisgelin.	D'Arcangues.

Lieutenants en premier.	*Lieutenants en second.*
Grabias-Bagnéris.	Joffreau de Lagérie.
Nivelleau de la Brunière.	Leps.
Costet.	De Cassin de Kainlis.
Charil de Ruillé.	Surirey.
De la Tour.	De Biencourt.

APPENDICE

Sous-lieutenants.

De Laage de la Rochetterie.
De Gontaut-Biron.
De Maussabré-Beufvier.
Lepeltier de Rosanbo.
Lanoir.

De Saulces de Freycinet.
De la Croix de Ravignan.
Le Roulx de la Ville.
De Simard de Pitray.
De Cossé de Brissac.

OFFICIERS DE RÉSERVE

Sous-lieutenants.

Hurault de Vibraye.
Bouché.
Gombault.
Yvonneau.

Soulet.
Charavay.
Truelle.

25ᵉ RÉGIMENT DE DRAGONS

ÉTAT DU RÉGIMENT EN 1890

ÉTAT-MAJOR

Colonel	Massing.
Lieutenant-colonel	Moreau.
Chef d'escadrons	Escudier.
»	Frater.
Major	Du Cor de Duprat.
Capitaine instructeur	Hervé-Dupenher.
Capitaine trésorier	X...
Capitaine d'habillement	Centieu.
Lieutenant adjoint au trésorier	Cassaigne.
Lieutenant porte-étendard	De Boissard.
Médecin major de 2ᵉ classe	Perrin.
Médecin aide-major de 1ʳᵉ classe	Buot.
Vétérinaire en premier	Finet.
Vétérinaire en second	Goubaux.
Aide-vétérinaire	Remazeilles.

PETIT ÉTAT-MAJOR ET PELOTON HORS RANG

Adjudant	Lesire.
»	De Trégomain.
» vaguemestre	D'Arondel.
Chef armurier	Deshors.
Maréchal des logis maître sellier	Duval.
Maréchal des logis trompette-major	Élévenon.
Maréchal des logis maître d'armes	Mongenot.
Maréch. des logis secrétaire de l'habillement	Tisserand.
Maréchal des logis secrétaire du trésorier	Desvallées.
Maréch. des logis de l'infirmerie des chevaux	Blanc.
Brigadier-fourrier	Rayon.

APPENDICE

1ᵉʳ ESCADRON

Capitaine commandant.	Bourgeois.
Capitaine en second.	De Jessé.
Lieutenant en premier.	Nivelleau de la Brunière.
Lieutenant en second.	De Cassin de Kainlis.
Sous-lieutenant.	Lepeletier de Rosanbo.
»	Lanoir.
Maréchal des logis chef.	Flageol.
Maréchal des logis fourrier.	Breton.
Maréchal des logis.	Berneval, élève-officier à Saumur.
»	Taillandier.
»	Métayer.
»	Morin.
»	Bascher.
»	Nouaille.
Brigadier fourrier.	Grattereau.

2ᵉ ESCADRON

Capitaine commandant.	Gagnebin.
Capitaine en second.	De Bourqueney.
Lieutenant en premier.	Grabias-Bagnéris.
Lieutenant en second.	Surirey.
Sous-lieutenant.	De Gontaut-Biron.
»	Le Roulx de la Ville.
Maréchal des logis chef.	Brondeau.
Maréchal des logis fourrier.	Doret.
Maréchal des logis.	Viot.
»	Noël.
»	D'Assigny.
»	De Marcé.
»	Ithier.
»	Leps.
Brigadier fourrier.	Reyrolles.

3ᵉ ESCADRON

Capitaine commandant	Pecqueur.
Capitaine en second	Leroux.
Lieutenant en premier	Charil de Ruillé.
Lieutenant en second	Joffreau de Lagérie.
Sous-lieutenant	De Laage de la Rochetterie.
»	De Saulces de Freycinet.
Maréchal des logis chef	Marican.
Maréchal des logis fourrier	Crasez.
Maréchal des logis, maître maréchal	Marchais.
Maréchal des logis	De Lemud, élève-officier à Saumur.
»	Du Grand-Launay.
»	De Biré.
»	Pain.
»	Geffray.
»	Binart.
Brigadier fourrier	Lorrain.

4ᵉ ESCADRON

Capitaine commandant	De Scourion de Beaufort.
Capitaine en second	D'Arcangues.
Lieutenant en premier	Costet.
Lieutenant en second	Leps.
Sous-lieutenant	De Maussabré-Beufvrier.
»	De la Croix de Ravignan.
Maréchal des logis chef	Jacquin.
Maréchal des logis fourrier	Perocheau.
Maréchal des logis	Lecointre, élève-officier à Saumur.
»	De Saint-Simon.
»	Cognard.
»	D'Espériès.
»	De Lestapis.
»	De Cahen.
Brigadier fourrier	Barricault.

APPENDICE

5ᵉ ESCADRON

Capitaine commandant.	De Boisgelin.
Capitaine en second.	Mercier.
Lieutenant en premier.	De la Tour.
Lieutenant en second.	De Biencourt.
Sous-lieutenant.	De Simard de Pitray.
»	De Cossé de Brissac.
Maréchal des logis chef	Berthelot.
Maréchal des logis fourrier	Imbert.
Maréchal des logis.	De la Palme.
»	Lefeuvre, élève-officier à Saumur.
»	Cayol, élève-officier à Saumur.
»	Delenne.
»	Scharff.
»	Berger.
»	Champoiseau.
Brigadier fourrier	Rivière.

TABLE DES MATIÈRES

Avant-propos 5
Chronologie de l'Historique du 25ᵉ Régiment de Dragons 7

CHAPITRE I

Création du Régiment. — Paulmy-Cavalerie. — D'Auger-Cavalerie. — La Roche-sur-Yon-Cavalerie. — Bourgogne-Cavalerie. — Bretagne-Cavalerie. — Campagnes du règne de Louis XIV. . . 9

CHAPITRE II

Bretagne-Cavalerie (1715-1751). — Guerre d'Espagne (1719). — Guerre de la succession de Pologne (1733-1735). — Guerre de la succession d'Autriche (1741-1748). 33

CHAPITRE III

Bourgogne-Cavalerie. — Guerre de Sept ans (1757-1763). — Royal-Bourgogne-Cavalerie. 55

CHAPITRE IV

17ᵉ de Cavalerie (1791). — 16ᵉ de Cavalerie (1792-1803). — Campagnes de 1792 à 1803. 87

CHAPITRE V

25ᵉ Régiment de Dragons (1803). — Campagne de 1805 111

CHAPITRE VI

Campagne de Prusse (1806). — Campagne de Pologne (1806). — Campagne de 1807. 125

CHAPITRE VII

Guerres d'Espagne. — Campagnes de 1808, 1809, 1810, 1811 (jusqu'au 15 avril). 149

CHAPITRE VIII

Guerres d'Espagne. — Campagnes de 1811, 1812, 1813 . . 173

CHAPITRE IX

Campagne d'Allemagne (1813). 203

CHAPITRE X

Campagne de France (1814). — Licenciement du 25e Dragons . . 233

CHAPITRE XI

Le 25e Dragons est reconstitué en 1873. — Historique du Régiment de 1873 à 1890. 253

APPENDICE

Liste des chefs de corps (mestres de camp, chefs de brigade, colonels). 269
Officiers du Régiment tués ou blessés à l'ennemi avant 1792. . . 271
Officiers du Régiment tués ou blessés à l'ennemi, de 1792 à 1814. . 272
Sous-officiers, brigadiers et cavaliers du Régiment morts au champ d'honneur, de 1792 à 1814 274
Liste des officiers qui ont appartenu au 25e Dragons, de 1873 à 1890. 278
Décorations accordées au Régiment, de 1873 à 1890 (croix de la Légion d'honneur, médailles militaires) 285
Composition du 25e Dragons (1890). 286

TABLE DES PLANCHES

Louis de France, duc de Bourgogne (1682-1712)...	Frontispice.
Bretagne-Cavalerie (1724).	34
Bretagne-Cavalerie (1745).	44
Bourgogne-Cavalerie (1770).	60
Régiment de Bourgogne-Cavalerie (1773). — Congé militaire.	76
Bourgogne-Cavalerie (1776).	78
Royal-Bourgogne-Cavalerie (1788).	84
16ᵉ Régiment de Cavalerie (1795).	98
25ᵉ Régiment de Dragons (1805).	122
Philippe-Antoine, comte d'Ornano (1784-1863), colonel du 25ᵉ Dragons, 1807-1812; maréchal de France, 1861.	162
25ᵉ Régiment de Dragons (1812).	184
Étendards : Bourgogne-Cavalerie, xviiiᵉ siècle; 25ᵉ Dragons, 1ᵉʳ Empire; 25ᵉ Dragons, 1880.	214
25ᵉ Régiment de Dragons (1873).	256
25ᵉ Régiment de Dragons (1890).	266

LES PLANCHES DE CET OUVRAGE

ONT ÉTÉ GRAVÉES ET IMPRIMÉES

PAR S. KRAKOW

PARIS